GHETTO at the Center of the World: CHUNGKING MANSIONS, HONG KONG 重慶大厦

チョンキンマンション

世界の真ん中にあるゲットーの人類学

ゴードン・マシューズ Gordon Mathews
宮川陽子 訳

青土社

チョンキンマンション　目次

チョンキンマンション　世界の真ん中にあるゲットーの人類学

重慶大厦
CHUNGKING MANSIONS
36-44, NATHAN ROAD
SONY

序文　香港について

本書の主題であるチョンキンマンションには、南アジアの商人たち、アフリカの実業家たち、インドの臨時雇いの労働者たち、アフリカ・南アジアからの亡命希望者たち、そして世界中の貧乏旅行者たちがやってくる。これ以降のページで論じるように、それは香港の観光地にある、ガタガタの壊れそうな建物で、「低価格のグローバリゼーション」の中心をなし、コルカタ（カルカッタ）、ラゴス、ダーラサラームなど、世界中の市場と密接につながっている。チョンキンマンションは、香港の多くの人々からは、香港の真ん中に奇妙に位置する他者の不思議な世界と見られているが、それは紛れもなく香港によって形作られたものだ。チョンキンマンションを正しく位置付けるために、ここで、チョンキンマンションに関連付けて、香港の歴史と地理を簡単に描写しておこう。

香港は、一八四一年から中国に返還された一九九七年まで、英国の植民地であった。その植民地時代を通して、香港は、中国とその先に広がる世界の物資集散地として機能してきた。最初は、英国の企業が中国に出荷するアヘンを管理するための租界（中華民国内の外国人居住地区）として、後には、その歴史の大部分、最小限の関税しかかけない自由貿易の中心地としてであった。その歴史を通じて、香港の人口は世界中のさまざまな人種の混合からなり、そのほとんどが中国人であるものの、他民族も多く含まれた。一九世紀後半の資料によれば、香港の繁華街は「英国人、ドイツ人、英国系インド人、広東出身の中国人、コルカタ出身のアルメニア人、ボンベイ出身のパーシー人、バクダッド出身のユダヤ人」であふれていた。[1] この状況は、今日チョンキンマンションの廊下で経験するものと何ら違いはない。一九世紀後半の別の資料は、いかに香港が「世界で最も国際的な都市であったか」を伝えている。「人種の代表者たちは、ペンタコステの目録よりもずっと多く、いつ街を歩いても彼らに出会えるだろう。あらゆる肌の色や宗教の信念を持った人々が、ここでは完全な調和をもって隣り合わせで暮らしている。[2]」これは今日のチョンキンマンションにもあてはまる。だが、現在と同じように、当時も、民族間の緊張や民族に由来する差別はあった。[3]

その歴史の大部分を通じて、香港はほとんどの住民にとって貧しい土地であった。一九四九年、中華人民共和国が誕生。この時代に、多くの中国人が中国本土を逃れ、香港にやってきて、爆発的な人口増加をもたらした。一九七〇年代までに、香港は製造業の中心地として頭角を現し、一九八〇年代後半からは中国製品を世界中に輸出する中枢地となった。同時に、中国のそれとは違う、香港独自の文化のアイデンティティをゆっくりと確立していった。[4] 一九九〇年代までに香港は豊かになった。国民一人当たりの収入は中国本土よりずっと豊かであり、同じ物差しで測れば、かつて香港を支配していた英国よりも豊かである。二〇〇七年現在、実質的な購買力の点で、香港の一人当たりの収入はアメリカのそれの九三%であり、ほとんどのヨーロッパ諸国よりもかなり高く、中国本土の八倍にもなる。[5] しかし、香港は世界でも最も貧富の差が大きい国の一つでもある。こうして

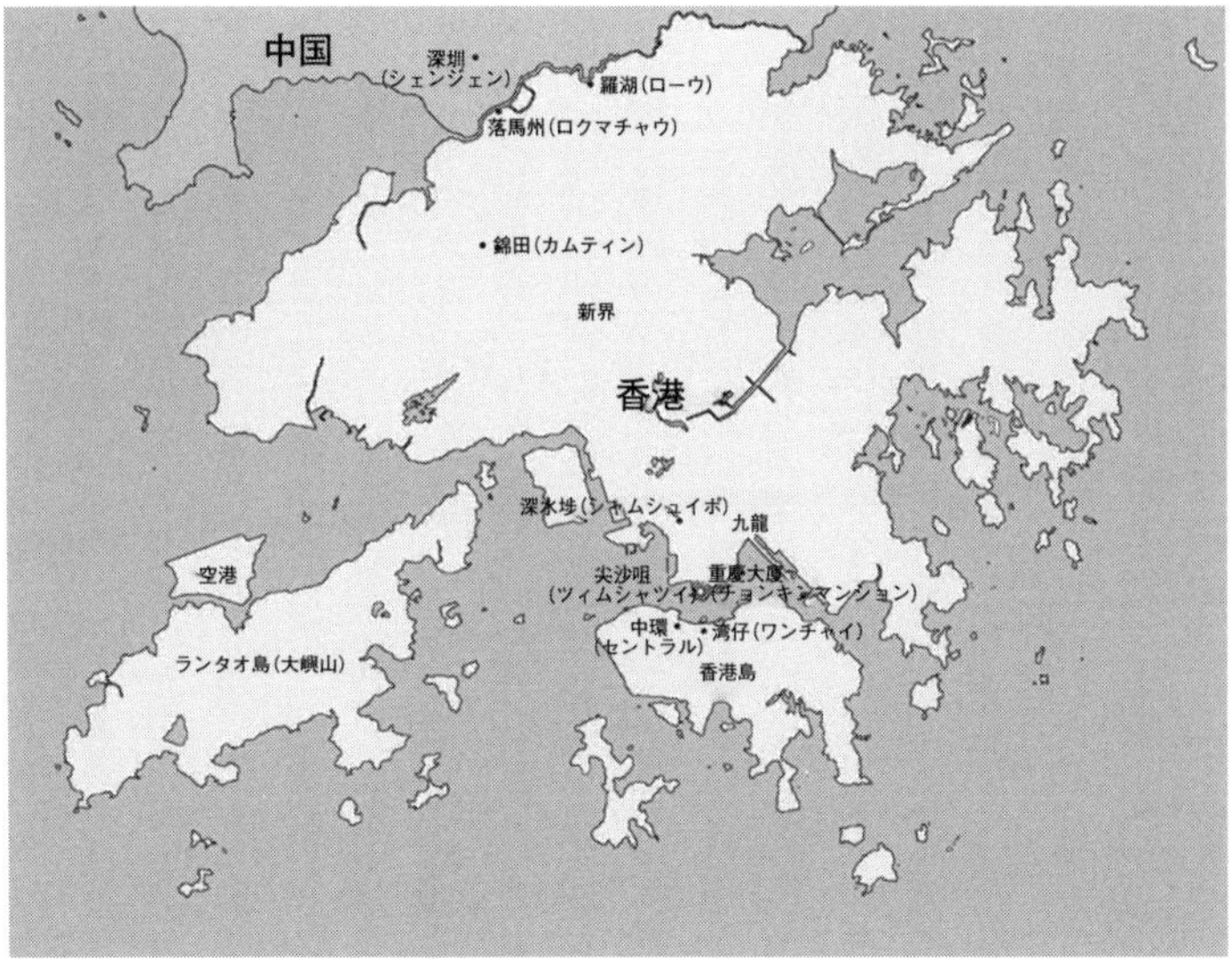

みると、いかにも発展途上世界にありそうな、壊れかけの家としてのチョンキンマンションの役割は、現代の香港にはふさわしくないように思われる。香港系中国人がチョンキンマンションに対して感じる軽蔑や恐れは、後に論じるように、「私たち香港人は最近、発展途上の段階を抜け出して豊かになったのに、なぜいま貧しいアフリカ人や南アジア人たちが、新興国である私たちの国の真ん中に滞在しなければならないのか？」という潜在的感覚に由来している。

　同様に、アフリカ人、南アジア人、あるいは香港系中国人に関係なく、本書に出てくるチョンキンマンションの一部の貿易業者や商人たちが示す中国大陸に対する軽蔑は、北部の同胞に対する香港のもっと一般的な居心地の悪さを反映している。多くの香港人は、中国大陸の中国人を、自分たちが選択したわけではない政治上の主人であり、経済的に香港よりも劣った人々と感じている。しかしながら、ここ数年、中国人の富裕層がますます香港で目立つ存在になっており、中国は香港に追いつき、そしておそらく将来を約束された土地としての香港を超えていくだろう。それにもかかわらず、香港の他者性孤島チョンキンマンションは、そこで生活し働く人々の態度という点においては香港そのものである。まさに、よりよい生活を求めて中国から香港へ逃れてきた人々は、よりよい生活を求めて近年南アジアやアフリカからチョンキンマンションをめざしてやってきた人たちと、価値観の点で、驚くほど似ている。とはいえ、この二つのグループがお互いを分かり合うことも、同情し合うこともほとんどない。

英国の植民地としての香港の一五〇年は、チョンキンマンションの形成に大いに貢献した。最も重要なのは、初期の植民地時代から現在まで続く、香港における南アジア人の際立った存在である。[6] 一九六二年にチョンキンマンションが建てられた当初に南アジア人がいなければ、チョンキンマンションは今のようなグローバルな市場にはならなかったことは間違いない。私がチョンキンマンションを案内した目ざといジャーナリストは、こう言った。チョンキンマンションに集まる多くの民族や国籍の人々の中に見いだすことができるのは、単なるグローバリゼーションではなく、英国の植民地主義のこだまだ、と。確かに、この建物に集まるさまざまなグループの多くは、イギリスの植民地主義の被害者でも受益者でもなかったものの、ここには東アフリカ人と南アジア人がかなり多く含まれる。これは、一つには彼らがチョンキンマンションの共通言語である英語を話せる可能性が高いこと、さらには、今日においても、彼らは他の社会の人々に比べて長期にわたる、香港へのビザなしでの入国が可能であることに由来する。この意味で、香港の植民地時代はまだ継続している。

香港人以外の多くの読者は、一九九七年の香港の中国への返還ですべてが変わってしまい、現在は中国が香港を統制している、と思っているかもしれない。確かに、世界中のマスメディアは過去数十年、英国の植民地支配から中国への返還という、単一の圧倒的なテーマで「香港の物語」に焦点を当ててきた。これは重要な点ではあるが、中国返還後も、香港の暮らしは驚くほど安定しているということを覚えておくことも大切である。自主規制に対する心配は現在でもあるものの、マスメディアは自由に中国を批判し続けているし、言論の自由も守られている。香港は独自の司法制度を維持し、移民統制も行っている。現在は中国の一部であるが、香港の内部行政はおおむね独立している。香港ではさまざまな深刻な問題が起こっていて、少なくとも、政府が巨大な資本家、特に不動産業者、の意のままになっているように見えることも事実である。しかし、これは返還前も返還後も同じであり、変わりはない。香港の中国への返還は、チョンキンマンションにはほとんど影響がない。実際にチョンキンマンションに大きな変化が起こったのは、一九九七年以降である。それは、二〇〇〇年ごろから始まったアフリカ商人の到来、亡命希望者の増加、建物の維持と保安体制の強化、そして中国大陸からの観光客の増加、である。しかしながら、これらは、最後の点に関してさえ、香港の中国返還とはほとんど関係がない。中国返還はまさに「前宣伝だけの出来事」であった。ある商店主が時折私に言ったように、「チョンキンマンションは今までのままさ」。

チョンキンマンションは、九龍半島の先端、香港の主な観光地区尖沙咀（ツィムシャツイ）にある。香港は四つの主要な地区からなっていて、空港のあるランタオ島を含む、中心部から離れた島々、香港の金融の中心であり、古い建物が並ぶ香港島、香港島よりいくらか低水準ではあるが、より人口が密集し、香港の観光の中心であり、最も混雑している九龍、そして、中国との境界に最も近く、現在香港の人口の半分以上が暮らす新界である。これらの地区は、およそ四〇〇平方マイルという、比較的小さな地域にすべて収まっている。香港全体は多くの交通手段が張り巡らされているので、これらの地区はだいたい一時間以内で到達でき、チョンキンマンションの多くの住民によく知られている。

香港の地域のいくつかを挙げてみると、チョンキンマンションの北、約二マイルに労働者階級が住む深水埗（シャムシュイポ）がある。ここには廉価な商品を扱う店が並び、特にアフリカ市場向けにデザインされ、製造された衣類を買い求めるアフリカ人貿易業者たちや、あるいは亡命希望者たちのように、チョンキンマンションで扱っている物よりもっと安く手に入る、いささか出自の怪しげな中古品を求める人たちが集まってくる。尖沙咀から港を隔てて、有名な夜の歓楽街、湾仔（ワンチャイ）があり、チョンキンマンションに集う人たちの中には、「酒と女」を求めて出かけて行く人もいるが、多くは法外な値段に怖気づいて、行くのを夢見ているだけである。一般の旅行者は城郭都市が目的で新界の錦田（カムティン）に集まるが、チョンキンマンションの貿易業者たちは、香港の所有者たちが廃車にした自動車の中古部品を目当てにここにやってくる。そして中国大陸と香港の境にあるのが羅湖（ローウ）。ここには、南中国の工場や商店街に向かう貿易業者たちや、滞在査証を数週間延長してもらう目的の臨時雇いの労働者たちがやってくる。チョンキンマンションの商人たちは香港の至る所に住んでいるが、ここで大まかに説明した地域は、何の目的でそこにい

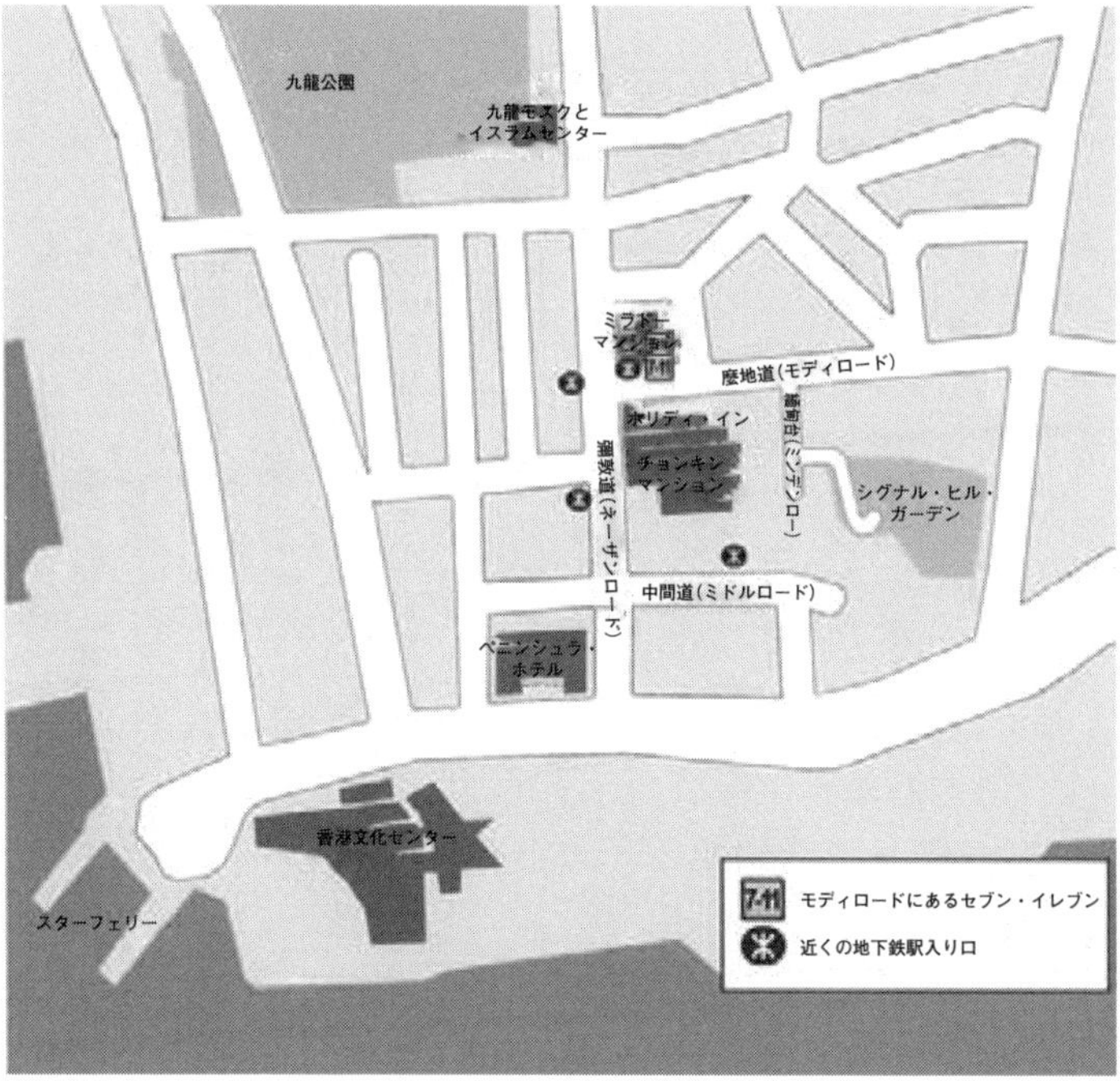

るか、あるいはそこで実際何をしているかにかかわらず、チョンキンマンションにいる人たちにはよく知られている。

第1章でチョンキンマンションの特異な場所についてあらためて詳しく述べるが、ここで簡単な素描しておこう。チョンキンマンションは、観光客が集まる香港の主要な街路、彌敦道（ネーザンロード）三六〜四四番地に位置している。マンションはホリディ・インのすぐ近くで、おそらく香港で最も高級なペニンシュラ・ホテルからは一ブロックの距離にある。一〇〇ヤード〔約九一メートル〕も離れていない距離に、香港でいちばん新しく、最も派手なショッピングモールが二つ、さらに、歩いてほんの一〇分ほどの距離に、有名なスター・フェリーの乗り場がある。香港観光の偶像ともいえるスター・フェリーは、数分毎に乗客を乗せて香港の港を横断する。チョンキンマンションはまた、香港の移動手段であるＭＴＲの入り口に囲まれている。中国との境界までは四〇分の旅だが、ＭＴＲはおよそ五分間隔で乗客を運んでいる。この簡単な描写から明らかなように、チョンキンマンションは、香港の繁華街の最もにぎやかな場所、世界でも最も高価な不動産に数えられるホテル、ショッピングモール、超高層ビルなどの只中にある。香港の心臓部に位置するという事実が、「闇の奥」というこの建物の評判をこの上もなく異常なものにしている。[7]

本書で使われている写真は、断り書きがない限り、すべてチョンキンマンションの中、あるいはその周辺で撮られたものである。これらの写真は、原則として、本書で論じられている特定の人物やビジネスを表してしているものではなく、建物とその壁の内側で繰り広げられていることの、より一般的な描写として掲載しているものである。

第1章
場所

チョンキンマンションを紹介しよう

チョンキンマンションは、香港の観光地区の一角にあって、格安のホテルや割引価格の商品があふれかえる荒廃した一七階建ての建造物である。ここはおそらく世界で最もグローバル化された建物だろう。チョンキンマンションには、安全な場所を求めてやってくる亡命希望者や、安宿と冒険が目的の旅行者に加えて、南アジアやサハラ砂漠以南のアフリカ、さらに世界中の実業家や臨時雇いの労働者が幸運をつかみ取るためにやってくる。桁違いに多様な社会からやってきた人々が、チョンキンマンションのベッドで眠り、食堂の席を取り合い、携帯電話販売店で取引し、廊下を歩き回る。どの夜も、およそ四〇〇〇人強の人がチョンキンマンションに滞在する。アルゼンチンからブータン、イラク、ジャマイカ、ルクセンブルグ、マダガスカル、モルディブ諸島を通って、ジンバブエまで、ホテルの宿帳や私が会った人たちを数えると、その国籍は一二九に上る。

チョンキンマンションは、ガイドブックに言わせると、「旅行者のポケットから金を吸い取る能力[1]」で有名な彌敦道（ネーザンロード）の黄金の一マイルに位置している。彌敦道を横切ってチョン

キンマンションに近づくと、道路の反対側にけばけばしい建物が並んでそびえ立っており、ホリデイ・インをはじめ、電化製品を扱う多くの店、商店街へつながるいくつもの入り口、流行の洋服を扱う何軒かの直販店、二軒のステーキハウス、そして数軒のバーや居酒屋などが目に入ってくる。特に夕方にやってきて、彌敦道の名物であるけばけばしいネオンサインの海にどっぷりと浸かるなら、まさにこれは絵葉書の中の香港のように見えるだろう。しかしながら、こうした華やかな建物群の只中に、より質素で、より外見が粗末で、ぼろぼろの建物がある。道路側から見ると、下層階は、建物の一部のようには見えない。なぜならそこもまた洒落た店やショッピングセンターで、物理的には建物の一部であるものの、外からしか入ることができないし、まさに別世界である。しかしまた、こうした一連の店舗の中に、どこか別の世界に属するような、得体のしれない暗い入り口が目に入ってくる。彌敦道の横断歩道を渡

ってこの入り口に近づくと、この建物の入り口付近にたたずんでいる人たちが、香港のほとんどの人たちとは、まして、彌敦道のあちこちにいる多くの買い物客とはまるで違うことに気づくだろう。建物に入って行くにつれ、あなたが中国人ならば、少数民族の一員であるかのように感じて、自分が今いったいどこにいるのかと疑問に思うかもしれない。もしあなたが白人なら、恐怖と、おそらくかすかな第一世界の罪意識を覚えながら、本能的に財布を握りしめるかもしれない。あなたが若い女性なら、非常に不快にも、あなたを凝視している一〇〇対の男たちの視線を感じるかもしれない。

もしあなたが、マンションの角を曲がったところにある（地図を参照）麼地道（モディロード）の最寄りの地下鉄（ＭＴＲ）駅を出て、彌敦道の同じ側からチョンキンマンションに近づくなら、この場所へのいくらかよりましな案内状を手にすることだろう。まず目に入ってくるのはセブン・イレブンであり、夕方ならば店内の通路で、あるいは店の外にはみ出してビールを飲んでいるアフリカ人たちがいるだろう。あるいは、サリーで着飾ったインド人女性一二、三人を目にするかもしれない。もしあなたが男性で、彼女たちに目をやるならば、この女性たちはあなたに価格を告げ、あなたが彼女たちとのセックスに興味がないことを確信するまで、あなたにぴったりと寄り添って、ついて歩いてくるだろう。セブン・イレブンを通り過ぎると、あなたが男性なら、彌敦道の角で、モンゴル、マレーシア、インドネシアなどからの若い女性たちに声をかけられるかもしれない。あるいはまた、南アジアの男性たちが近寄ってきて、スーツを作ることを勧めるだろう――「あなただけの特別な取引ですよ」などと言いながら。本物のブランド品のほんのわずかな値段で、さまざまな偽物の腕時計を売っている男たちもこれに加わるかもしれない。あなたが躊躇したり、興味を示したりすれば、近くの建物の中にある数多くの怪しげな店にあなたを連れて行くことだろう。

いったん麼地道を渡り、（その入り口がほんの一〇〇フィート先にある）チョンキンマンションと同じブロックに入ると、ちょうどいい時間帯なら、チョンキンマンションの五、六軒のカレー料理店を売り込むレストランの客引きが待ち伏せているかもしれない。無視するか、客引きの一人について彼のレストランに行くかを決めなければならない。そうしなければ、客引きたちの群れに襲われるだろう。また――特にあなたが白人であるなら、若い男があなたに静かに近づいてきてこう囁くだろう、「ハシシ？」と。そして、もしあなたがさらに追及するなら、それ以外の数々の薬物も。チョンキンマンションの入り口にある階段にたどり着くと、もし午後の遅い時間帯か夕方であれば、今度はホテルの客引きが近寄ってくる。中国人の男は、南アジア人の男は「一〇〇香港ドル（一九USドル）[*]でいい部屋があるよ」と売り込む。南アジア人の男は、南アジア人の聞こえないところでこう言う、「インド人のところは汚いよ。うちにおいでよ。きれいな部屋だよ」。おそらくその通りだろう、だが値段はかなり高い。

これらの視線による挑戦を潜り抜けると、あなたはチョンキンマンションの渦の只中にいる自分に気づくだろう。ときには、自分の全人生で出会ったすべての人よりも多くの人々が一か所に集まっている。そこには途方もない人間の勢ぞろいしている――鮮やかな色彩の衣装、ヒップホップの

＊　本書の執筆時点で、一USドル＝七・七八香港ドル。

ファッション、あるいは身体にフィットしない背広姿のアフリカ人、ふちなし帽をかぶった敬虔なパキスタン人男性、イスラム教のスカーフ、ジルバブをかぶったインドネシア人女性、バミューダショーツ姿のビール腹の年配の白人男性、前時代からの難民のように見えるヒッピー、自信たっぷりに、非常に大声で議論しているナイジェリア人、お互いに腕を絡めて、冗談を言い合い、からかい合っているインド人の若者たち、そして、自己満足して、あるいは当惑しているような大陸の中国人たち。おそらくあなたは、南アジア人が、箱の横に「レゴス」や「ナイロビ」と走り書きされた三、四個の大きな箱を台車に乗せて運んだり、アフリカ人が携帯電話を詰め込んだ、いまにもはち切れそうなスーツケースを持ってマンションを出ていったり、そしてサモサから、テレフォンカード、散髪、ウィスキー、不動産、電気プラグ、アダルトグッズから靴まで、ありとあらゆるものを売っている商人たちを発見するだろう。あなたはまた、一〇〇軒あるさまざまなホテルに向かうエレベーターを待って、長い列を作っているあらゆる肌の色をした人々を見ることだろう。

こうした様子を目にして、あなたはこう思うかもしれない。「ここではいったい何が起こっているんだろう。こんなにいろいろな人たちをチョンキンマンションに連れてきたのは何なんだろう？彼らはどうやって暮らしているのだろう。なぜこんな建物が存在しているのだろうか」と。こうした疑問に突き動かされて、私はチョンキンマンションの調査を始めることになった。私は一九八三年に、旅行者として初めてチョンキンマンションにやってきて、次の目的地に向かうまでの数日間、ここに滞在した。一九九四年に香港で暮らし始め、カレーを食べ、そこの世界を理解するために、二ヶ月毎にチョンキンマンションを訪れた。二〇〇六年に、正式にチョンキンマンションでの人類

学的調査を始め、場所とそこに住む人々に関して、理解し得るあらゆることを探し求め、グローバリゼーションにおけるチョンキンマンションの役割を理解することに務めた。過去三年半の間、上に記した疑問の答えを求めて、いやそれ以上に、世界におけるチョンキンマンションの意義を理解すべく、毎週一晩か複数の夜をチョンキンマンションで暮らし、可能な限りの時間をそこで過ごした（チョンキンマンションは私の大学から地下鉄で三〇分の距離にある）。

　過去数年の間に、私はいくつかの答えを見いだした。地下鉄の出口からチョンキンマンションまでの、最近私が歩いた典型的な道筋を描いてみよう。インド人のセックスワーカーたちは、まだ宵の早い時間帯にすでに街頭に立っているが、私が客ではないのを知っているので私を無視する。例外なのは、白人をたくさん稼げるチャンスとみなす新参者たちだが、先輩の女たちが私にかまうなと告げている。偽物の時計を売っている友人は、暗いサングラスの陰から手を振ってあいさつをする。彼は南アジアの彼の国の警察が、彼の瞼をテープで閉じられないようにして、一日中太陽を凝視することを強いたので、部分的に視力を失ったと私に語っていた。しかし、彼の申し立てと彼の運命の審判者である国連難民高等弁務官事務所（ＵＮＨＣＲ）は、彼がその証拠を提出できないので信じないかもしれないと彼は心配している。そこで、いつか角膜の移植手術を受けるための金を貯めようと、彼は違法に働いている。その間に、潜入捜査の刑事にできるかぎり注意しながら、時計を買ってくれそうな客にはすかさず近寄って話しかける。「白人が最高だよ。あの人たちは誰よりもたくさん買ってくれるからね。」しかし、今月の売り上げは芳しくなく、夢見ている移植手術のために貯めるどころか、家賃さえ十分に払えない。彼が実際に、彼の祖国の警察のせいで視力を失ったのか、生まれつきの弱視なのか、あるいは何らかの事故によるものかはわからない――そもそも彼の話のどこまでが本当なのか、それを判断するのは私ではない。でも、また彼にばったり会うことができてよかった。

数歩先に行くと、今度はレストランの客引きがあふれるような笑みで私に挨拶をする。彼は故郷のパキスタンに帰っていたので、ここ二ヶ月会っていなかった。彼もまた旅行者として香港で違法に働いている。彼は先月生まれたばかりの息子の写真を誇らしげに私に見せるが、香港に戻ることができて嬉しいと言う。「家族を養わなくちゃ……家族は恋しいけど、給料は香港の方がずっといいからね……」だが、稼いだ金のかなりを、携帯電話で家族と通話するのに使っている、と私に悲しそうに話す。

チョンキンマンションの入り口で、ここ六ヶ月間姿を見ていなかったナイジェリア人の貿易業者に出会う。母国の為替レートが法外で香港に戻ることができず、必要なUSドルも手に入らなかったと言う。「やっと戻れたよ。携帯電話を四〇〇〇個注文してあったんだけど、引き取りにこれなかった。やっと引き取れるよ。これでまた金儲けができる。」彼は一つ一つの電話機を念入りに調べた後、明後日の飛行機で帰国する。私が初めて会った彼の友人は、ビザを受け取った後、明後日南中国に行くそうだ――「今は香港よりあっちで服を買った方がいい。自分が気に入った型通りに三万枚のシャツを作ってもらえるよ。」二人は、自国の税関の厳格化や中国とチョンキンマンションでだまされる危険もさることながら、為替レートの変動で利益を得る機会を逃してしまうかもしれないことを心配している。「金儲けはほんとに難しいよ」と、彼らも私が話した多くの貿易業者たちと同じことを繰り返す。

数歩歩いた後、警備員室の近くに立っているインド人の友人に出会う。彼は、日中は香港の大企業で働き、夜は家族が経営するホテルを手伝うために、ここに戻ってくる。現在彼を悩ませているのは、単に時間がないことではなく、彼の香港系中国人のガールフレンドを両親が認めようとしないことだ。彼はどうすべきか――ガールフレンドを選ぶか、それとも両親かと考えているが、今のところ決められず、ただ待つばかりだ。

この後、つい最近まで南中国で事業を行っていた西アフリカ人の友人に会う。彼は、私が会った他のほとんどのアフリカ人貿易業者たちとは違って、二〇万USドルの投資と引き換えに、香港の身分証明書を手に入れる資本があった。その資金は、彼がチョンキンマンションの中に店舗を借り、電子機器店を整備することで作ったものだ。彼は、アフリカ人やムスリム〔イスラム教徒〕の同胞たちが彼の店をひいきにしてくれるものと期待している。彼の妻と子どもたちが最近香港にやってきて、彼が無法状態だと感じる中国ではなく、ここで家族と新しい生活を始めることを心待ちにしている。「香港は信じられるからね」。もちろん、世界中の他の場所と同じように、チョンキンマンションもとりわけ影響を受けている経済不況の中にあって、彼がそのための資金を稼げるかどうかはまだわからない。しかし、彼は正直なムスリム商人であることで、この建物の中で成功できると信じている。

さらに何歩か歩いたところで、以前一度会っただけの若い南アジア人に出会う。失業して絶望的だと言う。「どうすればいいいんだ。金は一銭もない。家族のみんなが僕に頼ってるんだ。」彼が本当のことを言っているのかどうか、私にはわからないが、確かに取り乱しているようだった。私は彼のことをよく知らないので、一〇〇香港ドルだけ渡して、うまくいくようにと祈る。こんな風に神のように振る舞うのは嫌だが、私に何ができるというのか。彼のような人がたくさんいる。次にチョンキンマンションに戻っても、私が彼の姿を見ることはないだろう。実際、再び彼と会うことはなかった。

これらの人々はすべて、本書の主題であるチョンキンマンションの住民たちである。第1章で、場所としてのチョンキンマンションを、この建物が存在する理由、その意義、そしてその建築、歴史、組織の点から探求する。第2章では、アフリカ人の貿易業者から中国人の経営者、南アジア人の商店主、さらに亡命希望者、セックスワーカー、ヘロイン中毒者、そして旅行者たちまで、チョンキンマンションにいるさまざまなグループの人々を描写する。さらに、私の彼らへのインタビューと、これらの人々との世界を巡る旅行についても述べる。第3章では、この建物を通り抜ける商品と、これらの商品を、地球を横断して売買する商店主と貿易業者たちについて説明する。第4章では、この建物内部のすべてを規制する法律の網を検討し、特に、忘れられたような人生を生きている亡命希望者たちについて考える。最後に、第5章で、この建物が、その内部にいる人たちと世界全体にとってのいかなる意味があるのかを考察し、その将来を推測してみる。

本書はチョンキンマンションとそこに関わる人たちについて書かれたものであるが、それはまた「低価格のグローバリゼーション」についての本でもある。「低価格のグローバリゼーション」とは、チョンキンマンションが中心的接点となり、バンコクからコルカタ、カトマンズ、カンパラ、レゴス、ナイロビへと、世界中にずらりと並ぶ接点をつなげているような形のグローバリゼーションを指す。低価格のグローバリゼーションとは、ほとんどの読者が〝グローバリゼーション〟という言葉を聞いて思い浮かべるものとはかなり異なっている。それは、高層ビルにオフィスを構え、数多くの弁護士を雇い、巨額な宣伝予算を有する、コカ・コーラ、ノキア、ソニー、マクドナルドなどの巨大企業の活動とはまったく違うものである。そうではなく、スーツケース、コンテナ、トラックに荷物を積んで、合法性や著作権の制約にほとんど干渉されることなく、大陸や国境を越える貿易業者たちであり、すべてを現金が支配する世界である。それはまた、臨時雇いの労働者、亡命希望者、あるいはセックスワーカーなど、よりよい機会を求めて自国を逃れ、よりよい暮らしを探し求めている個人たちでもある。これが現在、発展途上世界の多くで経験されている、主流のグローバリゼーションの形である。

チョンキンマンションは、その小さな空間の中に膨大なエネルギー、人間、物資が流れ、繁栄しているが、それを取り巻く開発国経済の規模に比べると、量的な点でほんのわずかにすぎない。尖沙咀（ツィムシャツィ）や、特に香港湾の向こう側、高価格のグローバリゼーションの中心として香港の富が集中する中環（セントラル）地区にある高層建築群と比較すると、チョンキンマンションは粗末な建物である。中環地区はチョンキンマンションから地下鉄で一〇分、それでいて、遥かかなたにある。本書はチョンキンマンションについて書かれたものだが、それはまた、そのつながり、その不平等さ、その驚嘆を含めて、全世界についての本でもある。

「世界の真ん中にあるゲットー」

チョンキンマンションは香港の多くの人々にとって恐ろしい場所である。中国語のブログやチャットルームで目にする典型的なコメントはこんな風だ。「（チョンキンマンションの）前を通るたびにハラハラするよ。建物の中で迷って、誘拐されるかもしれないって感じる」[2]「（チョンキンマンションに）行くのは怖いよ。変質者とか悪の要素がいっぱいありそうな気がする」[3]「建物の入り口のところに黒人とインド人のグループが立っているのを見た。上を見上げたら〝チョンキンマンション〟という看板が見えた。まさに伝説の通り、あそこは真っ暗な海だ」[4]「今日クラスメートたちとカレーを食べに行った。チョンキンマンションに行くのは初めてだった。なんだか別の国にいるような感じがした。カレーはまあまあだったけど、建物の中に入った時、恐ろしかったよ……だって、親父がそこには絶対行くなって、言ってたから」[5] この最後の引用が示唆するように、一部の香港系中国人、特に若者たちは、上層階に五、六軒のちょっと洒落たカレーレストランがあるのでチョンキンマンションに惹かれているが、大多数の人たちはこの建物の中に入ることさえ怖がっている。

このチョンキンマンションに対する恐怖心は、香港を越えて広がっている――これは先進世界全体の解説者たちの間では自明のことになっている。これもインターネットからのものだが、主にアメリカ人とヨーロッパ人のジャーナリストによって書かれた、次の数節を考えてみてほしい。

> チョンキンマンションは、バックパック一つでアジアを旅する子どもたちの親にとって、まさにあらゆる恐怖のかたまりである……世界で最も裕福かつきらびやか都市の一つの中心部で、格安の宿という大入り間違いなしの好カードは、長いこと、あらゆる類の悪徳と怪しげな取引が手に入るという事実に釣り合うものであった。火災と健康に対するリスクがあることはほとんどわかりきったことだ。[6]

> チョンキンマンションは私が今まで行った中で、アダルトグッズ、ジェイ・チョウの密造CD、真新しい革装丁のコーランのすべてを、眼鏡をかけたカシミール人の店主から買えて、しかも、支払った代金に対して五か国の通貨のどれででも釣銭を出してくれる唯一の場所である。また、チョンキンマンションの裏通りや廊下、傾いた階段をうろうろしながら、ボンベイ行き

の割安航空券を買い、ノックオフのタグ・ホイヤーの腕時計を二〇〇〇個購入し、あるいは、ナイジェリアのレゴスと無制限に通話できる偽の電話カードを手に入れることもできる……ここでは姿をくらますことができる。何千人もの人々がそうしてきた。ほとんどの人は故意に、である。[7]

チョンキンマンションは、バックパッカーたちに非常に安い宿を提供し、査証の滞在期限を超えている不法滞在者たちのような、無法者の隠れ家でもある。そこは犯罪、麻薬密売、売春の巣窟であり、一般に、世界中で繰り広げられている悪のすべてを、チョンキンマンションで目にすることができる……個人的には、そこに行く目的はカレーである。[8]

ここが危険だという評判は、チョンキンマンションが西欧諸国のヒッピーや貧乏バックパッカーたちのたまり場として出現した一九七〇年代にまでさかのぼる。その評判は、チョンキンマンションの一部分で展開される香港系中国人のポストモダンなロマンスを描いた、王家衛（ウォン・カーワイ）の有名な一九九四年の映画『チョンキン・エクスプレス』で暗く描かれたように、一九八〇年代、一九九〇年代初頭に大きくなった。これはチョンキンマンションについて誤解を招く映画だった。一九九〇年代初期まで、日常的に香港系中国人がチョンキンマンションを訪れることはなかったし、実際に足を運んだ人たちはいかにも目立つので、おそらく映画が描写するような活動をすることは不可能だっただろう。とは言うものの、この映画は当時のこの建物のくたびれた雰囲気を正確に映し出している。チョンキンマンションが危険であるという評判は、この建物に、貧困国の同胞とどう接したらいいかわからない香港系中国人や、他の豊かな国の人々の準人種主義的レンズを通して見られる、大勢の南アジア人やアフリカ人がいるということが主な理由で、今日まで変わらない。

香港や先進世界のこれほど多くの人々がチョンキンマンションを怖がる最大の理由は、端的に言って、彼らが開発途上の世界と、わずかな富のかけらを求めて先進世界へやってくる大勢の貧困者たちを恐れているからである。先に挙げた引用はチョンキンマンションが危険であることを大げさに書いている——警察官の話では、香港にある同じような規模の建物に比べて、チョンキンマンションの犯罪件数は少ないそうだ。中心部に位置していることと、建物内に警備員や警察の存在が際立っていることがその理由のようだ。それにもかかわらず、先の引用はこの場所の基本的な事実を反映している。チョンキンマンションは〝香港の中〟にあるが、それは〝香港の建物〟ではない。それは香港の心臓部に横たわった、開発途上世界の異質な孤島である。犯罪や不道徳ではなく、これこそがチョンキンマンションが非常に恐れられている主な理由だ。だから私は本書の題を「世界の真ん中にあるゲットー」とした。

ゲットーは、「特に社会的、法的、経済的圧力のために、少数民族の人々が住む都市の一地区」と定義されている。[9] チョンキンマンションは建物であって、都市の一地区ではない。その住民は一つの少数民族からなるものではなく、複数のそうしたグループのメンバーからなっている。それにもかかわらず、チョンキンマンションは、そこに滞在する（白人と香港系中国人以外の）少数派グループの人々が、少なくともある程度、香港全体から経済的に妨げられており、人種差別や未知の発展途上世界に対する恐れによって社会的に差別されているという点で、まさにゲットーである。チョンキンマンションは、前に引用したジャーナリストたちのような、多くの人々から、香港の心臓部にある違反する他者と見られている。世界で最も豊かな都市の一つに住む多くの香港系中国人にとって、チョンキンマンションは「闇の奥」である[*]。

しかしながら、もしチョンキンマンションをゲットーとして性格づけることができるとすれば、それはすさまじいゲットーである。この建物にいるほとんどの人々は、低価格のグローバリゼーションのさまざまな歯車を担っており、きわめて中産階級的な人生観を持っている。彼らは、南アジアやアフリカの発展途上世界で奮闘している中流階級を代表している。香港の人たちは、建物の中にいる一部の観光客のように、チョンキンマンションを危険と不道徳の地獄のような場所と見るかもしれない。しかし、チョンキンマンションで暮らしたり働いたりしているほとんどの人々にとって、この「世界の真ん中にあるゲットー」は希望の光である。それは、彼らが発展途上世界の貧困を這い出し、自分自身の豊かな人生を作り出すためのこの上ないチャンスなのだ。チョンキンマンションで働いたり貿易に携わったりしている南アジアやアフリカ出身の多くのイスラム教徒、ヒンズー教徒、シーク教徒や福音主義キリスト教徒たちの間で、マックス・ウェーバーの言う「プロテスタンティズムの倫理」が生き続けている――勤勉と貯蓄と、そして少しの、あるいは多くの運とで、よりよい人生への切符を手に入れることができる[10]。

それでは、チョンキンマンションは、この「世界の真ん中にあるゲットー」は、この香港の心臓部にある開発途上世界の孤島は、なぜ存在するのだろうか。

なぜチョンキンマンションは存在し、なぜそれは問題なのか

それには三つ理由がある。(1) 建物内の物価の安さ、(2) 開発途上世界の多くの人が簡単に香港に入ってこられること、(3) 南中国が巨大な製造業の拠点として出現したこと。

チョンキンマンションがなぜ存在するかという問いに対する第一の、最も実際的な答えは、そこでは、食事も宿もほんのわずかな費用しかかからないことである。開発途上世界の富裕層の人でさえ、香港のような都市の物価には驚いて尻込みしてしまうかもしれない。しかしチョンキンマンションでは驚くほど物価が安く、シングルの部屋なら一晩一〇〇香港ドル(一三USドル)しかかからないし、食事も商品も香港でもっとも低価格の部類に入るだろう。なぜこれほどの違いがあるのだろうか。

＊ チョンキンマンションは、一部の記事では、一九九三年に取り壊された九龍の城郭都市と関連づけられている。チョンキンマンションから数キロ離れた城郭都市は、英国の植民地として完全に統制されていた地域ではなく、二〇世紀を通じて、香港における売春や麻薬取引などの非合法な活動の潜伏先であった。多分に警察が足を踏み入れることはなく、長いこと中国人の犯罪組織に支配されてきた。チョンキンマンションは、城郭都市が伝えられているように、外部の権威に対して立ち入りが禁止されてきたことはほとんどなく、この二つの場所を比較するのは歴史的にみて適切ではない。しかしながら、城郭都市もチョンキンマンションも長年にわたって、香港の「他者」——香港の「闇の奥」——と見られてきた。その意味では実に類似している。

一つには、チョンキンマンションには現に単独の所有者が存在しないということがある。最近まで、所有者組織は非常に弱く、建物は老朽化する一方だった。しかし、この説明では不十分である――一元化された所有者組織が欠落している建物は香港中にたくさんあるが、チョンキンマンションのように、ここ数十年にわたって目を見張るほどまでに老朽化した建物はない。チョンキンマンションの物価の安さの最大の理由には、特殊な歴史的状況の絡み合いがある。

チョンキンマンションの歴史については後に論じるが、ここで二、三の要因を説明しておこう。この建物は、かなりの数の南アジア人たちの存在とともに始まったが、その数はその後も増え続けた――南アジア人に対するありとあらゆる偏見が存在する香港にあって、これは香港の多くの中国人にとっては悪印象を与え、ほとんどの中国人を寄せつけず、建物の不動産価格を低く抑えることにつながった。一九七〇年代、この建物は、『ロンリー・プラネット』を通して、最低価格の安宿に泊まっているヒッピーや貧乏バックパッカーたちのあいだで有名になり、この建物の中のアパートに住んでいた中国人たちが、自分たちのアパートを一二、三の小さな部屋に仕切った宿泊所に改造し始めた。一九八〇年代から九〇年代初頭までに、火災や長期にわたる停電が起きた。二〇〇〇年初頭までに、アフリカ人の貿易業者たちが、一般に、先達のヒッピーたちのように最低価格を求める、チョンキンマンションで目立つ存在になっていた。こうした要因が、不動産の所有者たちが価格を低く抑えることで利益を最大限にすることができる状況を支えていた。チョンキンマンションはまさに老朽化しており、したがって物価が安いという理由で、開発途上世界の多くを引きつけている。私自身そうしたように、カトマンズやコルカタ、あるいはダルエスサラームで香港と言えば、「チョンキンマンション」と返ってくる確率はかなり高い。

チョンキンマンションが香港で発展途上世界の孤島として存在する第二の理由は、香港の比較的ゆるやかな査証規則がある。[*] ほとんどの先進国においては、開発途上世界からの訪問者は到着前に査証を入手しなければならない。そうしなければ彼らは飛行機に乗ることは許されない。到着した時点で査証がないことが分かれば、まっすぐ国へ送り返されるだろう。香港においては、開発途上世界の多くの国からの訪問者たちは、査証なしで一四日間、三〇日間、あるいは九〇日間の滞在を許される。これにより、アフリカやアジアの多くの国からの実業家たちは、事前に書類を用意せずとも香港を訪れることができる。三〇日間の、あるいはたった一四日間の査証なしでの滞在期間中でさえ、彼らはチョンキンマンションにやってきて、さまざまな商品を調べ、取引を行い、買い入れ、期限内に帰国する。

こうした企業家たちの多くは香港に残っているが、より多くの人たちは中国に行くことを求めている。香港では、特にチョンキンマンションの中やその周辺にある迅速な旅行代理店を通して、たいていい中国の査証が素早く手に入る。したがって開発途上国の企業家たちは、中国に行って卸売業者を訪ね、香港に戻り、買った商品の種類や企業家の財力によって品物を自分の手荷物に詰め込むか航空輸送やコンテナによって、数日あるいは数週間ほどで帰国の途に就く。香港行きの便は、中

＊ 中国は香港の査証規則を管理していない。これらは香港自身の責任である。一般的に言って、本書で警察、政府、法律について言及する場合、それは中国のものではなく、香港自身についての事柄である。

国のほとんどの都市へ行く便よりも多く便利なので、多くの実業家やほかの旅行者はまず香港へ来るほうが簡単だが、ここ数年直接中国へ行く人たちも増えてきた。物価が安いことと事実上の情報センターとしての機能を果たしていることが、こうした人々がチョンキンマンションにやってくる理由である。

近年、香港政府は入境規制を厳しくしている。ナイジェリア、パキスタン、バングラデシュ、ガーナ、ネパールの国民はこれまではそうではなかったが、他の国民のように、現在は査証の取得を要求される。ある場合、これは香港にやってくる国民のあいだで、麻薬や他の違法行為が明らかに増加したことによる。他の場合は、亡命を求めるこれらの国の国民が増加したことによる。これらの規制は、近年、他の外国籍者に交じって、ナイジェリア人、ガーナ人、バングラデシュ人の存在が縮小していることで、チョンキンマンションに重大な影響をもたらしている。しかしながら、査証期限を超えて不法残留したり、あるいはチョンキンマンションにいる人たちの多くがそうであるように、UNHCR（国連難民高等弁務官事務所）や香港政府を通して難民資格を申請することで、すでに香港にいる人たちはしばしば滞在を永久に引き延ばすことができる。香港で亡命希望者が増えているために、政府に対して入境規制をさらに強化するように圧力がかかっている。しかし本書を書いている時点で、少なくとも正式には実施されてはいないので、チョンキンマンションは引き続きこの異様な政策の受益者であり続けている。つまり、開発世界の政府が、開発途上世界から多くの人が邪魔をされずに入ってくるのを、期間限定とはいえ認めているのだ。これがチョンキンマンションの存在を可能にしている。

三つ目の理由は中国、特に南中国が製造業の世界的な中心地として出現したことである。開発途上世界の企業家たちが、香港で、あるいは中国との境界の向こうで中国製品を購入するためにチョンキンマンションに群がる。これらの製品は、中古のあるいは偽造の携帯電話、衣類から腕時計、建築用材、家具から渦流浴用の浴槽（政府の大臣のような、富裕な東アフリカ人が購入したものだ、と私は説明された）のような風変わりな製品、そしてはめ込んだオパール（オーストラリアで発掘され、台にはめ込むためにチョンキンマンションを介して南中国へ送られ、中国からの観光客に売るためにまたオーストラリアに戻される）まで、さまざまである。香港は、その歴史を通じてそうであったように、このような企業家たちのために中国への入り口として貢献し続けている。彼らは自分自身で南中国へ行って直接注文をするか、中国製の商品を売ってくれる香港の仲買人に頼るかである。これらの商品は、どちらかと言えば安物で品質も悪いが、これは発展途上世界の消費者が買えるものだ。

これら三つの理由によってチョンキンマンションは存在しているが、なぜそれが重要なのか。なぜそれについて本を書くだけの価値があるのか。もっとも単純な理由は、そこに世界中から途方もなく多様な人々が集まっているから、というものだ。彼らはどんな風に接するのだろう。それ以上にチョンキンマンションは、今日の世界のグローバリゼーションがどのように機能しているかについて、私たちに何を教えてくれるのだろうか。

前にも述べたように、私は人類学者である。学問としての人類学の強みは、その民族誌にある。民族誌とは、少人数の人々とのやり取りや日常生活をその場で描写したものであり、数ヶ月あるいは数年にわたる、徹底的なフィールドワークに基づく詳細な記述である。グローバリゼーションは漠前としていて抽象的な研究分野であり、経済学者によって分析されているのがもっとも典型的である。ルジュン・アパジュライやウルフ・ハナーズ[11]のそれのように、人類学者が重要な理論的貢献をすることもあるが、彼らの主な貢献はその民族誌にあり、それはグローバリゼーションという抽象的概念が、きわめて特異な場所の、きわめて特異な人々の生活をどのように形作っているかを示すことに役立っている。

世界中の特定のグループの人々に対するグローバリゼーションの影響について書かれた民族誌は何百とあるが、グローバルな交易場所について書かれたものは驚くほど少ない。私は国際空港や大都会のホテルを考えているのではない。そういう場所は、確かにグローバルな空間ではあるものの、ふつうは互いに影響し合うことのない人々であふれている。そうではなく、私が考えているのは、世界中の場所からやってきた人々が、実際に商売や娯楽を目的にして反応し合う場所、人から人への規模で「グローバルな相互連結の激化」を体現し例証する場所である。[12]グローバルな交易の場所を描写する、こうした類の民族誌が大いに必要とされていると私は思う。なぜならそのような民族誌は、グローバリゼーションが現実の人々の進行形の異文化間のやり取りの中で、その現場で、どう働くのかを見せてくれるからだ。

チョンキンマンションは、もちろん、まさにそのような場所である。「チョンキンマンションのような場所は、おそらく世界中の他のどこにもないだろう」という、ガイドブック『ロンリー・プラネット』の主張にもかかわらず、私たちはおそらくこの場所をユニークと考えるべきではない。[13]二、三の地区を挙げるとすれば、ニューヨーク市のフラッシング、ロンドンのブリクストンやウィルズデン、そして東京の六本木などは、違いはあるが同じようなグローバリゼーションを体現しているし、私たちがチョンキンマンションで目にするようなことはこれらの地区でも見られる。[14] しかしながら、チョンキンマンションは単にグローバリゼーションの中心であるだけではなく、特殊な種類のグローバリゼーションである。それは前に述べたように、低価格のグローバリゼーションである。

私は低価格のグローバリゼーションを次のように定義する。比較的少額の資金と、普通は「開発途上世界」と結び付けられている非公式の、ときには半非合法、あるいは非合法の取引を巻き込む国境を越えた人とモノの流れ。これは、スーツケースに詰め込んだ数百個の携帯電話をしっかり抱えて故郷に帰ってゆくアフリカ人の貿易業者や、必要とされる数百ドルと、彼らの家族が想像することしかできない世界の途方もない話を家族のもとに運んでいく南アジア人の臨時雇いの労働者のグローバリゼーションである。多国籍企業や世界中の新聞の経済面で討論されていることの多くは、世界の人々の意識にほんの限られた影響しか与えない。これらの人々にとってのグローバリゼーションとは、主に、チョンキンマンションで生活し働いているような、小規模の貿易業者や不法労働者によって持ち込まれる商品であり、考えである。

低価格のグローバリゼーションの市場は、世界中に見つけることができる。バンコクやコルカタ、ナイロビにあるし、パリやロンドン、ニューヨークにもある。アルゼンチン、ブラジル、パラグアイの合流点にあるシウダッド＝デルエステ[15]のような場所や、地理的にチョンキンマンションに近い南中国広州地区の越秀（ユエシウ）や三元里（サンユアンリ）、あるいは義烏（イーウー）のような中国の都市にも存在する。調査期間中、私は研究助手たちと一緒に、数日間あるいは数週間これらの場所を訪れ、貿易業者や商人たちと話をした。私たちは広州、コルカタ、ドバイ、ナイロビ、モンバサ、ダルエスサラーム、カンパラ、レゴスに旅をして、複数の場所を網羅する民族誌を通して、チョンキンマンションからアジア・アフリカを越えて発展途上世界にまでつながる、低価格のグローバリゼーションの網の目を辿った。

近年、民族誌学者たちは、世界を人類学的にしっかり理解するためには、一つの場所に基づいた民族誌だけではますます不十分になっているかもしれないと強調している。世界がいかに相互連関しているかを理解するためには、複数の場所に根差した民族誌が必要である。[16] 時間的、経済的な制約は避けがたかったものの、私たちはチョンキンマンションを拠点として、地球を横断するつながりを辿ろうと努めた。チョンキンマンションの内部だけからグローバルな民族誌を書くこともできただろう。しかしながら、私たちの旅は、建物内部の取引や相互作用が、複雑で幾層にもつながり交差する開発途上世界の接点にどのように現れるかを明らかにすることで、チョンキンマンションについての私たちの理解を豊かなものにしてくれた。ちょうど世界全体がチョンキンマンションの中にあるように、チョンキンマンションのつながりは世界中に伸びている。

チョンキンマンションは、全世界をその取引や相互作用において観察できる、特に凝縮された環境を提供してくれる。似たような場所は間違いなくあるだろうが、あれほど小さな空間にいる人々の大きな多様性、そして彼らが従事する異文化間活動の複数性――ビジネスの取引からチャパティスを食べながらの哲学的会話、その種の仕事に従事する多文化のプロたちとのセックスまで――において、まさに、チョンキンマンションのような空間は世界のどこにもないだろう。チョンキンマンションがもたらすのは、とても小さな場所における、低価格のグローバリゼーションのきわめて凝縮された絵図である。私たちはその建物とそこに関わる人々を理解する必要がある。なぜならば、チョンキンマンションにおけるグローバリゼーションは、その根本において、世界の大半の人々が経験しているグローバリゼーションであるからだ。チョンキンマンションで実際に何が行われているのか。どのようにして、これほど多くの異なる社会から来た、これほど多くの人々が、あの場所でうまくやっていけるのか。ここにいる人たちは、自身のグローバル化された暮らしをどのように支えているのか。彼らはどこへ行き、何をしているのか。彼らのグローバルな経路、技術、実践とはどのようなものか。そして、彼らは国家を越えた自分たちの暮らしをどのように捉えているのか。本書ではこれらの問いを探求することにしたい。

建物

チョンキンマンションはグローバルな地区というより、一つのグローバルな建物であるという点において珍しい。人類学者が建物について研究することは稀である。ギルベルト・ヴェルホはリオデジャネイロのコパカバナの建物と、汚名から逃れようとするホワイトカラーの住民たちの努力を描写し、ローラ・リングは、パキスタンのカラチのアパートに住む家族の間で、いかに「日常の平和」が維持されているかを探求している。さらにセオドア・ベスターは、いくつかの点でチョンキンマンションと似通っている建物、東京にある築地の魚市場を、そのグローバルな規模でのつながりを含めて描写している。[17] これらの顕著な例外があるにもかかわらず、人類学者は一般に建物を無視しているが、これは率直に言って、そもそも一軒の建物が分析対象として優れていることが稀であるからだ。先に述べた建物のように、チョンキンマンションは例外である。

建物には二八〇×一九〇フィート〔約八五・三×五七・九メートル〕の一階と二階——あるいは、香港で一般に使われている英国式に言えば、地上階と一階（以下ではこの英国式の言い方に従う）——があり、小売、卸売の店舗が並んでいる。チョンキンマンションの二階には、さまざまなブティックからなる「チョンキン・エクスプレス」という名のショッピングモールがある。ここは物理的には建物の一部であるが、他のあらゆる意味ではまるで別世界だ。買い物客は混雑した彌敦道（ネーザンロード）の歩道からエスカレーターでモールに入る。そこはいつも鍵がかかっている裏口のドアを通してチョンキンマンションの他の部分とつながっている。二〇〇九年にオープンした地階の高級モールは、同じように、物理的にはチョンキンマンションの一部でありながら、そこからは閉ざされている。そして、三階から上には、三棟が一七階まで伸びていて、（先に描写されているような）階段でも上がれるが、たいていは地上階から狭苦しいエレベーターに乗り、昇っていく。*

これら高層ブロックの一つ一つには、光をとり入れるための吹き抜けがいくつかある。さまざまな規模があるが、典型的なものは七×一五フィート〔約二・一×四・五七メートル〕の覆いのない穴で、一七階から三階にまで降りている。これらの吹き抜けは、理論上は、たしかに建物内部の狭苦しいアパートに外の空気と換気をもたらすという、よい考えであったかもしれない。しかしながら、これらの換気口を見下ろして、真っ黒な、ゴミがばら撒かれた穴に降りていく、という体験は尋常ではない。ある作家がほんのわずか誇張して、こう言った。「地獄を凝視しているようなものだ。チョンキンマンションの抑圧された意識みたいものだ」と。旅行者として初めてチョンキンマンションに滞在した一九八三年に、私はシャツを失くした。私のシャツは洗濯竿から数ある換気口の一つの深みに落ちていった。時々、私のシャツは今でもまだそこにあるだろうかと思ったりするが、調べてみる勇気はない（清掃担当者たちが換気口の底辺を掃除しているのを見たから、多分私のシャツはもうずっと前になくなっているのだろう）。

チョンキンマンションはしばしばミラドーマンションと並び称されることがある。それはチョンキンマンションの一区画北にある建物で、やはりかなりの数の南アジア人の住居や、もう少しぜいたくな旅行者のための宿泊所がある。ミラドーマンションはチョンキンマンションよりも人の出入りがずっと少なく、開発途上世界の実業家よりも、低予算のヨーロッパや中国大陸の旅行者たちを相手にしているので、ここでこの建物についてはあまり論じない。しかし、この二つの建物の建築としての相違点を指摘しておく価値はある。

＊　普通、チョンキンマンションは、A、B、C、D、Eの五つのブロックから成ると思われている。しかし、B・Cブロックは、D・Eブロックがそうであるように、同じ高層建築の一部である。実際、ここには三つのブロックしかない。Aブロックは、B・Cブロック、D・Eブロックよりも、建築的にずっと開けていて、廊下も二倍広々している。したがって、ここは最も忙しく、最多のホテルがある。A、B、C、D、Eの五台のエレベーターがあり、これら三つのブロックに行くことができる。

チョンキンマンションは、二層の柱礎とその上にそびえる高層建築を利用した、一九六〇年代の香港においてよく見られた、この土地に独特な設計のもとに建てられた。最近行われたチョンキンマンションの建築学的調査によれば、基礎的なデザインは、同時代に建てられた他の香港の建物のいくつかと類似している[18]。しかしながら、チョンキンマンションの建築的な特異さは、同じ時期に建てられたミラドーマンションと比較してみるとはっきりする。ミラドーマンションはチョンキンマンションと同様の一般概念に従っているが、三階の中央に開かれた空間がある――それ以降の階は、最上階まで、この空間を囲んでいる。これは、その階に行けば、共有の開かれた環境なので、同じ階にある別のゲストハウスや店に簡単に辿りつけることを意味する。チョンキンマンションではそうはならない。そこでは三つのブロックと五台の別々のエレベーターが、それぞれ独自の世界につながっていて、地上階に戻る以外に別のブロックの空間に到達する術はない。

チョンキンマンションはしばしば迷路や迷宮と称されるが、その建築構造から理由を説明できる。「ここからはそこへは行けません」という言葉は、大方、チョンキンマンションの異なるブロックがお互い同士に使うことができる。実際、チョンキンマンションでは、人は姿をくらまし消えてしまうことができる。私は、自分が働く宿泊所の小さな場所とその付近以外では見かけたことのない宿泊所の従業員を何人か知っている――彼らは滅多に下の階に降りてこないし、上の階にいるのなら、五分も一〇分もエレベーターを待たなくては、彼らには近づけないだろう。救急隊員や消防士、警察官もまた待たされることになり、必然的に、それがこの建物の安全に重大な影響を与えている。

彌敦道（ネーザンロード）にあるチョンキンマンションの正面入り口から入ると、まず、八軒ほどのさまざまな規模と評判の両替店を通り過ぎる。一部の両替店は、彼らが誤解を招くような為替レートを掲げているにもかかわらず、香港で最悪のレートだという評判がある一方で、他の両替店は良好なレートで取引している。そういう店で両替するために、多くの人たちに交じって、キャセイ航空の客室乗務員が、勇気をもってチョンキンマンションにやってくる。多くの両替店のほか、チョンキンマンションの何軒かの店舗は、今や送金業がビジネスの大半を占め、アフリカや他の国の貿易業者によってチョンキンマンションを通して送られる金が、その後中国大陸に行き戻ってくる――かなり儲かるビジネスである。

この両替店が並ぶ通路のあと、案内所に突き当たる。そこには警備員が待ち構えていて、主に迷ったり混乱したりしている香港系中国人に、行きたい場所への道順を教えてくれる。警備員は分別をわきまえているとして、チョンキンマンションでは評判が良いが、彼らの多くはわずかな英語しか話せないし、チョンキンマンションにいる国際色豊かな人々の群れのほとんどは広東語を話さないので、警備員たちは、彼らにとっては限られた助けにしかならない。ここで、商店でいっぱいの通路が右と左に分岐する。この通路と垂直にさらに四つの通路があり、ここも商店と人とであふれ返っている。これらの通路の真ん中の二つに、間隔を置いて、A、B、C、D、Eの五つのエレベーターがあり、日中から夕方のほとんどの時間帯、特に最多のホテルがあるブロックAでは五〜六人あるいは一二、三人が列を作っているかもしれない。これらのエレベーターはせいぜい七人か八人しか運べないし、上の階から上げたり降ろしたりしなければならない商品や荷物もひっきりなしに運んでいるので、乗ることができるのはもっと少人数だ。乗り過ぎを示唆する警報音が鳴ると、最後に乗った人が降りなければならない。しかし、もぞもぞ動いたり、足の位置を変えたりして、警報を黙らせるかもしれない——これはチョンキンマンションに長く滞在する人が、上の階に上ったり下りたり、また戻ったりするためにエレベーターを待つのを回避するために学ぶ技である。

地上階にある一四〇ほどの商店は、目が眩むほどさまざまな商品を提供している。二〇〇九年の様子を描いてみると、ナイジェリアやタンザニア、あるいはパキスタンへの格安通話を売り物にしたテレホンカードの店が一二、三軒、そしてインターネットカフェが五軒ある。パンジャブ・ファーストフードやラホール・ファーストフードのような名前のレストランやスナックバーが一二軒あ

Chana Masala
3 Roties
$25

る。ほとんどは数個のテーブルと椅子があって、底値で基本的な南アジア料理を出す小さな店である。しかし、もっと豪華に見せようと、ガラスで囲まれたレストランも二軒ある。時折、地上階で売られている食品の格上げをしようとの試みがなされた。いったいなぜ朝の二時にクリケットなんか観ているんだと思いながら、面白がっていたアフリカ人の客が来ていた二四時間営業のスポーツバーは、すぐにつぶれてしまった。二〇〇九年現在、数軒のトルコ・パキスタン系レストランは、南アジア料理の辛さが耐えられないアフリカ人貿易業者たちの間でかなり人気がある。

携帯電話を売る店が一五軒ほど、洋服を売る店は三〇軒ある。いくつかの店は小売店で流行り服を売っているが、ほとんどは西洋やアフリカに合わせたスタイルの服や靴を卸売りしている。時計店が一五軒、主に卸売りである。小売りと卸売りの電子機器の店が一〇軒ほど、南アジアのビデオ直販店か三軒ある。仏像やスイス・アーミーナイフを売る土産物屋もあれば、建物の正面にまで伸びている通路にある、ポルノ雑誌から、急に文学を切望した人のために何冊かの高尚な本まで売っている新聞販売店もある。何軒かの梱包・輸送専門の店、南アジアの菓子をはじめ缶入りのソフトドリンクやジュースを売るスタンドが一二、三軒、そして、主に南アジアの食品を専門に扱っている食料品店が八軒あり、なかにはウィスキーを扱って繁盛している店も何軒かある。たいていこれらの店はとても入れ替わりが早いが、ときには驚くほど息の長い店もある。私は、所有者が一九七〇年代から引き続き経営している店を四軒知っている。

およそ一二〇軒の店があるチョンキンマンションの一階は、携帯電話販売店が大幅に急増したという点で、地上階とは違っている。ここには他の店もある——複数の両替商、旅行代理店、サリー販売店、さらにインターネットカフェ、理髪店、チョンキンマンション唯一の中華料理店を含む、五、六軒のレストラン、イスラム教関連の本を扱う書店。しかし、全部で八〇以上もある大多数の店は、携帯電話機の卸売店で、広い選択幅のある電話機――返却されたもの、使用済みのもの、修理したもの、偽造したもの――を、主にアフリカからの開発途上世界の買い手に売っている。一階は地上階よりも静かだが、何千台もの携帯電話の購入という、最も重要な取引のほとんどが行われるのはここである。

このような携帯電話機の売買が見られるようになったのはごく最近のことで、一九九〇年代後半からのことだ。実際、チョンキンマンションのこの二つの階にある店は、私の三年間にわたる調査期間中にさえ、かなり大きく変化した。二〇〇六年九月、最初の二つの階には、主に布や衣類を扱う店が四七軒あったが、二〇〇九年四月には三三軒だけとなった。二〇〇六年九月に携帯電話機の店は七九軒あったが、二〇〇九年四月には九八軒である。これは単に商店主の群集心理の表れなのかもしれないが、それ以上に、時計や宝石や洋服にも増して、携帯電話が現代のライフラインとみられるようになった、サハラ砂漠以南アフリカの消費者の需要を反映している[19]。

前に指摘したように、チョンキンマンションでいかに多くのものが手に入るか、まさに驚きである。宿から始まって、理髪店、ハラルのバーベキュー、あらゆる価格帯のウィスキー、セックス、コンピューターの修理、テレビのリモコン、ペンや眼鏡に仕込まれたスパイ・カメラ、文房具、食料品、洗濯、薬、亡命希望者のための法律上のアドバイス、クリスチャンやムスリムのための精神的支持まで。ある博識な情報提供者は「チョンキンマンションには自給自足できる生態系があるんです」と説明した。実際、必要かもしれないものはすべてこの建物の中にあるのだから、人は数週間も数ヶ月間もずっと、ここから出ずにいることもありうる。

こうした生態系の中には、民族に根差す非常に明確な役割分担がある。チョンキンマンションにある店の多くは、過去四〇年にわたって香港にやってきた大陸系中国人が所有している。これらの所有者は、現在ではたまにしかチョンキンマンションにやって来ず、店舗の管理は南アジア人、あるいは最近では中国大陸から新たにやってきた移民に任せている。チョンキンマンションで目にする顔の多くがアフリカ人であるものの、どの店でもカウンターの奥で働いているアフリカ人はとても少ない。これは、香港で合法的な住民資格を持っているアフリカ人がほとんどいないという理由による。多くの南アジア人は、何世代にもわたってそのような資格を持っているか、あるいは一九九七年以前、英国の植民地支配が終わる前に、住民資格を取得している。それ以降、他の南アジア人は香港の住民資格をこれらの人々の近い親族として取得した。チョンキンマンションで働いている南アジア人の多くは、旅行者として入境を許可されたか、亡命希望者であるが、彼らは、他の多くの南アジア人がもっぱら合法なので、入境管理警察の襲撃の可能性に対して数が多い分ある程度安心して働くことができる。これに反して、アフリカ人は一瞬にして見つかってしまう。したがって、彼らが香港に合法的に住んでいる数少ないアフリカ人の一人でもない限り、地上階や一階の雇用主は彼らを雇ったりはしない。例外は数限りなくいるが、単純化すれば、チョンキンマンションの最初の二つの階の民族的な状況はこのようになっている——香港をベースにしている中国人の所有者、南アジア人のマネージャーと事務員、そしてアフリカや世界中から訪れる客。

チョンキンマンションの最初の二つの階、その開かれた買い物の場に、全体的な共同体の感覚が存在しないのは私には驚きである。重大な出来事についてのニュースは素早く伝わるが（「今日の午後、Cブロックで盗難があったと聞いたよ」）、商店主たちのほとんどは、建物を全体として十分に把握してはいない。各々の民族グループはある程度、自分たちのことは自分たちだけの秘密にしておくのかもしれない。例えば、パンジャビ人は他のパンジャビ人を知っているが、わずか三〇フィート〔約九・一五メートル〕離れたところに店を構える中国人については、あるいは角を曲がったところで店を経営しているフィリピン人女性については、ほとんど何も知らない。もちろん例外はある。社交的な商店主なら、建物の周りで起きていることをよく知っているかもしれないが、多くの人はそうではない。特に、ガラスの壁に囲まれている店では、経営者は完全に遮蔽されているかもしれない。亡命希望者やアフリカ人をののしる、地上階にある店の中国人店主のことを私は知っているが、彼は自分の閉ざされた店内にいて、彼らに出会ったことはないのだ。南アジアの料理は一度も食べたことがないという、他の中国人店主も何人か知っている。南アジア人とアフリカ人たちの間では、もっと多様な異文化間交流がありそうだが、ここでもまた一部の人たちは、全体としてのチョンキンマンションの世界はほとんど知らないかもしれない。ほとんどの商店主たちは、主に、おそらく三〇フィート四方に過ぎない彼らの店周辺の領域に閉じ込められていて、これが、彼らが詳しく把握しているチョンキンマンションの世界である。

これらの小さな世界の一つひとつは、それぞれ自己の戦略と物語を持っている。いくつか例を挙げてみると、かつて、船に戻るときに、アルコール一瓶だけを持ち帰ることを許されていた水兵たちに、近くのオーシャン・ターミナルにドック入りした際、巨大な瓶入りのウィスキーを売って利益のほとんどを上げていた香港系中国人の食料品店主がいる。その取引は縮小したので、数年前彼は店の大部分を、アフリカの貿易業者に卸売りする靴を並べる棚に変えた。したがって、現在彼が取り扱うのは、新鮮な食料品、ウィスキー、そして靴である。年上のパキスタン人男性と結婚していて、母親のようなまなざしで客を気遣う、五〇代のフィリピン人女性がいる。週日は南アジアの料理を出すが、特に、彼女の店をたまり場にしているソマリア人の亡命希望者たちには主にお茶を出している。しかし、日曜日には、仕事を離れ休暇を楽しんでいる多くのフィリピン人メイドたちのために、彼女はメニューをフィリピン料理に変えている。

電子機器の店を経営している年配の香港人の兄弟がいる。近くの多くの店のように、ブランド物に似せた模倣品や、偽物商品を売る気にはなれず、値段の安い商品を売っている。彼らは商売があまりうまくいっていないことを嘆いており、香港系中国人の商店主の数が減り続けていることを悲しんでいる——「今残っているのは私たち数人だけだよ」。そして、貯金のすべてを新しい囲いのあるレストランにつぎ込んだのに、客が一人も来ないのを絶望的な思いで見つめていたパンジャブ人の食堂経営者がいる。「あんたは教授だよ。どうしてカメラと新聞記者を連れてきて、うちのレストランの写真を撮れないんだ」と私に聞いた。幸いにも、結局、私の助けがなくとも、彼の店には少しずつ客が入り始めた。これらは、チョンキンマンションの商売に関してここ数年の間に、私が耳にした何百もの物語のほんの一部にすぎない。

ここで上層階に移ろう。チョンキンマンションの全ブロックで支配的なビジネスは、宿泊所であり、それぞれ六室から一二室の小さなホテル（なかにはもっと大きなホテルも何軒かある）で、全部で約九〇軒ある。いつの夜でも、この建物を訪れる客のために一〇〇〇を超すベッドが用意されている。値段によって違いがあるが、これらの部屋はいずれも驚くほど狭い。典型的には、部屋にはベッドと、別に仕切られたトイレがあり、シャワーのノズルがその真上にある。もっと大きな部屋には、寝台の脇机のようなもの、あるいはツインベッドが二つあるかもしれない。ほとんどの部屋には、備え付けのテレビとエアコンがあり、多くの部屋には電話もある。大多数の客室にはタイルが敷き詰められていて、風呂場のように見せているが、同時にまた害虫の危険を防いでもいる。タイルが敷かれていない、より値段の安い客室は、チョンキンマンションの壁の中に巣食うゴキブリたちに取りつかれているかもしれないが、私はいまだかつて、タイル張りの部屋でゴキブリを見たことはない。

　何年もの間、胎内のような囲みの中で、こうした部屋はとても居心地がいいと感じてきた。唯一の問題は、多くの部屋には窓がないか、一つだけある窓が永久に夜の〔建物内に光を導く〕光井に面しているので、そこで寝ている人には夜なのか昼なのかわからないことだ。火災の危険に備えて、いつも懐中電灯をベッドの近くに置いていたが、

一度も使うことはなかったし、私の在留資格をチェックしようとやってくる、入境管理警察の執拗なノックで起こされたこともない——これに関してはたくさん聞いたが、私自身は経験していない。

テレビはほとんどの宿泊所の部屋にはなくてはならないものであり、香港の他の宿泊所の部屋にあるものとは、はっきりと違っている。チョンキンマンションにあるテレビは、インド、パキスタン、ネパールからの個別のチャンネルを含む、一六チャンネルから成っている。さらに、BBC、多くのアフリカ人たちが見ているフランス語のチャンネルTV5MONDE、そして、香港と中国大陸の放送局のチャンネルがいくつかある。これらのチャンネルは、各国民が、多かれ少なかれ、それぞれの特定の画面上で展開される人生に没頭していることで、チョンキンマンションでの暮らしに重要な影響をもたらしている。隣のホリディ・インでは客はCNNやHBOを観るかもしれないが、チョンキンマンションにおいてのみ、南アジアのチャンネルをいとも簡単に観ることができる。そのおかげで、宿泊所の支配人や商店主たちは、自分の国で起こっていることをいつも知ることができる。各宿泊所の部屋で、テレビのチャンネルがどこに合わせてあるかで、簡単に自分の前に泊まっていた宿泊客の国籍の見当がつけられる。

チョンキンマンションの宿泊所はたいてい人種差別はしないが、明確に、異なる種類の客をターゲットにしている。旅行客や高水準の実業家の需要を求めて、念入りに改築したホテルもあり、そこではシングル・ルームが一泊一八〇香港ドルから三〇〇香港ドル、あるいはそれ以上する（しかし、香港と広州で貿易見本市が開かれる絶好期の四月と一〇月には、もっと高くなる）。狭いけれど、これらの部屋はたいてい清潔で手入れが行き届いている。ときに、本当に豪華な宿泊所になると、壁の絵、フラット・スクリーンのテレビ、冷蔵庫などの快適な設備まで備わっていることもある。何軒かの宿泊所は近くの個人のアパートも手に入れて、非合法の宿泊所に改築し、主要な合法の宿泊所では賄いきれない客に対処している。これらの宿泊所の一部は、数多くチョンキンマンションにやってくるようになった、新しく出現した旅行者市場である大陸系中国人を客として狙っている。また、主に欧米の旅行者をターゲットにした宿泊所も、貧乏バックパッカーたちのお気に入りの、まるで三〇年前に時が戻ったかのような二東三文の宿（客のうちの何人かはそこにもう数十年も住み続けている）も含めて、何軒かある。二〇〇八年に、インターネットの存在が大きくなったことと相まって、数軒の宿泊所が初めてクレジットカードを導入するようになったのを知って、私は驚いてしまった――インターネットで宣伝しているこれらの宿泊所の何軒かは、ビルの名前すら明らかにせず、宿がチョンキンマンションの中にあることを軽視している。

もっと節約をしたい実業家たちをターゲットにしている宿泊所もある。そうした宿泊所の多くはもう何年も改修しておらず、しばしば敷地内に四〇キロ用の秤が置いてあるのが特徴的である。これは貿易業者たちが、航空会社の重量制限に対して自分たちの荷物の重さを測るためのものだ。携帯電話や衣類を購入する小規模な企業家は、重量制限を超えないように大いに気をつけなければならず、秤は彼らのためにそこに用意されているのだ。こうした宿泊所のトイレ付きシングルルームは、だいたい一〇〇香港ドルから一五〇香港ドルで、多くの貿易業者は二、三人で一部屋に泊まっている。

私はこうした部屋の多くに泊まってみた。それらは必要最低限において、だいたい便利である。

二度だけ、とてもがっかりして朝がくる前に出たことがある。シャワーとトイレが同じ狭い空間にあり、ふつうは宿に用意してあるので、一度、その経営者に風呂場で使うためのサンダルを頼むと、彼は自分が履いているサンダルを脱いで私に渡してくれた。これらの、より低価格の宿泊所では、従業員はよく正面ドアの隣の床に寝ているので、朝早く出発する、あるいは夜遅く帰ってくる客はつまずいてしまうかもしれない。

長期滞在者をターゲットにする、さらに安く、お粗末な宿泊所もある。こうした宿泊所のいくつかは合法的で明示されているが、多くは明示されておらず簡単には見つけられない。私が知っているそういう宿の一つは、非常に小さな部屋が一ヶ月の宿泊代は二千香港ドルである。借り手はたいてい、節約のために一人ないし二人の同居者を求める。宿泊所全体では、部屋が六つあり、一五人の住人がいるが、ビザの期限が切れたり、所持金が底をついてしまって――あるいはもっと珍しいが、ビジネスの取引がうまくいき、もっといい宿に移ることができて、その住人は月ごとに入れ替わっている。

これらのブロックでは宿泊所の他にもさまざまな商売がされている。これには、往々にして、ほんの数時間で手に入る中国査証を専門にしている旅行代理店、衣類の卸売業者、特にオパールを専門に扱う宝石商人数人が含まれる。そこには数百の個人住宅もあるが、そのなかのいくつかが事実上宿泊所なのかは誰にもわからない。いくつかのキリスト教団体や慈善目的の非政府組織（ＮＧＯ）もあって、亡命希望者やヘロイン中毒者に対する奉仕活動も行っている。

チョンキンマンションの上層階で最もよく知られた商売は、一二軒ほどある合法の南アジア料理を出すレストランと、主にさまざまな種類のアフリカ料理を提供する無免許のレストラン数軒である。いちばんよく知られていて混雑しているレストランは、チョンキンマンションの入り口で客を捕まえている客引きの店である。これらのレストランには、往々にして広東語を話すウェイターがおり、香港中のレストランでのように、楽しい時を過ごしている客たちの話す広東語の典型的な声の大きさから、チョンキンマンションの中で、実際に香港の中にいるように思える唯一の場所である。これらは、多くの香港人をなんとか入り口まで連れてくることができた、チョンキンマンションで唯一の商売である。他のそれほど知られてはいないレストランは、ほとんど誰一人香港人の客はなく、バングラデシュ人、南インド人、パキスタン人、ネパール人あるいはアフリカ人のように、自分と同郷の人たちに食事を提供している。最後に挙げたレストランは多様な種類のアフリカ料理を出しており、多くの場合、アフリカ人の香港人妻が所有している。こういうレストランには、入境管理警察が査証の有効期限を超えた超過滞在者を探して入ってくる場合に備えて、しばしば入り口に監視カメラが備え付けられている。チョンキンマンションにいる大多数のアフリカ人実業家のおかげでこの建物が繁栄しているのに、アフリカ人が美味しいと感じる食事を出すチョンキンマンション内のほとんどのレストランが無免許で、したがって非合法であるというのは皮肉である。

建物に隣接した環境に目を向けると、チョンキンマンションはその地上階のレベルで、コンクリートの通路で囲まれており、段ボール製の小屋で暮らす数十人のヘロイン中毒者たちが住んでいる。これらの通路から離れて商店も何軒かある。南アジアの食料品店が数軒、携帯電話の修理店、そして最もよく知られているのは、アフリカ人の酒飲みたちが「ライオンの涙」と呼ぶ代物――スタイロフォームのカップに注がれたインドで瓶詰にされたウィスキーで、一杯五香港ドル〔六五USセント〕――を出す屋台である。アフリカ人や南アジア人の実業家たちや、通りすがりの人たちが、仕事の後ここに集まってくる。これには、もっと落ちぶれた風の何人かも頻繁に加わっている。ここはチョンキンマンションの中で私が脅かされた唯一の場所であり、誰かがあっさりと死んでしまったことを私が知っている、チョンキンマンション内の唯一の場所でもある。同時に、ここはチョンキンマンションのあらゆる場所の中で最も社交的な所であり、そこでは見知らぬ者どうしが友好的に会話するのがごく当たり前となっている――ここはチョンキンマンションにおける近所の居酒屋である。

この屋台の隣は、チョンキンマンションから外へ伸びる狭い路地である。ここは、南アジア人が運転操作する数々の荷物運搬車が、客と荷物を空港まで運ぶために待っている裏通りまで、商品を手押し車で運ぶための主要な通路である。この裏通りは、チョンキンマンションとはまるで別世界の、たくさんのバーが立ち並ぶ流行の先端を行く通りにつながっている。この通りはまた、これとは別の方角に、秘密も同然の公園シグナル・ヒル・ガーデンの入り口まで伸びていて、小高い丘を登ると、一九〇七年に建てられた、英国植民地主義を思い起こさせるレンガ造りの建物、シグナル塔に行き着く[20]。狭い裏通りを通って、チョンキンマンションからわずか一〇〇ヤード〔約九一・四メートル〕ほどで、誰もいない森の中の、樹木に囲まれた歩道に出ることができるのだ。

チョンキンマンションの裏側とは違って、建物の正面、彌敦道〔ネーザンロード〕はいつも人であふれている。チョンキンマンションの表玄関を囲むおよそ一〇〇フィート〔約三〇・五メートル〕には、まるでカルチャーショックが渦巻いているかのようだ。アフリカ人やインド人のムスリムたちと、流行の先端のファッションに身を包んだ近くのバーやブティック、レストランの常連たちとがひしめいているのだから。どんな夜も遅くなれば、彌敦道と歩道を分ける手すりに腰かけている二〇人ほどのアフリカ人や、早めに閉めた店の階段に腰を下ろしている二〇人ほどの南アジア人、さらには、客を求めている数人の香港系中国人の宿泊所の主人たちがいるだろう。これらの人々の間をぬって、ボーイフレンドの腕をしっかりつかんだ短いスカートの香港人女性たちや、しこたま飲んで、自分は今いったいどこにいるのだろうと迷っているヨーロッパ人たちも通り過ぎていく。

土曜日の午後一一時過ぎにチョンキンマンションを通り過ぎることは、これら香港の人々にとっては、異質な視線に晒されているようなものだが、困惑しているのはお互いさまだ。私は若いアフリカ人の男性が、一度も口をきいたことのない香港人の女性に、愛しているよと言うのを見たが、それを聞いて、この女性は恐れて道を走り去った。そして、若いインド人のムスリムたちが、彼らが目にする不道徳な行為に対して怒りをぶちまけるのを私は聞いた――「この女性たちはほとんど何も着ていないじゃないか。電話番号を聞いたら、きっと教えてくれるに違いないよ。僕の家族にこんなところは見てほしくないね！」――が、そう言いながらも、彼らは視線をやり続ける。確かに、香港の多くの人々がチョンキンマンションに対して抱く恐怖心は、一部には、夜遅くに繰り広げられる、こうしたお互いに理解不能なまなざしに由来しているようだ。

そんな光景から角を曲がると麼地道（モディロード）がある。商売上の秘訣を交換し合うアフリカ人実業家たちのたまり場、セブン・イレブンがある場所だ。二〇〇七年にアフリカの貿易業者が私にこのように言った――「私たちはここにきてみんなと出会うんです。私たちアフリカ人はここにきて、お互いに外国での商売を助け合うんです。ここは私たちの酒場でもあり、事務所でもあるんですよ」。ミラドーマンションは、このセブン・イレブンのちょうど北側の同じ区画にあり、チョンキンマンションのムスリムたちの多くが礼拝する九龍モスクは、さらに北、道路を渡ったところにある。いちばん近いマクドナルドはチョンキンマンションのすぐ西側にあり、同じく近距離にあるスーパーとともに、チョンキンマンションに宿泊している実業家たちがしばしばそこを訪れている。序文で述べた、よく知られている観光のシンボルとともに、これがチョンキンマンションの置かれた環境である。しかし、チョンキンマンションの現実の環境とは、世界全体である。

歴史

チョンキンマンションの歴史がこれまで書かれたことはなく、極めて重大な事実以外、口述歴史を再構築する作業である。それは一九六一年に建てられ、多くの記録によれば、最初の数年間は高級な建築物であった。香港の不動産を研究している学者が私に話したように、「チョンキンマンションは第一日目から尖沙咀（ツィムシャツイ）では有名でした。とても高層だという理由で一九六〇年代には高級でした――当時あのあたりには高い建物はなかったし、チョンキンマンションは間違いなく目立ちましたよ」。当初、下層階には、数軒の高級宝石店のほか、エスカレーター付きのショッピングモールやナイトクラブがあった。英国の陸軍士官とともに、香港の地元の有名人数名が、この建物に住んでいたと言われている。[21]

しかしながら、私が話した他の人たちは、チョンキンマンションが高級だったという出自を疑問視している。一九六二年から一九六四年までチョンキンマンションに住んでいたイギリス人の男性は「全く高級には見えなかったです……みすぼらしい雰囲気で。安普請でしたね」と話す。一九六〇年代半ばにチョンキンマンションの近くで子ども時代を過ごした、有名な香港系中国人の作家ははっきりと私に、その当時は「みすぼらしい場所だった」と形容した。チョンキンマンションが短期間で退廃した明白な一つの理由は、おそらく最初から安物建築だったことによるのだろう――一九六〇年代初頭は、香港社会じたいがまだ貧困にあえいでいたことを考えれば、これは驚くにはあたらない。[22]二つ目の理由は建物の構造そのものだった。ここまで私たちが見てきたように、それはほとんどごみごみした場所になるべく設計されていたようだ。

最初から、チョンキンマンションには無視できない南アジア人の存在があった。右に引用したイギリス人の男性は、こう言った――「私たちが（チョンキンマンションに住んで）いた時、ほとんどの商店は中国人のものでした。でもインド人の店もかなりありましたね……多分二〇％の店はインド人がやっていたでしょう。でも、目立たない静かな中国人よりも、インド人の存在が大きく思えましたよ」。インド人は植民地政府に警察官や兵士として雇われており、南アジア人は一九世紀の半ばからずっと尖沙咀（ツィムシャツイ）に存在していた。[23]九龍モスクは、後にチョンキンマンションが建設されることになる付近に、一九世紀後半に建てられ、一九六四年に彌敦道（ネーザンロード）を渡った、チョンキンマンションのちょうど二区画北の新しい場所に再建された。これが、チョンキンマンションのムスリムの存在に貢献する重大な効果があったことを疑う余地はない。

一九六〇年代後半までには、ベトナム戦争がチョンキンマンションに影響を及ぼすようになった。事実上、尖沙咀（ツィムシャツイ）近隣はアメリカ軍人のための赤線地帯に一変した。その時代にチョンキンマンションの近くで働いていた警察官は、アメリカの軍人がどんな風に建物の外でセックスワーカーに会っていたか、私に話してくれた。作家の許細もまた、この時代のチョンキンマンションを彼女の小説『中国の壁』の中で描写している。この小説では、九歳の主人公が「チョンキンマンションの薄よごれた、洞窟のような口」[24]でアメリカ人の水兵たちを誘うセックスワーカーに引きつけられている様を、長々と描写している。一九六九年までに、バックパッカーやヒッピーも出現し始めた。あるアメリカ人は私にこう説明した。一九六九年までに、

そこはすでにヨーロッパ人、アメリカ人、オーストラリア人たち、ほとんどが学生のための安宿だったよ。ヒッピーがたくさんいたし、麻薬常用者も何人かね……僕が一番よく覚えているのはカレー屋、個人のアパートにあるインド料理のレストランだよ……チョンキンマンションはその当時ちょっとばかり危険で、ちょっとばかり心配だったね……僕が気掛かりだったのは暴力とかそんなことじゃないんだ。火事だよ。鍵のかかった出口がいっぱいあったし、この場所は迷路みたいだったからね。

事実、一九六〇年代後半までに、すでに火災はチョンキンマンションで定期的に発生していた。警察官が私にこう話した。「消防車が入るのに何かと苦労しました。何しろ非常口は全部ふさがっていましたから」。

一九七〇年代にチョンキンマンションは、バックパッカーの停泊所として出現した。初めからチョンキンマンションに住んでいた香港系中国人の家族は、しばしば日常的な不動産の管理業務を、南アジア人や、新しく香港に移ってきた上海人や他の大陸系中国人に任せて、他へ移って行った。香港の他の地区と比べて、その不動産価格はすでに安くなっていたので、これら大陸出身の中国人は、さらにチョンキンマンションの不動産を買い始めた。この時期に、多額の利益が得られることから、チョンキンマンションの住宅用アパートはますます旅行者のための宿泊所に変えられていった。

この過程で、新しく優位に立った旅行ガイド『ロンリー・プラネット』は不可欠であった。トニー・ウィーラーの『貧乏旅行の東南アジア（*South-East Asia on a Shoestring*）』は、世界の多くの若者からチョンキンマンションに注目を集めたという点で、重要な役割を果たした。一九七五年に初版が発行され、その一九八一年版にはこう書かれている――「香港には格安の宿を表す魔法の言葉がある――チョンキンマンション」[25]。これ以降チョンキンにもたらされ、現在も続いている問題は、エアコンやテレビがほとんどなかった一九六〇年頃に設計された電気設備に、過度な負担が掛かったことであった。個人のアパートが宿泊所に改築されると、各部屋には独自の電灯とエアコン、そしておそらくはテレビも必要で、大量の電気を使うことになる。時が経つにつれて、この状態はますます危険になっていった。

私自身、一九八三年の終わり、若い旅行者としてチョンキンマンションに一週間滞在した。多くのヨーロッパ人や日本人に交じって、共同の寝室に寝床を広げ、デリーでは何を見るか、バンコクではどこに行ったらいいか、ビルマ行きの査証はどうやって手に入れるかなど、際限なく情報の交換をした。私が驚いたのは、滞在したシングルルームの狭さや、旅行者同胞のみだらさ（「結婚してるって認めた男って、私が会った人の中ではあんたが初めてよ」と若いイギリス人女性は私に大声で言った――私は一人で旅行していた）、そして明け方に聞こえてくる尖沙咀（ツィムシャツイ）の鳥たちの素晴らしい喧騒――これは二〇〇九年の今も変わらない。一九八〇年代半ばに旅行したオーストラリア人は、二〇年後、その当時チョンキンマンションに存在した「ゴールド・ラン」について、チョンキンマンションの宿泊所の壁に貼ってあった参加者を募る掲示について、私に語った。旅行者は香港で金塊を受け取ってネパールまで運ぶのだが、ネパールでは金の所有は違法なので、直腸に隠してゆく。一九八五年末期、ネパールの警察は若い旅行者グループを捕え、重い金のチューブが出てくるまで、何度もしゃがませたりジャンプをさせたりしたそうだ。確かに何人かは実刑を課せられた。にもかかわらず、この「ゴールド・ラン」は続いた、と古参の旅行者たちは私に言った。[26]

火災もまた続いた。最も激しかったのは、一九八八年二月にチョンキンマンションの一一階で発生した火災である。マットレスに乗って建物から飛び降りて逃れようとして、デンマーク人の旅行者が死亡し、他の九人も怪我をした。[*] 火災は以前にもかなりの頻度で起こっていたが、このときの火事は世界中のメディアの注目を集めた。この火災の後、チョンキンマンションをより厳格に規制せよという声が、数多く聞かれるようになった。当時の新聞の見出しは、「高層建築の脅威は政府の緊急行動を必要としている」「チョンキンはいまだに火災になったら逃げ場がない」、そして「改装しても、チョンキンマンションの火災対策には改善なし」[27]。一九九三年七月、何年にもわたる警告の後、電力装置に危険なほどの負担が掛かり、その結果、爆発と停電が起きた。チョンキンマンションでは七日間、電気も水も止まった[28]。最終的には、香港の一般市民からの激しい反対の声によって、宿泊所の免許には新たに厳格な条件が加えられた——一九九四年までに、建物内の六一軒の宿泊所が閉鎖された。ただし、すぐに新しい宿が現れて閉鎖した宿に取って代わった[29]。

一九八〇年代、一九九〇年代を通じて、明らかに尖沙咀（ツィムシャツイ）界隈を広く支配していた中国のトライアド（三合会〔中国系犯罪組織〕）が、ほとんどチョンキンマンションに侵入していなかったのは驚くべきことである。一九九四年にチョンキンマンション内のナイトクラブを爆破するという、中国人ギャングの計画があったらしいが、これは警察によって裏をかかれた（地下にあったナイトクラブは、物理的にはチョンキンマンションの中にあるが、建物の内部からは行けないそうだ）。しかし、トライアドについて知ることができたのはこれだけで、私の情報提供者たちは誰一人、中国人暴力団の存在に関しては何も言わなかった[30]。この空間をパキスタン人の暴力団が埋め尽くした——ヒンズー教の過激派によって、インド北部のバブリ・モスクが破壊された後、ヒンズー教徒の

＊　この火事で一一人が死亡したという報告がいくつかのインターネットサイトに載っているが、その情報は間違いである。

商店主たちに嫌がらせをしたり、南アジア人の会社からみかじめ料を巻き上げたりしていた[31]。これは、大物の暴力団首領が香港から追放された二〇〇〇年の初めに終結したらしい。誰に聞いても、最近はチョンキンマンションに暴力団組織は存在しないようだ。あるパキスタン人の商店主が私にこう話す。「どうして金をゆすり取る必要があるのかね。誰だって携帯電話を売ってもっと簡単に金儲けができるのに！」と。

一九九七年、建物の屋上に住んでいた一〇〇人を超える数のネパール人が追い払われた出来事を思いだして、チョンキンマンションの警備員が私に言った。これらのネパール人は、植民地政府に雇用されていたグルカ兵の親族——ほとんどが息子——である。ほとんどが香港の中国返還の後ネパールに帰ったが、一部の人たちは残り、電化製品をチョンキンマンションの電線につなげて、テントの中で生活していた。屋上は私有地であり、そこにいるネパール人は罪を犯していないので、警察は動いてくれない。そこで、建物の管理者側とその私的警備員がネパール人を屋上から追い出したが、この対決は、どうやらマスメディアでは取り上げられなかったようだ。この後、多くのネパール人はこの地域を離れたが、数人はチョンキンマンションの路地裏に残り、今もそこにいる。

一九九〇年代を通して報道機関は、他の国に交じって、バングラデシュ、インド、パキスタン、ナイジェリア出身の数十人、一〇〇人あるいはそれ以上の数の人々が、正当な書類を持っていないという理由で逮捕された、警察の手入れについて報道した[32]。こうしたことは、この建物の中で何年にもわたって繰り広げられ、そして今も続いているたくさんの入境事務所の手入れの内で最大のものに過ぎなかった。二〇〇〇年の初めには、宿泊所の所有者、宿泊所の従業員、セックスワーカーがそれぞれ、チョンキンマンション内の別々事件で殺された。[33]

すでに一九九〇年代までに、バックパッカーの数は減りつつあったが、南アジア人――インド人、パキスタン人、ネパール人――の数は、イギリス植民地政権の比較的ゆるやかな査証政策に助けられて増え続けた。一九九〇年代後半と二〇〇〇年初頭から、チョンキンマンションに新しい集団が見られるようになった。香港や中国で商品を買い、自国でそれを売って利益を得る機会に引きつけられてやってきたアフリカ人たちである。チョンキンマンションの地上階と一階にある店は、ますますアフリカ商人の変化する需要――時計、アフリカ様式の衣類から、多くのアフリカの消費者にとってはなくてはならない新しい「必需品」である格安の携帯電話まで――を反映するようになった。二〇〇〇年代初頭までに、チョンキンマンションに滞在する人の大多数はアフリカ人になった。二〇〇七年までに、ウェブサイトで宣伝している格安の宿泊所に引かれて、大陸の中国人がますます多くチョンキンマンションに姿を現し始めた。特に、国慶節のような中国の休日には、何軒かの宿泊所は中国人の客だけでいっぱいになった。彼らは、尖沙咀（ツィムシャツイ）の海岸通りや香港湾上空に上がる花火を近くで見られるという理由で、チョンキンマンションにやってきたのだ。

二〇〇五年以来、再編成されたチョンキンマンション所有者法人は、二〇〇個以上のCCTVのカメラを備え付け、制服の警備員を配置し、高頻度での定期的なごみの収集を整備して、建物を格上げする努力をしてきた――その結果、一部のレポーターはチョンキンマンションの新しい夜明けだと喝采したが、他は懐疑的なままだった。[34] その後、犯罪と特に火災の危険は、確かに以前と比べて大きく減少したようだ。チョンキンマンションの警備隊長が私にこう言った。「一〇年前には火事がたくさんありましたよ。ほとんどはキッチンが火元でね。今は、レストランの所有者は全員、火災探知機を取り付けています。火災が発生したら、探知器を通して、管理センターですぐ把握できます。[35]」実際に火事は起きているので、危険はまだあるけれど、過去と比べると大分少なくなった、と彼は話す。それに加えて、チョンキンマンションは現在、独自の広範囲におよぶ消火装置を備えている。

これを書いている時点で、チョンキンマンションの何十年にもわたる問題の多くはまだ残されたままだ。火災は小さくて、誰も死んでいないが、いまだに発生しているし、この後取り上げる、チョンキンマンション所有者法人は、今も引き続き行われている宿泊所の新設と、これがもたらす電気系統への負担について心配し続けている。ほとんどの報道によれば、チョンキンマンションは、一〇年、二〇年前に比べて、さわやかで健康的な場所になった。それにもかかわらず、この建物の大規模な転換でもないかぎり――そんなことはなさそうだが――チョンキンマンションは、香港中に何百とある、もう一つの単なるショッピングモールには決してならず、そのいかがわしさととともに、独自の国際的な特色を維持し続けることだろう。本書は、二〇〇六年から二〇〇九年という特定の期間中のチョンキンマンションとその中の人々を描写したものである。この本で示した、携帯電話の値段から亡命希望者たちの処遇に至るすべての情報は、私が調査を行った日時の制約を受けざるを得ず、今から二年あるいは一〇年後には、もはやあてはまらないかもしれない。より広い見通しに立って、二〇年後、チョンキンマンションは世界観光の偶像であるのか、それとも二流のショッピングモールか、悪の巣窟か、あるいは薄れゆく思い出となるのか、今のところ不明である。

所有者組合

チョンキンマンションの所有権を持っている人は九二〇人いる。チョンキンマンション所有者法人の理事アンソニー・ウォンによれば、二〇〇八年時点で五四九が住宅、三七一がビジネスに関わるものだ。これら所有者のうち、七〇%は中国人で、香港で生まれた人もいるが、より多くは中国で生まれている。残りの三〇%は南アジア人である。

二〇〇七年の四月に、私は二人の研究助手と一緒に、初めて催されたチョンキンマンション所有者法人の年一度の晩餐会に出席して、どのテーブルも――全部でテーブルが一二台、各テーブルには一〇から一二脚の椅子――民族的中国人で占められているのを目にした。唯一の非中国人のテーブルにはアフリカ人が一人、南アジア人が六人いて、全員が広東語を話す人たちであった。香港において最も多民族的、非中国的場所の所有者が、ここでこれほど単一民族的、中国的なのは驚くべきことであるように思えた。食事が進むにつれて、スピーチする人たちの言葉は広東語になった。広東語は、香港の支配的言語であるが、明らかにチョンキンマンションの支配的言語ではない。ここで多く耳にするのは英語やウルドゥー語であり、また北京語やヒンディー語、スワヒリ語、フランス語、ベンガル語、あるいはパンジャブ語も聞こえてくるだろう。

晩餐の終わりに、集まった所有者集団はなまりのある広東語で、香港人であることを象徴する歌「ライオンロックの下で」を歌った。これら中国からの移民たちは、一九八〇年代一九九〇年代に、そしてある程度現在も、しばしば中国大陸からの移民を軽蔑してきた香港で、[36]自分たちの香港人アイデンティティを宣言するために歌を歌っていた。所有者たちは、いわば「何十年にもわたる苦闘の末、私たちも香港人になった」と言っていたのだ。皮肉なのは、ほとんどの香港人が行く勇気のない香港の唯一の場所で、彼らが生計を立て暮らしていることである。彼らは、アフリカ人やインド人は愛着を持っているかもしれないが、多くの香港人は恥ずかしいと感じている建物に所属することを通して、自分たちが香港人であることを宣言している。このように皮肉に満ちているが、それもまたチョンキンマンションである。次回以降の晩餐会も同じような様式だった。二〇〇八年、二〇〇九年の晩餐会は、チョンキンマンションのさまざまな南アジアレストランの料理が立食式で出され、より多文化的になったが、様式は変わらなかった。私は、チョンキンマンションの中では会ったことのないさまざまな人々（特に、建物の不動産所有者たち、警察の幹部たち、地元の政治家たち）と長く会話をする機会を得た。

これらの晩餐会は、チョンキンマンションで起こる他の数多くの出来事と同じように、疲れを知らないラム・ワイ・ラン夫人が考え出したものだ。彼女は、チョンキンマンション所有者法人の会長であり、チョンキンマンションの近年の変容についてまとめた人だ。ラム夫人は、がっしりした体格で、いつも笑顔を絶やさない、精力あふれる六〇代後半の女性で、中国大陸の福建省で育ち、一九七九年に初めて香港に来た。電子工場のほか、さまざまな仕事を勤めた後、一九八八年にチョンキンマンションに宿泊所を開き、チョンキンマンションの一部になった。彼女は一九九四年に初めてチョンキンマンション所有者法人の会長になった。香港最後の英国総督クリス・パッテンが、当時の新しい電気供給制度の開通式のために、チョンキンマンションにやってきた。それ以降、香港の中国人行政長官は誰一人、チョンキンマンションを訪れてはいない。「香港でいちばん国際的な場所として、チョンキンマンションが重要だと思わないのかしらね?」と彼女は憤慨して言う。ここ数年、彼女は先頭に立って、CCTVのカメラを建物の周囲に設置することと、防火設備と清掃サービスを向上させることに力を入れてきた。

ラム夫人と私は複雑な関係にある。その一つは言葉の問題であり(私の広東語は彼女の英語と同じくらいお粗末である)、もう一つは建物に対する私たちの異なる見解である。ラム夫人は驚くほど効果的なチョンキンマンションの擁護者であり、今日のような上々の環境を作り出すには欠かすことのできない役割を果たしてきた。それと同時に、彼女は建物内の公のビジネス活動に焦点を当てているので、実際に起こっていることの多くを見ていない――チョンキンマンションが生き延びることを可能にしている、不法労働者の貴重な役割を彼女は評価していないし、チョンキンマンションにおける、亡命希望者や麻薬が占める複雑な位置――ハシシの圧倒的市場を作っているのはアフリカ人ではなく「白い人たち」である――も理解していない。私はしばしば彼女にこう言う。もし不法労働者がチョンキンマンションから消えたら、他のショッピング・モールと同じようになって、ここは死んでしまうだろう、なぜならアフリカ人たちはみんな高い値段にたじろいで、帰ってしまうから。彼女はこう返す、私はチョンキンマンションのみんなの必要を覚えておかなくてはならない、と――つまり、私が香港中国人の不動産所有者たちが望んでいることに対して、十分な注意を払っていないと示唆している。彼女は、無意識に人種差別的な発言をすることがあり、中国人の記者や旅行作家に――彼らからの後の電話で、私が知ったように――南アジア人の宿泊所は汚い、客は中国人経営の宿泊所に泊まるべきだ、と話したりする。彼女はまた私に対して惜しみなく寛大で、私の研究をいつでも祝福してくれ、あらゆる手段で私を助けてくれた。

チョンキンマンション事業主の多くはラム夫人に対して大きな尊敬の念を持っている。ある香港系中国人の所有者は私にこう話した。

計画するのがとてもうまくて、私たちはあの女性が本当に好きですよ。エレベーターは、以前は古くて、混雑していて――階の途中で止まったもんです――ひどかったですよ。今では、エレベーターは違います。まだ小さいけど、新しくなった。本当に大きな業績ですよ。男性用のトイレだって、本当に改善されました。今は、電灯とか、エレベーター、トイレとかの公共の設備があって――こういうのは、前よりずっといい――これは誰にとってもいいことですよ――それに、CCTVのカメラ――あれがあるからもっと安全ですよ。このために、それぞれの所有者全員に金を出させるんです――見事なもんですよ。

他の人たち、とりわけ南アジア人たちは、もっと暗い見方をしている。ある商店主の言葉では、「管理委員会――あれは中国人マフィアだよ。あいつらがすべてコントロールしているのさ。他の中国人たちのために請負仕事を取ってるだけだよ」。さらに他の人たちは、彼女が所有者委員会の会長という地位を利用して、自分の不動産を拡張していると非難している。こうした見方は民族的な緊張感を示唆しているが、特に言葉の違いを考えると現実的である。私が数人の南アジア人の所有者たちから聞いたように、「何だってあの女に注意を払わなくちゃならないんだ。英語だって話せないくせに！」こうした緊張感の多くは、他人が羨むような権威を持っている誰に対しても向けられるものかもしれない。彼女は中国中心の、民族中心主義をある程度維持しているとしても、チョンキンマンションをより健全に生活し仕事をするための場所にする上で、実に素晴らしい仕事をしている――最新版『ロンリー・プラネット』の香港のガイドブックが描写しているように、彼女は「明皇帝の政治的正しさを持ち合わせている[37]」。

商売

建物は中枢神経となるしくみを欠いている――ほとんどの意味で、完全な共同体の欠如[38]――にもかかわらず、チョンキンマンション内の商売は、一般に多かれ少なかれ共通のやり方で行われている。自分の不動産を持っている人と借りている人の間には大きな隔たりがある。私はチョンキンマンションに不在であることの多いほとんどの中国人よりも、南アジア人の所有者や借家人をよく知っているので、彼らの言葉を使って書こう。これらの所有者たちにとって、近年、不動産の価値が上がり続けている。人気のある二階のレストランの南アジア人オーナーが私に話したところでは、約五年前に彼が買った時、このレストランは一五〇万香港ドルだったが、二〇〇七年には二五〇万香港ドルの価値があったそうだ。別のオーナーは、彼が買おうと思っている七〇〇フィート〔約二一三・四メートル）四方のアパートが、八〇万香港ドルから一四〇万香港ドルに値上がりしていると話した。チョンキンマンションで最も著名な実業家の一人について、彼はこう話した。「あなたはなぜこんな不動産を全部買っているのですか」と聞いたら、彼は、「なぜかと言うと、これはとても貴重だからさ――すごく価値があるんだよ」と答えた。しかしながら、別の宿泊所の管理者が私に言ったように、「買うにはたくさん金が必要だよ。大金だよ！　四〇〇万、五〇〇万、アパートひとつだよ。借りたほうがいい。一万五〇〇〇香港ドル、二万香港ドル、一万七〇〇〇香港ドル……」二〇〇九年後半に起こったように、経済が沈滞しているときは、経費がより少なく資力ももっとあるので、所有者は借家人よりもうまく嵐をやりすごせる傾向がある。数ヶ月にわたって、家賃にすら届かない売り上げに直面している借家人は、店を閉めざるを得ないかもしれない。チョンキンマンションの地上階の店舗の家賃は、二〇〇八年現在、特に小さい売店の八〇〇〇香港ドルから、とりわけ立地のいい広々した店舗の四万香港ドル、あるいはそれ以上にまでなるかもしれない。

チョンキンマンションにある店舗の一部のオーナーや経営者は、彼らの周りのもっと儲かる商売について、大声で不平を言う。時計屋のオーナーはこう語る。「何人かここであっという間に金持ちになる人を見てきたよ。だけど、僕がここでまじめに商売をしていても、金はあまり儲からない。」実際、チョンキンマンションで商売をして利益を上げることは（香港中の小規模な商売にもあてはまるが）、ある程度法律を無視しなければ、不可能ではないにしても難しい。地上階と一階の数店舗は、他の種類の商品に混じって、中国大陸で作られたヨーロッパや日本のオリジナル製品のコピーを売っている。最も多いのは携帯電話だが、コンピューターや他の製品もある。（市場を知らず、

愚直に新品の電話機を売る店は、私が目撃したように、数週間の内につぶれてしまうかもしれない。）こうした商品の買い手は、ほとんどがアフリカの実業家であり、たいてい自分が何を購入しているのかを正確に知っており、苦情が出ることはほとんどない。こういう店舗や、チョンキンマンション中の店舗に雇われている人たちの幾人かは、旅行者として香港に入った臨時雇いの労働者か亡命希望者である。彼らは香港の合法的な市民が受け取る額のほんのわずかを支払われ（典型的には、ひと月五〇〇〇香港ドルから八〇〇〇香港ドルではなく、ひと月三〇〇〇香港ドルから三五〇〇香港ドル）、不満も言わずこれを受け取る傾向にある。なぜなら彼らの故国の状況を考えると、この賃金は、おそらく稼ぎをそこに住む家族に送金しているだろう彼らにとっては、大変いいものかもしれないからだ。上の階にある数軒のレストランは無免許であり、そのうちの一つは、望ましくない見込み客を選り分けるために、ビデオカメラを備え付けてい

る。宿泊所のいくつかは、あふれ出た客に対処するために、面倒な役所の手続きを踏まずに、無免許で予備の宿泊所を経営している。

こうした超法規的な商業取引が、チョンキンマンションを低価格のグローバリゼーションの世界的中心にすることを可能にしているものだ。低価格のグローバリゼーションという文脈の中でのみ、チョンキンマンションの中で商売がどのように行われる傾向にあるかを、私たちは理解することできる。ある一軒の小さな食堂の採算性を、私が知り得たものから描写してみよう。家賃は月二万三〇〇〇香港ドルである。そのような家賃を払っていたのでは、たやすく合法的に従業員を雇う余裕はない。というのも、経験のある香港住民の料理人を雇うのには、月八〇〇〇香港ドルから一万香港ドルかかるからだ。八人いる食堂の従業員すべては旅行者として香港に入った。ということは、彼らは自分の国であるインドに年に一八〇日間滞在しなければならず、もし働いているときに捕まれば、香港で投獄されることもあり得る。レストランの値段は、一食二〇香港ドルから五〇香港ドルほどで、一日一〇〇人強の客に食事を提供している。したがって、このレストランは平均して月に一〇万香港ドルの売上があるかもしれない。そこから従業員たちの給料、食材の費用、家賃を引くと、レストランのオーナーは悪い月でも二万香港ドル、良い月なら三万香港ドルから四万香港ドル稼ぐかもしれない。このような利益は、不法労働者の給料を小さく見せるが、香港の中小企業と比べてみればとても法外だと言えるほどではない。もしオーナーが合法の従業員を雇うことを強要されたなら、この食堂は値段を二倍にしなければならず、勘定を払う際、決まって苦労して稼いだ最後の一ドルまで小銭を一つひとつ数えるような、現在の常連客たちのほとんどを追い払うことになる。

宿泊所の採算性も大筋で似ている。あるオーナーは、九部屋の宿泊所で平均して月に三万香港ドルの利益がある、と私に話した。この宿泊所は、チョンキンマンションの水準では比較的高級で、一部屋およそ二〇〇香港ドル、稼働率は平均七五%である。したがって、この宿泊所は一晩に約一四〇〇香港ドルから諸経費を引いた額を利益として得ることができる。ここはフィリピン人の従業員を雇っていて、彼女はしばしば客の相手をし、洗濯や部屋の掃除もして、月三五〇〇香港ドルを稼いでいる。この宿泊所もまた半合法あるいは非合法の労働力にもとづいている。* そのような労働力がなければ、これらの宿泊所は宿代を大幅につり上げることになるだろう。あるオーナーが私にこう話す。「不法労働者を雇わなかったら、我々の商売は生き延びることができませんでしたよ！」と。

高級で完全に合法的であることを主張する商売もいくつかある。掃除洗濯をすべて自分で行い、時々朝の一時に、チョンキンマンションの入り口で客を呼び込んでいる、香港系中国人の宿泊所のオーナーのことを私は知っている。逆説的ながら彼は、宿泊費が高いので――一部屋二五〇香港ドルから三〇〇香港ドル――彼の宿泊所に泊まるのを拒絶しているアフリカ人や南アジア人の実業家

* フィリピン人とインドネシア人の家政婦は、香港に定着した存在で、二二万人あまりが、主として中流階級の香港人雇用主の下で働いている。これらの家政婦は雇用主の家庭で働くことになっているが、チョンキンマンションでは時々宿泊所の運営を任されている。

たちに喜びを感じている。彼はラム夫人の声をあわせて、私にこう言った。「私はチョンキンマンションをもっと金持ち客のための場所にしたいんですよ。」彼があと何年チョンキンマンションで生き残れるか、あるいはそれと反対に、彼のようなオーナーが多くいて、あと何年チョンキンマンションが生き残れるかは、今のところ不明である。

　このことは、なぜチョンキンマンションである商売は成功し、別の商売は失敗するか、という疑問に導く。チョンキンマンションは入れ替わりがとても激しい。これは、最近（非常に多くの大陸系中国人が投資先を求めているので、二〇〇九年の経済不況を通して上がり続けて）大幅に上昇したものの、家賃があれほど安いので、会社あるいは個人はさほど資金の損失をこうむらずに参入し、あるいは必要ならば、数ヶ月のうちに撤退できることによる。私が話した多くの事業主たちは、中国大陸の魅力を考えれば、アフリカ人はもはや安定した顧客ではないことを嘆いていた。ある宿泊所のオーナーの言葉で言えば、「以前はひと月も滞在したものだが、今はたった一日か二日滞在して、事業を移転した中国とを行ったり来たりさ。」電子機器の卸売業者はこう言った。「アフリカ人は今中国に簡単に入れるし、値段も安い。もっとも質は良くないけど……今ならアジスアベバから広州まで直行便があるし、たいていのアフリカ人は香港に来るよりそっちを取るよ」。

成功する商売は（少なくとも二〇〇九年の不景気まで、宿泊所やレストラン、そして大多数の携帯電話店はかなりうまくいっていたが、それに比べるとあらゆる種類の小売店はだめだった）、（1）市場をよく知っていて、（2）変化する時勢とともに変化する柔軟性をもった事業である。これはビジネスの基本だが、いかに多くの事業主や経営者（特に、到着したばかりの大陸の中国人）が、例えば、新品の高価な携帯電話を売ろうとしていたり、チョンキンマンションには多様な民族がいるということを少しも分かっていなかったりと、チョンキンマンションの性格を十分に理解していないことに、私はしばしば驚かされた。こういう商売は往々にして始めから失敗することが決まっている。

商売は変化する状況に反応して、実際に時とともに変わってきた。上層階のレストランは、香港系中国人の客に手を伸ばすことで、何とか生き延びた。一方、一九九〇年代の初期は、英国人、バックパッカー、そして南アジア人の客が圧倒的だったが、宣伝やチョンキンマンションの入り口にいる客引きを通して、そして香港人の味覚に合わせて料理の辛さ加減を少なくすることで、巧みにターゲットを変えて、彼らは客層を一変することに成功した。より最近では、宿泊所はインターネットを通して多くの新しい客を引きつけていて、チョンキンマンションがどんなところかさっぱり分かっていないかもしれないが、安い料金の部屋に魅せられた、中国大陸やヨーロッパから宿泊客を呼び込んでいる。

ここで、チョンキンマンションにいる二人の香港系中国人の話に目を向けよう。一人はチョンキンマンションの宿泊所の中で育った男性、もう一人は地上階のレストランで働いている女性である。*

アンディ・モック

私の家族はチョンキンマンションで宿泊所を経営しています。大金が稼げます。返還前は、ツインベッドの部屋で、一晩四〇〇香港ドルから五〇〇香港ドルの収入が得られました。一つのアパートに一〇の個室があって、毎晩満室です。もちろん、会計簿にはまったく別の数字を載せていますよ。フィリピン人のメイドやタイ人たちがたくさんいます。――彼女たちはレスビアンで、あるいは土曜日とか日曜日にボーイフレンドとデートです。彼女たちに、二時間とか三時間とか、短期間で部屋を貸して、そこでたくさん金が入る。だから多くの人――香港系中国人とか、今はインド人――が宿泊所を開きたがるんです。特別な技能も必要ないしね。やらなきゃならないのは、ただ一生懸命働くことだけ。母は僕に聞きましたよ、どうして修士号を取って学校の先生になるのに、そんなに一生懸命がんばるんだ――宿泊所を経営したら、同じくらい稼げるのに、と母は言いました。

私の母は一九八二年に上海から香港にきて、チョンキンマンションの宿泊所で親戚のために働いて、いくらか金を貯めて、それで自分の宿泊所を一九八五年に開いたんです。チョンキンマンションで商売している人たちには、いつも何らかのコネがあるんです――お互いを知っているんですよ。私たちは競争してるけど、協力もしますよ。私のところでお客さんが多すぎたら、あなたのところに回します。明日はあなたが同じことをするでしょう。というような具合です。私が子供の頃、お客さんのために電話の伝言を取り次ぐと、時々チップをもらうことがありましたよ。一度、アフリカ人の男性が風呂場で何かを洗っていて、大きな音を立てていました。何をしているのかと聞いたら、見せてくれました――彼はまだ磨いていないダイヤを洗っていたんです！　一部の貿易業者は金持ちになって、チョンキンマンションに泊まる必要はないけれど、とにかくそうするんです。前と同じ部屋に泊まりたがりますよ、ここが幸運をもたらしたと思うからなんです。それに、皆と話ができるからチョンキンマンションに泊まるんですよ。すぐ情報交換ができますからね。

香港の人たちがチョンキンマンションを怖がっているのは、一部には、一九八八年にAブロックの一一階で深刻な火災が起きたからです。それは当時うちの近所でした。子どもの頃はそこに住んでいたんですよ！　デンマークからの旅行者がいたんです――煙で、彼は窓をよじ登って外に出て、落ちて死にました。それまでは、政府はチョンキンマンションとその火災の危険に対して、何ら注意を払っていませんでした。それ以来、人々がチョンキンマンションを危険な場所だと考えるようになったんです。一九八八年以降、報道機関、特に国際報道機関が注意を払うようになって、点検が始まったんです。それ以前は、インド人が火事で怪我をしましたよ、でも、まるでそれはたいしたことじゃない、という感じでしたよ！　やっとのことで、規制がもっと厳しくなりました。すべての宿泊所は定期的な消防点検を受けました――あれは新しいことでしたね。今は火災警報器がどこにでもあります。

暗黙のルールがあります。中国人とインド人の宿泊所のオーナーは、たいてい香港系中国人に部

＊　彼らの名前は、本書のすべての情報提供者たちの話で使われている名前と同じように、全て仮名である。

屋は貸しません。彼らに部屋を貸す前に、登録をしてもらいます。もし香港の身分証明書を持っているなら「すみませんが、さようなら」です。三合会（中国系犯罪組織）――中国人ギャングたち――がやって来て、みかじめ料を要求されるのではないかと心配しているのです。あなたが地元の中国人でチョンキンマンションに入ってきたとしたら、かなり目立ちます！　身元を隠すことなんてできませんよ！　CID（ロンドン警視庁捜査課）、潜入捜査の刑事だって、ここに入ってきたら、我々にはすぐに、一秒でわかりますよ。

尖沙咀（ツィムシャツイ）の警察はチョンキンマンションに触れたくないみたいです。真夜中の手入れで一〇〇人の警察官を送り込んだって、何も見つけられません。警察官が入ってくると、捕まえにきた相手はみんな逃げます。警察はマスコミと大衆のために見世物をやってるだけですよ。チョンキンマンションには数多くの一般住民がいます。警察は一軒一軒アパートのドアをノックするわけにはいきませんよ、住民が怒りますから。だから、免許のある宿泊所のドアだけノックするんです。違法の宿泊所には看板が出ていません――警察はそういう宿は見つけられないんです。不法労働者がそこにいたとしても、彼らは安全ですよ。表向きには普通の住居に見えるから、警察は入って行かないことが多いですよ。警察は英語をあまりうまく話せないからチョンキンマンションが嫌いだし、チョンキンマンションの住民たちも、往々にしてあまり英語がうまく話せません。警察が必要とする、異なるあらゆる言語の通訳を見つけるのはとても難しいです。だからあまり気にかけていないんですよ。でも概して言えば、チョンキンマンションではほとんど揉め事はありません――ただ金を稼いで、おとなしくしている。インド人とパキスタン人は喧嘩しませんよ――ナショナリズムはありません。すべて金ですよ。

宿泊所のオーナーとしては、金を払わない人が一番怖いですね。客は一晩の分は払うかもしれない、でもその後一週間滞在して——そのまま出て行ってしまうんじゃないかと心配ですよ。私たちとしては、静かに滞在して、時間通りに金を払う人がいいですね——それだけですよ。荷物一つだけとか、みすぼらしい服装の人は断ります。そういう人が金を持っているとは思えないし、うちには泊まらせません。あるいはそうでなければ、すべて前払いしてもらいます。でも、もしその人たちが白人で、身なりもよくて、ヨーロッパ発行のパスポートを持っていたら、私たちは心配しません。もちろん、私たちは「前払いでお願いします」と言うこともできますよ。でもその人たちは「ああ、いま香港ドルの持ち合わせがないんだ。後で払ってもいいかな」って言うかもしれない。そうしたら何ができますか？

私たちはネパール、パキスタン、バングラデシュの人たち、それからアフリカ人も、料理をしたがる人たちは嫌いです。私たちの台所は私たち家族のためのものなのに、あの人たちはそれを使いたがるんですよ！ それから、訪ねてくる友達がたくさんある人も嫌いですね。それに、客同士の喧嘩。一度、白人が酔っぱらって黄色人と喧嘩になったことがありました——そういうのは憎悪しますよ。それから、一人で長く滞在する女性も嫌ですね。数日滞在するならいいですよ。でも、二週間、三週間となると、それはだいたい彼女がセックスワーカーだってことですから。もし彼女が客を連れて帰るようなことがあったら「駄目だよ、出て行ってくれ」。喫煙はＯＫだけど、薬物？ ダメだね、出て行かなきゃだめだ。私たちがお客さんの荷物をまとめてやって、出て行ってもらうこともありますよ。まだ払っていない分を払うように請求はしないし、私たちが推薦する、別のもっと安い宿泊所にその人たちの荷物を送るんですよ。その宿泊所は彼らを受け入れます、だってほかに客がいないんだから。あるアメリカ人は――彼はアメリカから社会保障を受けていました。これはEメール以前のことだから、彼は家に長い手紙を書いていましたよ――私にアメリカの切手をくれました。でも彼は薬物をやっていたから、母が彼を追い出さなければだめだと決めたんです。私たちが部屋を掃除します――彼が何をしていたか、私たちにはわかります、というか、少なくともそうではないかと思うんです。彼は離婚したばかりで、自分の人生を考え直すために香港にきたんです。

香港の人たちはチョンキンマンションを十分に評価していません。評価すべきですよ――グローバリゼーションの一例です！ 政府はここを保護しようと努力すべきです。私は、今から二〇年後、三〇年後のチョンキンマンションについていろいろ心配しています。取り壊されるでしょうか？かなりたくさんの所有者がいるから、権利関係がものすごく複雑です。政府はただ、犯罪がないこと、不法労働者がいないこと、平和と調和を望んでいるだけ……ふだん、ここにあるのは平和と調和です！ ここは本当に安全なところです。ときどき部屋の中で犯罪が起きます――セックスワーカーと客の間の出来事で、詐欺と殺人がありました――でも、これは個人の問題で、チョンキンマンションそのものとは関係ありませんよ。旅行者たちはただ商売をしたいだけです。法律を破ったりしませんよ。彼らは警察に関わってほしくない、そんなことはいちばん望んでいないことです。地元の人たちはチョンキンマンションに入ってくるのが怖いんです。隠れられません。地元の人たちはアフリカ人がとても怖いんですよ!
私は覚えていますが、うちの宿のロビーに座っていたとき、トルコ人とアメリカ人、それに何人か他の人たちが、第二次世界大戦についての映画を見ていました。映画の中でアメリカ人の大将が何か馬鹿なことをやって、トルコ人とアメリカ人が議論を始めたんです。トルコ人が、なぜいつもアメリカ人は中東に干渉したがるのか、と聞くと、アメリカ人は「いや、俺たちは干渉なんかしていない」と言う。結局、二人の結論は「イデオロギーのことで議論するなんて馬鹿げてる。我々は世界人だ、お互いを尊重すべきだ」。これこそグローバリゼーションの意味ですよ。あなたと私の間には何の違いもない。それがチョンキンマンションの価値なんです。

もう一つの個人的な話は、チョンキンマンションに来たばかりのレストランの経営者のもので、私の研究助手マギー・リンに広東語で語られたものだ。

エイミー・ラーン
私は香港系中国人です。離婚していて、今三〇代です。このレストランを経営しています。この仕事をうまくやれているので嬉しいです。前の仕事でちょっとお金を儲けたんです、だからしばらくはこの仕事をやる余裕があるんですよ。でもあまり長くはできません、そうしないと破産しますよ!
このレストランのスタッフはパキスタン人ですが、そのうちの何人かは、毎日五回モスクにお祈りに行きます。狂ってますよ。いや、狂ってるんじゃなくて、とても敬虔なんです。彼らの仕事に対する態度はかなり違います――仕事は最優先事項ではないんですね。あの人たちはとても単純で無邪気なのかもしれません。一度、料理人が私に黙って、レストランを出てモスクに行ったことがあるんです。私は怒りましたよ。でもだんだん分かってきました、彼はそういう人なんだって。

　ここで働き始める前、携帯電話販売店をやっているインド人の友達の手伝いに、チョンキンマンションにきていました。彼の店で売るために、深圳（シェンジェン）から銀製の宝石や小さなアクセサリーを運び始めたんです。一度チョンキンマンションの中のレストランに行っているときに、二人のパキスタン人の男性が私たちをずっと見ていました。私のインド人の友人は、その人たちが私に近づこうとしているのをとても嫌がっていました。友人は、その二人のパキスタン人は低いカーストに属していると説明してくれました。私に彼らと一緒に時を過ごしてほしくなかったのです*。でも私には好奇心があって、結局その人たちと話すことになって、建物内の商売の見込みについて教えてもらいました。そのうちの一人が後に私の上司になったんです。彼は何年も前に香港に来て、チョンキンマンションで、携帯電話で最初の大儲けをしたんです。それから彼はもっと野心的になって、経済が低迷する前に、この建物内に店を五軒買いました。彼は今は、商売を維持するためのお金はほとんどありません。彼には手助けが必要だから、私が彼のレストランを経営しているんです。友達には、タダでここを手伝っているなんて、私は気が狂ってるって言われます。

　上司は行動がとても荒っぽいんです、すべてをコントロールしようとして。そうせざるを得ないんですよね。彼にはとても仲のいい友達がいて、彼の店の一部を貸していたんです。この友達の商売は不振で、家賃が払えませんでした。私の上司はこの店を取り返しましたよ。商売は商売ですから――彼は商売と友情をごっちゃにはしません。だから彼は時々ひどく淋しく感じると、私に言います。たいていテキストのメッセージで、ですけど。こういうメッセージを見たら、もう彼に、仕事場での彼の態度に腹を立てられません。一度、私がここで働いているパキスタン人の男の子と話をした後、彼がかなり取り乱したように見えました。彼は何かを耳にして、私がその男の子を私のアパートに招いて一晩一緒に過ごしたいのだ、と思ったのです。私は単に薬を飲んだか、と彼に聞いていていただけなんですけど――彼にゆっくり休んでほしかったのです。上司はとても怒って、私がその男の子を好きなのかと聞きました。もし好きなら、その子を別の店に移すぞ、とも。私は、誤解していると言いました。彼は私が自分の電話番号をお客さんにやるのを嫌がります。でも私は何も問題ないと思います。私はただ単に、愛想をよくしているだけなのですから――お客さんと一緒に出かけたりはしませんよ。それ以外は、給料は貰っていないけど、レストランでは自分の好きなようにする自由があるし、それを楽しんでいますよ。

ここでいろんなことを目にしました、私の想像を超えるような経験。アフリカ人がレストランにきて代金を払わずに食事をしたことがあります。この人は、食事を平らげた後で、自分には金がな

＊　カーストは、チョンキンマンションの南アジア人が、たいていは見当外れだと主張することである。あるインド人男性の言葉によれば、「ここにいるほとんどのインド人はムスリムだよ。だからカーストなんて関係ない。」彼の周りにいるほとんどの南アジア人のカーストなんて知らない、と彼は言い張った。だが、こういう言葉こそ、カーストは少なくともある状況においては、実際、重要であることを示唆している。

いって言うんです、だから半分しか払えないって。注文する前に、メニューで料金が分かるのに！　今度来たときに払うって。払わなかったですよ、それでもレストランに戻ってきましたよ。何も注文せずに、ただ友達に加わって。このことをその友達に話したら、友達が払ってくれました。本当に、たった数十ドルのことですよ。次に彼がレストランで食べたとき、また払わずに帰ろうとしたんですよ。一〇〇USドル紙幣を取り出して、香港ドルを持っていないって言うんです。私がその紙幣を調べたら、彼は怒って、それを私の手からひったくりました。私は彼に言いましたよ、食事代が払えないんだったらご馳走するけど、前もって言ってよ、って。食べた後で払うのを拒否するのはだめだ、って。彼はこう言いました。「あんたに食事を奢ってもらう必要なんてないね。俺には、レストランを丸ごと買うくらいの金はあるんだ！」こういう貿易業者にとって、香港は簡単な場所じゃないですよ。

私をナンパしようとした男性が何人かいます。あの人たちはすごく露骨ですよ。昨日、男性から「愛してるよ」って言われました。背が高くて、筋肉質タイプが好みなら、ここにはそういうのがたくさんいますよ。マギー〔研究助手〕、気をつけなきゃだめよ。チョンキンマンションのこういう男たちにとって、あんたは砂糖のようなものなんだから！　あの人たちはみんなあんたに興味があるの。あの人たちは何が欲しいか、あんた、知ってるでしょ？　この人たちの多くがあんたと結婚したがるのは香港の居住資格を手に入れるためなのよ。

ここで働いていた最初の月に、二人の女の子が入境事務所に捕まったんです、一人はインド出身、もう一人はネパール出身。香港の居住資格はあるけれど、就労ビザを待っているところだったんですよ。彼女たちには、偽装結婚した年配の香港人の「夫」がいて、でも自分の国にはボーイフレンドもいた。入境管理警察は二度も来ましたよ。最初はただ、この場所を見て、女の子たちの居場所を確かめるため。二度目には、彼女たちを連れて行ったのよ、私もね。彼女たちがレストランで実際に働いていたという証拠がないのだから、問題はないはずなんだけど。

数日前からレストランで働き始めた新しいパキスタン人の男の子がいるんです。彼の話では、結婚しなければならない妹たちがいて、嫁入りの持参金のために、金を稼がなくちゃならないそうなの。彼は船の荷物の中に紛れて、香港に不法入境したんです。台風のせいで三日間食事も水もなく過ごしたそうです。彼を助けてやりたいですよ、ここで働かせてやることができるんなら。入境審査で捕まったあの二人の女の子たちが、私に言いました。「女将さん、レストランを開くといいですよ。私たち、そこで働きますから」って。ときどきそうしたほうがいいかな、と考えますよ。ここにいて私はとても幸せです。チョンキンマンションでずいぶんいろんなことを習いました。でも、同時にこういう話は胸が詰まります。

私自身のかかわり合い

前に述べたように、私は二〇〇六年六月にチョンキンマンションでの調査を開始した。チョンキンマンションは暗く異常な場所という、香港に広く行き渡った神話があるにもかかわらず、私が調査を始めた第一日目から、ほとんどの人が通りすがりの他人と喜んで話をするのを発見した。しかしながら、私がここに毎週通うようになるにつれ、問題が生じた。私はそこで会って言葉を交わした人々に私が人類学者であることを話したが、何人かの人にはそれが何のことなのかはっきりせず、あるいは信じてもらえなかった。私が出会った人たちの中で、道徳的に堕落したことに手を染めている人はほとんどいなかったが、多くの人たちは私の質問がときどき明るみに出したようなやり方で、法を犯していた。最良の戦略は私の大学での身分を示す名刺を、会った人全員に気軽に配ることだということを私はすぐに学んだ。もちろん名刺に嘘が書かれていることもあるが、私の名刺は一度も疑問視されなかった。すぐに、チョンキンマンションで私に対する標準的な呼び名は「教授」になった。多くのエスノグラフィーのフィールドではこれは大失敗だろうが、チョンキンマンションにおいては神の賜物であった。南アジア人とアフリカ人と中国人は、私を高度に尊敬できる人物であり、ぶしつけな質問をする権利があると見なした。ある情報提供者の言葉で言えば、「もちろん私は違法ですよ！　あんたは教授だ、だから警察には言わないさ――私は知ってるよ！」ある領域では情報提供者に軽蔑される職業が、チョンキンマンションではそのような尊敬の念を持って扱われて、私は運が良かった。

私が白人であったのもまた、運が良かった。この事実は他の場所では非常に不利だったかもしれないが、明らかにこの調査では助けになった。もし私が中国人であったなら、政府の役人と見なされたことだろう。もし南アジア人だったら、潜在的な商売上の競争者と見なされただろう。これは実際、私が会った運の悪い、アメリカで教育を受けた大学院生に起こったことだ。彼はチョンキンマンションを調査したがっていたのだが、ほとんど何も発見することができなかった。

基本的に、私の調査方法は、単にチョンキンマンションの中を「うろうろする」というものだ。私は昼も夜も、いろいろな飲食店で客たちと話し、通路を歩き、建物の入り口に立ち、出会う人たちの誰とでも話をしながら、異なるブロックを上ったり下りたり歩き回る。私は地上階のさまざまなレストランや店舗で、南アジア人の商店主たちとお茶を飲む。チョンキンマンションから角を曲がったところにあるセブン・イレブンで、アフリカ人の貿易業者たちとビールを飲む。私はまた、チョンキンマンションのNGOの一つ、クリスチャン・アクションで、亡命希望者たちと今起こっている出来事を討論する週に一度のクラスを開いている。ときどき、私あるいは私の研究助手はフォーマルなインタビューを録音した——本書に載っている個人の語りはそのようなインタビューの産物である。もっと頻繁には、人々とインフォーマルに会話をして、その後、階段や近くの公園に行って、私たちの会話から思い出せることをすべて録音する。話を聞く人たちに私たちがそうしていることを説明するが、誰も気にしないようだ。ただ、あるときには、彼らが誰か特定できないよう仮名にする。この本では、公の人物について言及する場合以外は、そのようにしているし、個人の身元を守るためにほかのデータについても伏せている。

私は糖尿病で、毎日四、五回血糖値を測り、インスリンの注射を打つ。これは時に滑稽なことになった。一度、私がこっそりと（と、私は思った）血糖値を測った後、自分たちの血糖値も調べて欲しいという数人の南アジア人とアフリカ人の列ができた。もっと深刻なことに、私は時折インスリン・ショックを起こすことがある。その最初の症状は沈黙と錯乱で、後にはけいれんを起こす。ある時、夜遅く宿の自分の部屋で、いったい自分は誰なのか、どこにいるのかと当惑して、何時間も座りこんでしまった。この症状は、やっと自分には絶対に糖分が必要だということに気がつき、このためにベッドのそばに用意してあったソフトドリンク飲むまで続く。

主としてこういうインスリン・ショックは、チョンキンマンションにおける私の人間関係に影響を及ぼすことはなかったが、一度、劇的なことが起こった。二〇〇七年四月、私はチョンキンマンションのすぐ後ろで倒れこんでけいれんを起こし、救急車で病院に運ばれた。このことが私の調査に影響を及ぼした。なぜなら、私の保守的なムスリムの知り合いたちの憶測は、私が酔っぱらっていたというものだったからだ。私は時間をかけて、インスリンと血糖値を測定する器具を見せて、私には医学的事情があるということを彼らに説得しようと試みた。最後には、彼らは私を信じてくれた。

チョンキンマンションでもう一つ困難な点は、ジェンダーの問題に関わっている。チョンキンマンションは驚くほど男性中心の場所である。何人かの衣類を扱う女性のアフリカ人商人や、最近ではより多くの女性旅行者、特に中国大陸からの旅行者がいるが、つい最近まで一般的な推測は、チョンキンマンションにいる若い女性はセックスワーカーか、どちらにしても男から注目されるのを求めている、というものだった。マスメディアのレポーターや私の元大学院生の多くは女性で、チョンキンマンションを見たがっていたので、私は頻繁にその要望に応えていた。香港や西洋の国々では、男性が彼と結婚していない女性と歩いていてもまったく注目に値しないが、一部の南アジア人やアフリカ人の間の憶測は、私がこれらの女性たち全員と恋愛関係にあるに違いないというものだった。

このことを知って驚いたが、非常によくある他の文化的誤解の場合のように、後になって、それを予見できなかった自分の愚かさを悔やんだ。一度、ヨーロッパ人のジャーナリストがチョンキンマンションにいる私に会いにきた。前もって忠告したにもかかわらず、彼女はほとんど裸に近い格好だった。二時間後、彼女を見送って、私は宿泊所の自分の部屋にもどった。真夜中ごろ、部屋のドアをたたく大きな音と「警察だ！　警察だ！」と叫ぶ声がした。ドアを開けると、そこにいたのは私の知り合いを含む、激怒した様子のムスリムの男七人だった。私が一人でいるのを見ると、彼らはおどおどした様子でこう説明した――明日、私が発った後、この部屋が客にふさわしいかどうかを確かめたいだけなんだ、と。実際は、彼らは私の品行を確かめていたのだ。

前に書いたように、私の調査の過程で、私は全部で一〇人の研究助手を雇っていた。五人は何ヶ月にもわたって非常に広範な調査を行い、二人はチョンキンマンションで出会った貿易業者たちと旅行をした。ホセ・ロハスは携帯電話の貿易業者と一緒にナイジェリアへ、マギー・リンは女性の衣類貿易業者と一緒にケニアへ行った。これらの研究助手は、すべて香港中文大学人類学部を最近卒業した元学生か、または現役の大学院生で、私が彼らを選んだ理由は、彼らが国際人のようだったことと、そして何より彼らがチョンキンマンションを経験したがっていたことである――言ってみれば、私が彼らを採用したというより、彼らが私を採用したようなものだ。これらの助手たちは、アフリカ人女性の衣類貿易業者から、南アジア人商店主の子どもたちと彼らの香港への順応、広東語を話す商店主や警備員たちの経験、ネパール人のヘロイン中毒者たちの生活に至るまで、私が見落としていた、あるいは、どちらかというと私には閉ざされていた領域に焦点を合わせた。

これらの研究助手たちはとても素晴らしい仕事をしてくれた。それはこの本のいたるところに反映されている。しかし、彼らは時折、とりわけジェンダーに関わる問題に遭遇した。私の研究助手のほとんどは、人類学部学生の人口統計を反映して女性だが、チョンキンマンションの圧倒的多数の人間は男性であり、しばしば私の助手たちにとって、男性たちの間違った憶測を避けるのはかなり難しかった。一人は、衝撃的なことに、彼女をランチに誘ってくれたパキスタン人の男性にキスをされた（彼女はおそらくそのような招待に同意するべきではなかった）。もう一人は、運悪くパキスタン人の男性と握手しようとした後、変わらぬ愛を誓う長文メールのメッセージを受け取った。前のインタビューで、エイミー・ラーンが私の研究助手マギーに与えた助言は誇張ではなかった。

これは大部分文化の問題である――一部のアフリカの社会では、香港よりももっと大っぴらに、そして率直にセックスを追及するように見えるが、パキスタンのように保守的なムスリムの社会では、女性が男性の言葉に笑みを浮かべたり、いやもっと悪いのは、男性に握手を求めるという事実そのものが、恋愛的な興味を抱かれているという憶測を作り出すのかもしれない。私の女性研究助手たちは、チョンキンマンションでは身体的には無傷であったが、彼女たちにとってそこにいることじたい、ときには神経をすり減らす経験であった。一人の助手が一度、いら立って私に叫んだ、「チョンキンマンションでは、誰もがセックスのことばかり考えているの？」と。結局は、彼女たちが晒されるかもしれない潜在的な嫌がらせのために、私は女性の研究助手を雇うことに関して、とても用心深くなるべきだと学んだ。

二〇〇七年の三月の香港歴史博物館における講演で、私は初めてチョンキンマンションについて公に話し始め、これが『タイム』誌アジア版の記事につながった。[39] これによって、今度はマスコミから注目されるようになり、新聞記者やテレビ番組がインタビューやチョンキンマンションのツアーを頻繁に依頼してきた。こうしたことは私にためらいの念をもたらした。一方で、チョンキンマンションに向けられた、数十年にわたるマスメディアのネガティブなまなざしの後、こうして注目が高まることは建設的であり、この建物を宣伝するようにと私を急き立てていたチョンキンマンション所有者組合を元気づけた(ラム夫人は、タイム誌に記事が出たことは、短い二段落ではあるものの、彼女の人生で最高の瞬間の一つだと私に言った)。他方で、香港人や中国人の一部の記者たちは、チョンキンマンションの中にいる人々と話すことを恐れていて、白人の大学教授の仲介者である私に焦点を当てるほうを好んだ。私はこういう人たちと話をするのが極度に嫌になった。特に嫌気がさす瞬間は、所有者組合の熱心な激励を受けて、チョンキンマンションの歴史を編纂しようとしていた、特に世慣れしていない二人の中国人の作家が、私にチョンキンマンションの住民を何人か紹介してほしいと頼んだときのことだ。ひとりのアフリカ人亡命希望者が、会話を始めようとする私の庇護者ぶった努力に怒りを爆発させた。一方で、二人の作家は後ろで怯えていた――「馬鹿野郎！　私たちに話して欲しいのなら、私たちに金を払うべきだ。」彼の言う通りだった。私はそういう不自然で人工的な環境の下で、彼と話をしようとすべきではなかった。後に、私は彼に謝った。

記者たちに対しては、彼らのインフォーマントたちとの接近を私が管理できた(「ノー、私が紹介しようとしている人たちの誰の名前も使ってはいけません。みんな実名を明らかにされたくないんです」。あるいは、私がいらいらしているときや迷惑なときは、「あなたを誰にも紹介できません。あなたが自分でチョンキンマンションに行って、そこにいる人たちと話さないといけません」)。しかし、テレビの連中とは悪夢になる可能性があった。なぜなら、顔は簡単に覆い隠すことができないからだ。カウンターの後ろで不法に働いているのを見られてしまった誰もが、たぶん起訴されるだろう。チョンキンマンションにもたらすポジティブな評判を期待して、私はテレビのインタビューに同意したが、その出会いはときに精神的苦痛を伴った。一つ、とりわけ悪い瞬間は、無神経なテレビの中国人アナウンサーが、潜伏捜査の刑事だと勘違いされたときに起こった。彼を見ると、アフリカ人男性が駆け出し、たまたま三〇ヤード〔約二七・四メートル〕ほど先にいた本物の警察官が後を追ったが、幸いアフリカ人男性を捕まえることはできなかった。幸運にも、この出来事は明らかにより大きな跳ね返りを生まなかったし、私が知るかぎり、私のインフォーマントたちの誰も報道によって傷ついていない。私はここに挙げた出来事が起こった後、テレビがチョンキンマンションを肯定的に報道する可能性があるにしても、それは危険すぎるということに気がつき、たいていのテレビのインタビューを断った。ただし、私はレポーターたちとは話し続けている（そして彼らの記事の中には優れたものもある）[40]。

こうしたあらゆるマスコミ報道において私は、香港の一般住民は、一部の人がチョンキンマンションで不法に働いていること、そこでは偽物の携帯電話が売られていること、そして何人かは薬物やセックスを売っていることを十分に知っているものと仮定してきた――こうしたことを否定するより、チョンキンマンションをより大きく肯定的な文脈において、正直に検討するほうがよりよいと思えた。実際、チョンキンマンションに対するマスコミの理解は過去数年間で好転した、と今はチョンキンマンションの人々に広く理解されている。しかしながら、私がいつも心配しているのは、ある無知な当局筋がこれらの新聞記事やテレビの報道を目にして、こう言うことだ。「けしからん！　チョンキンマンションで非合法なことが行われている！　あそこを閉鎖しよう！」と。

私はいくらかはチョンキンマンションの人々に恩恵をもたらしたと思っている。金のない人々に私が時折差し出す現金と同じように、私との友情は多くの人々にとって大切だと思う。とは言うものの、私の調査は彼らに恩恵をもたらすより、私にもっと多くの恩恵をもたらした。私は彼らの人生に基づいて、職業上私の助けになる本を書いた。彼らは私に彼らの物語を語ったが、その見返りとして、私の友情と感謝の気持ち、そしこの本一冊以外ほとんど、あるいは何も受け取らなかった。私は週末と予定のない夜はチョンキンマンションに来て、それ以外は、私の大学のキャンパスにある快適なアパートに戻る。他方、彼らは狭く、往々にして不衛生な状況下で暮らす。私がよく知っている亡命希望者が一度、困惑したように私に言ったことがある。「なぜ私は、私の人生の代わりに、あなたの人生を生きることができなかったのだろうか？」私は答えられず、ただもじもじすることしかできなかった。

チョンキンマンションでの私の存在と私の調査とこの本の執筆を通じて、香港と全世界の人々に、チョンキンマンションとこの建物を行き交う人々のグローバルな人生と物語を、よりきちんと理解してもらうことで、この不公平さを軽減する一助になるように願っている。しかし、私には分からない。ひょっとすると、意図せざる結果として、建物内の不動産価格が単に上昇してしまうかもしれない。それによって、開発途上世界の企業家たちがだんだんと去っていき、建物はやがて香港のどこにでもあるショッピングモールのようになってしまうのかもしれない。チョンキンマンションの展開は、私が持っているかもしれない影響力をはるかに超えた要因によって、ほとんど確実に起こるだろう。それにもかかわらず、私は不安なままである——もっとも、この本を書くのを止めるほどの不安ではなかった。

私はこの本の中で、チョンキンマンションの途方もなく、そして概して調和のとれた文化の多様性を讃えることを求めている。それは、香港で、そして世界中で称賛に値する驚くべき場所である。しかしながら、それと同時に、チョンキンマンションの中で行われていることの多くは、すでに見たように、そしてこれに続く各章で詳しく描写するように、完全に合法的というわけではない。私の想定は、チョンキンマンションでの違法行為が広く知られている一方で、この場所の驚くべきところについてはまだ知られていない、というものだ。そして一つには、それが私が本書で伝えようとしていることである。

第2章　人々

この章では、チョンキンマンション内のさまざまなグループの人々について検討する。主にアフリカからの貿易業者、主に中国出身のオーナー、往々にして南アジア出身の支配人、そして世界中からやって来る旅行者。この建物をしばしば訪れるセックスワーカーやヘロイン中毒者を含む、他のさまざまなグループとともに、各グループについて順を追って考える。

貿易業者

第3章で、商品とそれを扱う人々に焦点を合わせるが、ここではこれらの貿易業者とは誰なのか、彼らが何をしているのかを簡単に概説しよう。一年の大部分、チョンキンマンションで出会う人の大半は貿易業者である。繁忙期――香港と広州で開かれる一〇月と四月の貿易見本市の期間――には、建物内で利用可能なほとんどすべての宿泊所のベッドを彼らが占有する。大半の貿易業者は一年のほとんどの時期――南中国の工場が閉まる旧正月期の一月二月を除いて――サハラ砂漠以南のアフリカからやってくる。ここ一〇年の間に、南中国に旅するアフリカ人の数が大幅に増えた。彼らは香港や中国で商品を買い、通常はそれを自分の国で売る。非常に多岐にわたる商品を扱っている——携帯電話や衣類が最も際立っているが、数多くの他の商品に混じって、時計、電子機器、コンピューター、テレビゲームのコンソール、建築用材、中古車や車の部品もある。これと反対方向に動く小規模な少数派の貿易としては、本国から宝石の原石を持ってきて香港や中国で売るというものがある。香港の物価は高いが、往々にして香港で入手した品物、特に電子機器類や携帯電話の品質は確かだと思われている——とはいうものの、中国の製品や商売の方法が向上し、より多くの貿易業者が中国へ渡るようになるにつれ、これは少しずつ変わってきている。チョンキンマンションで売られているほとんどすべての商品は——携帯電話の多くを例外として——中国で作られている。もしかすると、しばしばラベルには外国製と表示されているかもしれないが、そうである。

これらの貿易業者たちは、ときに自国で入手したビジネス査証——香港への査証なし入境を拒否されている国々には必要——で香港を訪れるが、より多くの人々は香港の空港で入境を許可される。第1章で論じたように、彼らの出身国、所持金の額、さらに前回の香港滞在の程度に応じて、一四日間、三〇日間、あるいは九〇日間のビザなし入境を許されるかもしれない。以前香港に来て、許可された期限を超えて滞在しなかった人たちは、しばしば入境事務所から、初めて香港に来る人たちよりも寛大な扱いを受ける。一部の貿易業者は、彼らのビジネスが必要とする期間、香港とチョンキンマンションに滞在する——携帯電話の買人は一週間、滅多に建物を離れないかもしれない。他の貿易業者は、中国査証を入手するのを待つ間だけ香港に滞在し、その後、チョンキンマンションのすぐ外から列車に乗って、中国本土との境界まで行くかもしれない。ある貿易業者は毎年、たった数回あるいはそれより少なく、香港や中国を訪れる。一方、他の貿易業者は、一、二週間ごとに香港、中国、自分の国の間を飛びまわり、常に動きまわっているようだ。

貿易業者を引きつけるのは、安い製品があふれる中国である。これらの貿易業者は中国製の商品を買って、自分の国へ輸送する。なぜなら自国ではそれらの商品を、少なくとも競争に耐えうる価格で作ることができないからだ。こうした貿易業者が購入する品物のうち、携帯電話のようなものは、貿易業者の荷物に詰めて家まで運ばれる。エチオピア航空やエミレーツ航空などの航空会社は、たいてい荷物一つにつき三二キロまで機内への持ち込みを許可しており、多くの貿易業者がそうしているように、マイレージサービスのプログラムに入っていれば、数キロ余分に許される。より大きな貿易業者はまた、追加の荷物の航空運送料として割増料金を支払う。こうした貿易業者は、特に精密な携帯電話や電子機器、あるいは、特に真空パックに入れるととても軽くなる衣類を持ち帰る。他の貿易業者は、値段は高いがタイルや自動車部品のような商品には必要なコンテナを借りたり共有したりする。

これらの貿易業者たちは、儲かる可能性はあるが危険な中国へ行くか、より安全で信頼できると考えられている香港で商売をするか決めなければならない。しかし、こうした貿易業者の企業家的活動は、中国ばかりではなく彼らのグローバルな回路においても、高いリスクを伴うものである。リスクの一つは、中国または香港で騙されて、自分の国では売れない商品を、誤った印象を吹きこまれて買わされてしまうことである。あるいは、自分たちが単に計算違いをして、自国では売れないものを買ってしまうかもしれないこともある。もう一つのリスクは、貿易業者が中国で買う偽造商品（貿易業者が買う商品の多くは本物だが、そうでないものもたくさんある）が、中国、あるいは香港の当局に没収されてしまうかもしれないことである。さらにより大きなリスクは彼らの自国の税関にあり、それは、彼らが合法的な支払い、運、あるいは賄賂を通して越境するための大きな障害であるかもしれない。ナイジェリア人の貿易業者は、彼が持ち帰る品物の売上の六〇%が収益になるが、その半分は政府のいろいろな役人に賄賂として渡さなければならない、と私に話した。これは国によって異なるが、汚職はどこにでもであり、関税規則は往々にして貿易業者には明らかではないので、彼らの帰国の過程にはリスクが伴う。

アフリカや南アジアの多くの銀行は、香港や中国の銀行が受け入れる信用状や他の金融証券を提供しないので、多くの貿易業者たちは何万ドルもの現金を持ち歩いている——五万USドル、あるいは一〇万USドルということさえある。ある東アフリカの貿易業者が私にこう話す。「貿易業者はみんな現金を持ち歩いていますよ——もちろん! 香港はビジネスをするにはアジアでいちばん安全な場所です。金を盗まれた人なんて知りませんよ。」私が出会ったアフリカの貿易業者は、ある時点で、一人のアメリカ人が生涯で手にするよりも多い額の現金を持っており、彼らはチョンキンマンションや香港を安全だと考えているから、そうすることに何ら不安を感じていない(ただし、二〇〇九年時点では、より多くの貿易業者たちが、電子送金したり送金為替を使ったりしている)。

貿易業者が数千ドルの現金をチョンキンマンションのカウンターに置くのを見るのは珍しくない。彼らはもっと巧妙な手口で騙されるかもしれないが、うっかりしていた場合は別にして、彼らの金はこうした意味では安全である。チョンキンマンション内で広く知られ、一般に受けている話(おそらく本当だろうが、自分が被害者だと認めた人を、私はまだ発見していない)は、中国人のセックスワーカーと一緒に彼の部屋に戻った、下着に五万USドルを隠していたアフリカ人の貿易業者についてだ。彼がシャワーを浴びていると、彼女は家族を一〇年にわたって養えるかもしれないほどの金を彼の引き出しの中に発見して、五分おきに出発する列車に乗り中国境界まで逃げる。彼は金がなくなったことに気づいて、彼女の後を懸命に追いかけるが、彼女の姿も金も、二度と目にすることはなかった。

貿易業者は圧倒的に男性が多いが、衣服を商売にしている女性も何人かいる。これらの貿易業者は、自国の社会では富裕層に入る傾向がある。前に指摘したように、すべての実業家がアフリカ人というわけではないが、大多数はそうである。インド人も多く、往々にして衣類貿易に関わり、他は東ヨーロッパ人やロシア人で、しばしば携帯電話や電子機器に関わっている。イエメン人、フィリピン人、サウジアラビア人やフランス人もいる――信じがたいほど多種多様な貿易に関わる、おびただしい数の異なる国々の人々に私は出会った。しかしチョンキンマンションではアフリカの企業家たちが、南中国でも同様だが、最も目立っている。

私はときどき、初めて香港にやってきたアフリカ人の貿易業者に会ったことがあった。二人の女性のタンザニア人貿易業者のために、非公式の夜の香港ツアーを行ったが、彼女たちは高層ビルと電車に驚きを表した。一人が言った、「私、電気で走る列車に乗ったことがないわ。私の故郷では列車は石油で走るのよ。」彼女はまた、すべての「滑る階段」――エスカレーター――について驚いたようすで話していた。彼女は滑る階段を、これまでたった一度だけ彼女の国の空港で見たことがあるそうだ。とはいえこれらの貿易業者が、必ずしも現代世界の技術から排除されているわけではない。私たちのツアーの間中、彼女たちはダルエスサラームにいる友人たちと、携帯電話で話していた。一人が私に説明してくれたように、「ええ、故郷にいる私の友達に私が見たものについて、滑る階段とかモールについて話していたんです。でも、どうしてあんなにたくさんショッピングモールがあるの？　なぜ香港の人たちはそんなにたくさんの物を買うんですか？」――私にはまったく答えることさえできない聡明な疑問。この後、私たちは資本主義の特質について活発な討論を行った。

数人の人から私が聞いた話は、香港における中国の国慶節のことで、その日は何万人という観衆を感動させる花火が、香港の港で打ち上げられる。どうやら、数人のアフリカ人貿易業者がドーンという音を聞き、外にいる大勢の人たちを見て、戦争が始まって香港が爆撃されているのだと思い、避難場所を求めてエレベーターへ走ったそうだ。

これらアフリカの企業家たちは、おそらく、卸売商品が売られている深水埗（シャムシュイポ）や他の地区に商業的に進出する以外は、だいたいにおいて香港とはほとんどつながりを持たない。チョンキンマンションから角を曲がったところにあるセブン・イレブンでは、ときどき微妙な人種差別が明らかである。香港の人々がセブン・イレブンに入り、ただそこに立って三〇秒間アフリカ人を眺め、何も買わずに立ち去るのを私は見たことがある。多くの若い貿易業者は香港の女性に近づこうとするが、ほとんど成功していない。なかには苦い経験から、単なる人種差別とは別に、彼らがアフリカでよくやるように女性に近づいて話しかけるのは、香港では攻撃的に感じられ、おそらく多くの香港の人々がこうした貿易業者を見るときの恐怖心を増長していると気がついた。

全般的に、香港にいるアフリカ人の貿易業者は難しい状況に置かれている。彼らは、九五%が中国人からなる社会において目立つのは避けられないし、必ずしも人種差別の犠牲者ではないとしても、香港においては確かに未知で恐れられる「他者」である。だからアフリカ人たちは、チョンキンマンションや近くのセブン・イレブンのような場所で一緒にいる傾向がある。そのような場所でのみ、彼らはマジョリティであり、自分自身と同じような人々と一緒だということで、安心感を得ることができる。これらのアフリカ人の中には自分が何をしようとしているのか、よくわかっていない素朴な人たちもいるが、彼らはすべて、外国での幸運を求めて自分の国を離れた勇敢な人々である。多くは無一文になって、香港へは二度と戻ってこない。幾人かは大儲けをして定期的な貿易業者になり、一年に五、六回あるいは一二～三回チョンキンマンションを行き交う。抜け目のない、運のいい数人だけが金持ちになる。

私が香港で出会ったアフリカ人の貿易業者たちは、香港を超えて広がるグローバルなつながりを持っている――これらの貿易業者たちは、しばしば、長く複雑な道をたどって、アフリカの祖国や隣接する国々からドバイへ、バンコクや他の東南アジアの目的地へ、香港へ、そして南中国へと移動し、また元へ戻る。前の章で論じたように、研究助手と私は、チョンキンマンションを出て地球を一周する貿易業者の旅の一部に同行した。

チョンキンマンションに滞在しているアフリカ人貿易業者の多くは、香港にいちばん入りやすい南中国の工業地帯である広東省や、義烏（イウー）[1]のような中国の他の都市へ行く。広東省の省都広州のアフリカ人貿易業者たちは、数か所の異なる地区にいる。天秀大厦（ティアンシウ・ビル）や

その周りには、アフリカや中東の商人たち向けの品物だけを専門に扱っている高層ビルがあり、多くのムスリム貿易業者たちが足を運ぶ地区である。また、他の人に交じって、ナイジェリア・イボ族の人たちが多く集まる場所、三元里（サンユアンリ）地区もある。彼らは、広州の聖心大聖堂でイボ語による定期的なカトリック教の礼拝を行っている。広州ではチョンキンマンションと違って、異なる経歴を持つ貿易業者は市内の異なる地区に行って商売を行い、たいてい郊外のアパートやホテルに泊まっている――チョンキンマンションのように、みんなが生活し交ざり合う共同の場所はない。チョンキンマンションと違って、広州の多くの貿易業者は英語を話さない。彼らは、いくつかの北京語の単語の知識を頼りに、あるいは、（上の写真のような）広州の貿易市場で通訳サービスを提供している数十人の若い中国人女性の一人――大学

生だそうだ――を雇って、何とかやっている。

広州では香港よりもアフリカ人貿易業者の間の貧富の差が激しく、合法滞在者と違法滞在者の分断がある。一方では、不法で住み、ときにはアフリカから中国へ薬物を運んだり、広州の路上で売るなどして、麻薬取引に関与しているナイジェリア人や他のアフリカ人がいるが、こうしたことは香港では稀に見るだけだ。広州には大勢のアフリカ人がいるために――ある推定によれば二万人だが、他の推定ではもっとずっと多い[2]――査証の期限を超えて滞在していても、大部分は発見されないかもしれない。他方では、広州にはすでに富裕なアフリカや中東の企業家たちがたくさんいる。中には、チョンキンマンションを介さず、たいてい何年もかけて関係を築き上げた南中国の工場から直接注文する資力のある人たちもいる。彼らは中国での長期就労ビザを持っているのだろう。

他には代理人、あるいは「仲介人」がいる。中には流暢な北京語を話す人もいて、彼らはアフリカ人同胞のために取引の交渉をする。私は広州で、アフリカ人企業家と代理人たち一〇〇人以上が集まって、土曜の夜にどんちゃん騒ぎをしている、高級なブラジル・バーベキューレストランに行ったことがある。私はまたコンゴ人の代理人と一緒に、広州にある彼の高層アパートに泊まったことがある。その部屋は、そのすべての家具装飾品を含めて、市に住んでいる文字通りすべての中国人の羨望の的であっただろう。こうした人々のうち何人かは、適法な査証や中国人女性との結婚によって、何とか合法的に中国に滞在できるようになったが、それでもなお、彼らの査証は定期的な更新を必要とするかもしれない。彼らはしばしば、査証を更新するために、三〇日ごとに広州とチョンキンマンションを定期的に行ったり来たりしている。他の人たちは、特に失うものがあまりない人は、査証の有効期限を超えて滞在するという危険な道をとる。これならいつまでも広州に滞在できるが、もし捕まれば（そしてそこで必要な賄賂が払えなければ、と私は聞いた）刑罰と国外追放の対象となる。

広州とは別に、チョンキンマンションにいる多くの貿易業者は、貿易の場所として、ドバイ、特にドバイのディラ地区について話す。二〇〇九年に私がドバイで会ったアフリカ人貿易業者は、ときどき東アフリカから香港・中国への往来を繰り返していた。ザンビア人の貿易業者が私に話したように、チョンキンマンションで知り合ったアフリカ人の貿易業者仲間に、しばしばディラの路上で会ったりするし、それと反対のこともある。各々の場所は優位な点もあるし、不利な点もある。タンザニア人の貿易業者がこう話す。「中国製の商品はすべて中国からここ〔ドバイ〕に運送しなければならないので、たいていの商品は中国の方が安いです。でもたまに、ここで掘り出し物が見つかることがあります。とは言うものの、チョンキンマンションに比べたら、ホテルはほんとうに高いですけどね。」ナイジェリア人の携帯電話業者は、ドバイでは、多くの返却されたヨーロッパ製の携帯電話（「一四日電話」として知られている）が割引価格で売られているが、中国製の電話は香港や中国ではより安く手に入ることに気づいた。

（一〇九頁に記述するような）アフリカ人貿易業者はさまざまな理由からドバイを選んでいる。何人かは中国の査証を得るのに問題が生じたためドバイに来ている。他の人たちは、そのようなグローバルな回路には乗っていない、少なくとも今のところは。香港と中国は、彼らが商売することを夢見る地であるが、現在ではイスラム教の存在が大きく、多くのソマリア人商店主たちもいる、地理的に近く文化的になじみのあるドバイの世界に腰を落ち着けている。「ええ、中国に行きたいですよ。でも、中国じゃ何もかも失くしてしまうことがあるって聞きました」と、ある貿易業者は私に言った。「あそこでは本当に気をつけないといけないって。」

私はある午後、ザンビア人の貿易業者と、ドバイのインターネット・カフェで過ごした。彼は、仲買人を排除できるように、彼が買い付けている模倣品の電子機器の中国における供給源を探ろうとしていた。その会社はウェブサイトを持っているはずだ、と彼は主張したが、案の定、実際の会社の名前を使ってコピー商品を作っている会社ではなく、欧州の本物の会社のウェブサイトを発見しただけだった。コピー商品を作っている会社がインターネットで自己宣伝するはずがないし、この会社の影のような供給源を探し出すより（ドバイにある一部の供給業者はそれらの品物がどこで生産されているか、正確に知っているかもしれないが）、ドバイにいて買い付けるか、あるいは彼がこれらの商品の供給源に近づきたいのなら、おそらくチョンキンマンションか広州に行くほうがいいということを納得させるのに、数時間を要した。

私の研究助手ホセ・ロハスは、ナイジェリアのラゴスを旅して、チョンキンマンションで知り合った数人のナイジェリア人貿易業者の日常生活を体験した。ラゴスの多くの商店は、中国から、ふつうは香港とチョンキンマンションを通過して、二日ごとに到着する新しい積み荷の不断の流れに頼っている。こうした中国製の商品は、日本製やヨーロッパ製の商品を求める富裕なナイジェリア人には軽蔑されるコピー製品だが、他に何も買う余裕のない大多数のナイジェリア人には需要がある（一一〇頁のラゴスの光景を参照）。

彼が一緒に旅をした、香港から来た貿易業者たちは、天文学的に高い失業率に苦しむラゴスの多くの若者たちから尊敬されている。しかしながら、これらの貿易業者自身が気づいているように、彼らはさほど金を稼いではいない。彼らが商品を買う金はしばしば彼らのものではなく、ナイジェリア、中国、あるいは香港にいる彼らの雇い主のものである。ホセは貿易業者と一緒に、穴だらけの道路をラゴスから市場のある町、オニチャまで行き、禁じられた衣類を通関させるために必要な賄賂を要求する兵士たちの通行止めを何度も経験した――彼自身も身体検査をされた。恒常的な停電と構造的な汚職により、ナイジェリアでは携帯電話から衣類、発電機まで、自国で商品を製造することができない。すべてを中国といった国から輸入しなければならないが、こうした輸入品の多く、特に衣類は、ナイジェリア政府によって違法であると宣言されている。

違法であるにもかかわらず、中国の影はナイジェリアのいたるところに潜んでいる。ラゴス衣類市場の多くの通路沿いに、中国の工場で製造された衣類を包むのによく使われる、中国語の文字が書かれたビニール袋の上に商品が広げられている。概して言えば、香港にいる貿易業者の生活

がどんなに苦しいとしても、ナイジェリアではさらにもっと厳しいとホセは気づいた。だから多くのナイジェリアの若者たちは国を出て、とりわけ遠く離れて異質な、それでいて身近なチョンキンマンションで自分の運を試そうとするのだろう。これらの貿易業者たちは、香港や中国で暮らそうと思っているのではなく——ヨーロッパやアメリカのほうが彼らにとってもっと夢の国である——むしろ、貿易で財産が築けるのか、あるいは少なくとも貿易で利益を上げることができるのかやってみようとしている。それによって、いつか彼らはナイジェリアを永久に離れることができるかもしれない。

　私の研究助手マギー・リンは、ケニア人の女性貿易業者について、チョンキンマンションからバンコクを経由し、モンバサとナイロビに戻った。このような一部の貿易業者は衣類の事業でかなりの利益を上げ、ケニアで美容院や小型バスの運行など、他の事業を始めた。彼女たちもまた、とりわけ失業率約四〇%という状況下で、同胞のケニア人たちの多くから尊敬されている。幾人かは明らかにこの国の中産階級に属する人たちで、車を所有し多くの従業員を雇っているが、それ以外は、今のところそうなりたいと熱望しているだけである。ケニアで苦労しているある貿易業者がマギーに話したところによれば、あと二、三回中国に行った後、彼女が持っている土地に新しい家を建て、上の階は貸して、自分と家族は下の階に住むのだそうだ。新しい家を建てた後、彼女は、タイルからソファーまで、中国からのあらゆる品々を詰め込んだコンテナに投資するだけの資金があれば、と望んでいる。コンテナは彼女が裕福になるのを助けてくれると、彼女は期待している（一一三頁の精力的なケニア人の店を参照）。

マギーは、実際にケニアで作られている唯一の衣料品として、土産物のTシャツ、カーキのズボン、そして、女性が身にまとっている伝統的な布、キコイとカンガ（旅行者に人気のある土産物）を見つけた。輸入品には関税がかけられるにもかかわらず、ほとんどの衣類は国外から持ち込まれる。「中国製」のラベルは超一流の店から路上の屋台店まで、いたるところで目にする。中国製の衣類は、デザインはたいてい流行最先端のものだが、客は品質について疑っているかもしれないので、いかにその品物に価値があるか客を納得させるように努力しなければならない、とインフォーマントたちは彼女に説明した。中国製品すべての品質が悪いわけではない――一部の製品は素晴らしい。しかし、これらの貿易業者たちは中国で最も廉価な製品を買っているので、ケニアの客たちは中国と粗雑な作りとを関連づける傾向にあるのかもしれない。

以上は、チョンキンマンションで出会う貿易業者たちが辿るいくつかの経路や物語である。こうした貿易業者たちは、香港にある一棟のビルを超えて、地球を横断し、さまざまな場所へとつながっている。

オーナーと経営者

ここでチョンキンマンションの中国人と南アジア人のオーナーと経営者に目を向けよう。今日支配的な層のオーナーは、一九七〇年代、一九八〇年代に上海や中国大陸の福建省からやってきて、見つけることのできた最低価格の不動産――チョンキンマンションのそれ――を購入した。ほとんどのオーナーは、チョンキンマンションという多民族の万華鏡にはほとんど姿を現さず、多くはごくたまにしか建物にやってこない。しかしながら、彼らとその子どもたちは「香港の夢」を実際に生きている。ほとんどは、多かれ少なかれ厳しい経済的困窮状態で香港とチョンキンマンションにやってきたが、何年にもわたって懸命に働いて、彼らはそれなりに豊かになり、第1章で見たアンディ・モックのように、今では大学の学位を持ち、会計士や教師になった子どもを育て上げた。

こうしたオーナーの子どもたちは、往々にして、チョンキンマンションとは関わりを持ちたくないと思っている。チョンキンマンションで育ったある大学生は私にこう言った。「もし僕がチョンキンマンションを物語にするなら、貧しい中国からの移民が、どうやって不動産を手に入れ、重労働に耐えて数十年で豊かになったかを説明するでしょう。アフリカ人とか南アジア人なんて、ほとんど関係ないですね。これは古典的な中国大陸―香港の成功の物語ですよ。」彼が強調していることには、人が見たり聞いたりする、チョンキンマンションの描写がほとんどまったく欠落していることも同然だが、これもまた明らかに妥当である。しかしながら、この話は子どものままで終わっている。子どもたちは、彼やアンディ・モックのように、彼らの両親を中産階級にした建物を去る。今日、多くの年配の中国人オーナーはまだ不動産を維持しているが、多くはいずれ中国大陸からの次世代の移民か、あるいは南アジア人に売却するだろう。

これらの所有者の多くは、チョンキンマンション全体から遮断されているが、少数の人たちは次々に変わる文化的光景に驚くほど見事に順応している。

地上階で、西洋人の旅行者のための土産物（仏像やヒスイの龍）を片手に、中国人のための土産物（スイス陸軍のナイフ、ペンダント）をもう一方の手に丁寧に並べた土産物の屋台をやっている年配の男性は、六か国語をどれもかなり上手に話す。彼と私たちの家族について日本語で話し、次いでスペイン語に切り替えて彼の海外旅行について話し合い、そして彼が中国からの観光客たちに接客するために北京語に切り替え、さらに別の旅行者のためにフランス語を話すのには驚いた。別の香港系中国人男性は上の階で旅行代理店をやっていて、彼はフランス語を話せるので、査証を求めたり彼から卸しで衣類も仕入れようとするアフリカ人の顧客が絶えない。英語がチョンキンマンションの共通言語である一方で、こうした商人たちが客の言語を話そう

とする努力が、さらなる商機をもたらしていることは間違いない。私はまた、商品がアフリカで売れるまで貿易業者の注文に対して全額の支払いを要求せず、常連の顧客に金を貸している中国人の商店オーナーも数人知っている。これは危険なやり方だが、常連の顧客を抱えることを保障する助けにはなる、とそのオーナーは主張した。

　チョンキンマンションにおける事業経営者の多くは、南アジア人である。彼らの家族は一九世紀半ば以来の、香港における南アジア人の長い歴史的存在を反映して、何世代にもわたって香港に住んでいる。[3]一つ例を挙げるならば、六〇代のパキスタン人の衣料店のオーナーは、パキスタンがまだインドの一部だった時代に生まれ、そのときに英国の市民権を与えられた。一九八五年に幸運を求めて香港に移ってきた。現在、彼の四人の娘は皆英国に住み、一人息子は仕事で中国大陸に住んでいる。チョンキンマンションの別の衣料品業者も言うように、顧客はより安い商品を求めて中国本土へ行くことができるので、近年は商売がさらに難しくなった。年齢を考えれば、彼は頑張っている。

　南アジア人の経営者の多くは広東語を流暢に話すが、それでも香港では差別されていると感じている。したがって、彼らにとっての香港はアンビバレントであることは明らかである――彼らにとってますます中国に傾倒しているように見える香港を、自分の家のように感じる人はほとんどいない。むしろ、今ではあまり愛着を感じない以前の故郷である南アジアと、数十年の間生計を立てている一時的な住まい、香港との間にあって、英国、カナダ、あるいはアメリカ合衆国に終の棲家を夢見ている。ある経営者は、彼は香港に縛られていたくないし、子どものためにカナダへ移住することを考えていると話した――「私は返還以降、いまだに香港を信じていません。」ディワリのために香港とチョンキンマンションに戻ったシーク教徒の男性は叫んだ。「クリス・パッテン（香港最後の英国総督）がいてくれてよかった。彼のおかげで私の家族は香港を離れ、英国に住めるようになったんです。」

香港を離れるというこの夢は、子どもたちに押し付けられているものかもしれない。若いインド人の男性は私にこう言った。「父は二〇年前にチョンキンマンションにレストランを開きました。父は、私が香港にいるかぎりは、店を手伝ってほしいと思っています。でも父は私に香港にいてほしくないんです。私がアメリカかヨーロッパで高度なビジネスの学位を取って、そこでよりよい人生を送ることを望んでいるんです。」より年上のパキスタン人男性は次のように話す。「私はチョンキンマンションで宿泊所を経営していますが、息子はロンドンで医師をしていて、娘はアメリカで勉強しています」――単にチョンキンマンションからだけでなく、香港からも離れて、自分自身のためによりよい未来を作っているのだ。

こうした南アジアの商店主たちは、一〇〇万人以上が、将来の保障として外国のパスポートを持ち、「もしもの時に備えて」移民する選択肢を残しておく香港系中国人の商店主たちの一部とそれほど違いはない。[4] しかしながら、ほとんどの香港系中国人と違って、これらの南アジア人は、そこは中国であるという理由で、香港からは明らかな疎外感を感じるかもしれない。チョンキンマンションで多くの人は、ヒンディー語、ウルドゥー語、ネパール語、パンジャビ語、あるいはタミール語を話し、南アジアの料理を食べ、南アジアの材料、ビデオ、雑誌、妻や娘のためのサリーを買う。

そして、インド、パキスタン、あるいはネパールのテレビチャンネルを見て、南アジア人仲間のところを行き来して一日を過ごす。多くは敬虔なムスリムである。私が調査をしている間に五、六回、イスラム教徒の商店主たちが私をそばに呼んで、ユーチューブで、吟唱されたコーランの聖典に伴われて、メッカのカアバの周りを回っている巡礼者のビデオを見せてくれた。それにもかかわらず、多くの人は南アジアはもはや自分の祖国ではないと感じているが、こうした感情は彼らの子どもたちのほうがもっと強く抱いているだろう。「私はインドに行ったことはありません。外国ですよ！迷子になってしまいます！」と、二〇代のインド人男性は言った。「私は大人になってからの人生をすべて香港で生きてきたし、ここで死ぬでしょうね。」

あるチョンキンマンションの電子機器店に、店に居ついた一五歳のパキスタン人の少年がいた。（彼は長いこと、私の研究助手、エイミー・フンとイングリッド・タンのお気に入りで、この記述は彼女たちの話に基づいている）。彼は三歳のときに父親と香港へ移住して、今は学校に行っているとき以外はいつでも父親の店にいる。香港で育ち、彼は上手な広東語を話す――「僕の友達はみんな中国人だよ。」しかし彼は中国語の読み書きは習っておらず、授業は英語で行われる。これは南アジア人に対する香港の教育制度の異様さを映している。南アジア人に対する香港の教育は、典型的には、英語による授業を含み、話し言葉としての広東語のクラスはあるが、書き言葉としての中国語はほとんど重視されていない。[*] この少年は将来医者か警察官になりたがっているが、中国語の読み書きができなければ、今日の香港では、おそらく彼のそのような将来は否定されることになる。[5]

もう一つの店は二三歳の香港生まれのパキスタン人が経営している。彼もまた流暢な広東語を話すが、中国語の読み書きはできない。地元の学校を卒業した後、車のショールームで働き始めたが、すぐに辞めてしまった――「僕は中国人の女の子より手際よく、もっといい仕事をした。でも三ヶ月の試用期間の後、会社は僕ではなく彼女を採用したんだ。」こうした話は、なぜこれほど多くの南アジア人がチョンキンマンションを自分の住まいにしているかを明らかにしてくれる。香港のほかの場所と違って、ここでは国の同胞と一緒に仕事ができ、非中国民族であることや言語能力欠如が理由で苦しむことがないからだ。（言語能力の欠如は、香港の白人を妨げることはないが、「白色は上位、褐色は下位」という現在の香港における人種的ヒエラルキーを考えるなら、明らかに南アジア人にとっては妨げとなる。）以下は、そのような南アジア人男性二人の語りである。

ジョニー・シン

二〇〇二年にチョンキンマンションで店を始めました。私は今四〇代の初めです。商売は今より開業当時の方がよかったですね。今は、経費分は稼げるけど、金は貯められません。携帯電話販売店と時計店の両方持っています。うちの顧客はアフリカ人とインド人です。誰とでも愛想よく話しますよ。好意を持って話せば、彼らは私から何か買ってくれますからね。私には高い値段も安い値段もありません、市場の値段ですから。私はそれで満足です。現地の状況を調べるために、英国に

＊　二〇〇五年に香港政府は、南アジア人の子どもたちを広東語で授業を行う学校へと方向づけ、子どもたちのために英語で授業することを好む一部の南アジア人の両親が驚いたことには、南アジア人を一般のクラスに入れた。

一〇日間、インドに数週間行っていて、今帰ってきたところなんですけど、あっちも商売はあまりよくないですね。香港で商売をやったほうがいいですよ、インドよりも、英国よりもいいし、どこの国よりもいいですよ。チョンキンマンション――ここでは誰もが金を儲けようとしてるんです。違う国の人たちがみんなここに来るから、何かしら売ることができるんですよ。

チョンキンに来る前は、外に事務所を持っていました。一九九七年に始めて、五年間やりました。私たちはあらゆるものを売りましたよ。毎月、五万香港ドル、一〇万香港ドルの利益がありました。チョンキンにいる商店主全員に、工場が中国で作るものを供給してましたよ。その当時、インド人は中国に行く査証を取れなかったので、みんな私から買ったんです。金を儲けるのはあまりにも簡単でしたね。ＢＭＷの車を持っていました。その頃は一〇〇〇万ドルも持ってましたよ！　でも、それから顧客が自分たちで中国に行くようになって。

私の故国に地所を、パンジャーブ地方の北部に農場を買いました。そこにたくさん地所を持っています――隠居できますよ。私の母と父には「パンジャーブに居て！」と言われます。両親は私に香港に戻って欲しくないから、こう言います。「私たちは年寄りだ。お前はここに残りなさい。お前に大きな家も車もあげるよ」って。「息子と妻がいるからここには残れないよ。あと五年香港で商売をやらせてくれ。そしたら帰ってくるよ」と言いました。一年前は店を六軒持っていました。でも今は二軒だけです。商売は今うまくいきません。二〇〇万香港ドル以上失いましたよ。最善を尽くします。私には兄がいて、香港の会社で二五年間働いてきました。でも先月会社が閉鎖されて、兄は今仕事が見つけられないでいます。

私はここ香港で生まれました。私は香港人です――私は三〇年以上ここ香港にいます。子どもの頃、一〇年間インドで過ごしました――六歳の時にインドに送られて、一七歳の時に香港に戻ってきました。私の父は香港の警察官で、一九八六年に退職して、インドに戻りました。ええ、香港は中国ですよ。私は香港でよそ者のように感じます。でも、この建物に入ると、よそ者のような気はしません。家にいるように感じます。いろんな人がここにやってきます――インドネシア人、マレーシア人、インド人、スリランカ人、バングラデシュ人、アフリカ人、ヨーロッパ人。あらゆる国の人がこの中に入ることができるんです。外は生きにくいけど、チョンキンマンションは家なんです！

息子をインドに連れて帰ることに決めました。今は英語の学校に行っていますが、息子に私の母国語、パンジャーブ語を教えたいんです。息子にインドの文化を知ってほしいんです。香港には滞在してほしくないんですよ。英語はいいけど、広東語？　誰も広東語を習う必要なんてないよ！　私自身の学校の友だちはパンジャーブにいます。私が帰ったら、投票して私を村長にするって友だちは言うんですよ。ここ香港なら、金も稼げるしいい生活もできる、何も問題はない。でも、いつかはインドに帰りたいですね。私はシーク教徒です。でも顧客にもっと受け入れられるように、ターバンを外して髪も切りました。ターバンをしていないので、兄は私を非難します。

香港には差別待遇があります。私は広東語を話します。私は香港で育ちました。でも、配達で私を待たせ続ける仕入先から、ひどい扱いを受けたことがあります。言ってやりましたよ、「おい、私はこのトラックを運転している配達係じゃないんだ。私はこの店のオーナーだぞ！」って。広東語を話すと中国人は怖がりますよ。あの人たちはあなたが広東語を話さないと思うと、あなたのことを悪く言います。去年、口論になって殴られました。もし私が中国人なら、警察はもっといろいろな手を尽くして私の事件を解決してくれたでしょう。でも私は中国人ではないから、警察にはどうでもいいんですよ。警察は私にこう言いましたよ、「もしここが安全だと感じられないなら、英国に行くんだな」って。あの人たちは私にそんな言い方をしたんですよ！

チョンキンマンション……あと二、三年後には、ここにはもっと多くの中国大陸の人たちがいるでしょうね。彼らが店を開き、パキスタン人やインド人はみんな、一人ずつ、チョンキンを去る。ビジネスが成り立たなくなったとしても、家賃は上がり続けるでしょう。多分アフリカ人はインド人やパキスタン人より、中国人をもっと信用するようになるかもしれない、なぜかと言うと、アフリカ人は中国人が工場を持っていると思うから。ええ、たぶんインド人とパキスタン人はいなくなって、アフリカ人と中国人だけが残るでしょう。

ファハド・アリ

兄がここにいたので、私は二〇年近くチョンキンマンションにいますが、ここの携帯電話販売店で働き始めてまだ八ヶ月です。私は二〇代後半です。私は今ここにいる人たちを知っています。でも、彼らの前にいた人たちも、その前の人たちも、その前の人たちのことも！　私はチョンキンマンションが急速に、そしていい方向に変わっていると思います。商売はよくなってはいません――商売は二〇年前の方がずっとよかったです――でも、今はよりたくさんの人がやってきます。より多くの人がチョンキンのことを知っています。この場所の印象はよくなってきていますよ。一九九〇年代、みんなここに来るのを怖がっていました。その頃は麻薬の問題があったし、ギャングもね。今では、ここにいるみんなもっと穏やかです。誰も他の人に迷惑をかけたりしません。

この携帯電話販売店では、卸売りも小売りもしています。私には大物のアフリカ人貿易業者の顧客はいません。でも兄にはいます。アフリカ人貿易業者の何人かが注文して、兄が携帯電話を彼らに送るんです。こういう貿易業者は真剣な実業家です。頼りになります。でも、ここの店の経営者たちの多くは、アフリカ人との商売で苦い経験をしています。何百万ドルも損した人もいます。誰かと長いこと商売をやっていたら、その人を信頼して、信用貸しをして、「支払いはこの次でいいよ」って言うんです。そのときですよ、彼は金を払わずに大きな注文をして、二度と帰ってこない――二度と彼に会うことはありませんよ。

ええ、中国大陸の商人たちがチョンキンマンションに移ってきています――試してみるけど、失敗してますよ。インド人とパキスタン人がまだしっかりと持ちこたえています。こんなことを言って私はバカだという人がいるけど、私はみんなに「中国製の携帯電話は買うな」って言っています。製品の質を保証できないです――明日壊れるかもしれない！　こういう類のことは黒人たちとだけ起きるんです。値段を伝えると、あの人たちはすぐ半分に値切ります――私が「四〇〇香港ドル」と言うと、「二〇〇香港ドル」って言います。だからあの人たちには、中国製をやるんです。[*]

＊　この文脈での「中国製」とは、ヨーロッパ製ないし韓国製の携帯電話の中国で作られたコピー品を指している。

私は広告デザイナーとしても働いています。以前は大手の広告会社で働いていました。でも今は香港のデザイン市場はあまりよくないんです。だから午前中は一人で広告会社をやって、午後と夜はここで働いて、私にどんな商売ができるのか見極めているところです。香港で貿易はとても好調です。私はそれを試しているところなんです。今現在、チョンキンマンションの商売は悪い、儲からないとみんな言っています。でも、空きテナントなんて見かけないですよね。チョンキンマンションは香港のために収益を生んでいるんですよ。私の知っているここの商店主たちのほとんどは金持ちです！

二ヶ月前に香港の女の子と結婚したばかりです。妻はイスラム教に改宗しました——私たちが結婚する前に改宗しました。でも、彼女は私のためにではなく、自分自身のために改宗したんです。ムスリムになるように彼女を強制するなんてできません！　もし彼女に用意があれば、彼女はそうするでしょう。イスラム教に改宗した中国人の女の子を四、五人知っています——彼女たちのために、私は嬉しいですよ。私の妻に関しては、一度も彼女に改宗しろと言ったことはありません、一度もないです。誰かが改宗してほしいと言うから改宗するのではなく、あなたがどう自分自身の理解を発展させるかということなのです。

私の友達の多くは中国人ですが、私は広東語はぜんぜん話せません。語学はまったくダメなんです！　でも、私たちはここに住んでいるし、香港は私たちの家です。広東語が話せなくとも、香港で就職するのに、私には問題ではありませんでした。そうですね、私の性格が役立っているのかもしれない——人には親切に、思いやりを持って接しようとしています。例えば、私を見ると鼻をつまんで、差別する間抜けな香港系中国人がいます。でも私はただ笑顔を返します。どこにでも、どの国にもいい人も悪い人もいるんです。私の地元の中国人の友達の中にさえ、チョンキンマンションに来るのを怖がっている人が何人かいます。私がここで働いているのを知ると、彼らは不思議がりますよ！　ヨーロッパ人はチョンキンマンションに来るのを怖がりません。地元の中国人だけです。

　私たちは今よりチョンキンがよくなることをいつも望んでいます。ビル全体の空調制御をして欲しいですよ――今日みたいにとても暑いと、商売には悪影響が出ますから。多くのショッピングセンターは、涼しいから多くの人が集まります。でも、そういう理由でチョンキンにやってくる人は誰もいませんよ！　外にいる〔彌敦道（ネーザンロード）で通行人にチョンキンマンションのレストランのメニューを手渡している〕客引き、ああいうの私は嫌いですね。あの人たちはあそこにいるべきじゃないんですよ、だって客を怖がらせているんですから。管理人は客引きを規制できません。もし五〇人のインド人とパキスタン人が外に立っていたら、そして、彼らが人と礼儀正しく話すことすら知らないとしたら、中国人が入ってくると思いますか。それはこの建物とその評判にかかわる問題ですよ。

　管理人はなぜ人々がパーン*を噛んで吐き出すのを止めないんですか？　私は大嫌いですよ！　イ

＊　パーンは　東南アジアで一般に噛まれているキンマの葉の混合物で、チョンキンマンション内の多くの屋台で売られている。

ンドではやるのかもしれないけど、ここはインドじゃないんです。壁に赤いのが見えるでしょ？　あれ、唾を吐き出すからですよ。分別のある人なら、あんなことはしません。ときどき臨時雇いの労働者や亡命希望者に腹が立ちますよ、あの人たちの態度ですよ。あの人たちは私たちの評判をぶち壊しているんです！　あんな人たちのせいで、商売に支障が出ているんです！　こんな人たちがいっぱいいいて、香港住民から仕事を盗んでるんですよ。

警察は私たちを守るためにここにいるんですけど、なかには悪いのもいます。ここであなたは白人で、私は褐色人。警察は、あなたと話している時は笑顔を見せますよね。でも私と話している時には顔に怒りが浮かんでますよ。そういうとき、ほんとに殴ってやりたいと思いますね。入境管理のとき、空港で言ってやりましたよ、「たった今、あんたは歯を見せてあの白人に笑いかけたよ。でも、今私に対して、あんたは怒ってる。なぜなんだ？　私に説明してくれないか」ってね。彼は何も言いませんでした。

チョンキンマンションは私の居間です。人に会ったり話したりするために、私はここに来ます。香港全体で、ここは、すべての異なる国の人たちが集まることのできる唯一の場所です。チョンキンマンションがなかったら、ここにいる人たちはどこに行けばいいんですか？　ここが取り壊されたら、たぶん私たちみんなで隣のホリディ・インに行って、あそこを占領することになります！

臨時雇いの労働者たち

香港の居住資格を持つ南アジア人は、もちろん香港で不動産を所有することができる。彼らはしばしば、そのような機会のない南アジア人同胞――旅行者として香港にやってくるインド人たち――を雇用する。こうした臨時雇いの労働者たちが、チョンキンマンションの労働力の中軸である。彼らは店員として、レストランの客の呼び込みやウェイター、皿洗いとして、宿泊所の呼び込み、掃除人や管理人として、あるいは荷物の運送人として働いている。彼らは香港の空港に到着した時点で入手した、一四日間の査証なし入境で香港にやってくる。この査証は、さまざまな日数で二回まで更新でき、年に最長一八〇日間香港に滞在することを許されている。これらの臨時雇いの労働者は、香港に住居があり香港の身分証明書を持つ人たちよりも、かなり安い賃金、典型的には月にたった三〇〇〇香港ドルから三五〇〇百香港ドルを支払われる。私はときどき臨時雇いの労働者たちがこう言うのを聞く。「何であの男は俺の二倍も金を稼ぐんだ。単に、あいつには香港の身分証明書があるけど、俺にはないってことさ!」雇用主に対する重い罰金を含めて、旅行者を労働者として雇うことの潜在的な法律上のリスクを考えれば、彼らの安い賃金は妥当なものだと事業主たちは私に断言した。

パンジャーブや南インド、パキスタン、ネパール出身の、より長期滞在する南アジア人の香港住民と違って、これら臨時雇いの労働者の大多数は一つの地区、コルカタ内のムスリムの飛び地、キダポールから来ている。コルカタ出身の人たちがチョンキンマンションにいるのは、主に香港行きの航空運賃が仕事にありつける他のどの目的地よりも安いからであり、ムンバイのような西部インドの都市からであれば、仕事のためにドバイに飛んだ方がずっと安い。なぜ特にキダポールが、これほど多くのチョンキンマンションの労働者の供給源となっているのかについて、明確に答えることは難しい（とは言うものの、チョンキンマンションにはキダポールのように多くのムスリムがいる、というのが一つの要因であるのは疑いがない）。しかし、個人的なコネの力が不可欠であるのは明らかなようだ――「私のいとこが言ったんです、チョンキンマンションで仕事を見つけるのを手伝ってくれるって。だからここに来たんです。」こうした臨時雇いの従業員たちは、コルカタにはわずかな収入にしかならない仕事しかないので、香港にやってくる。私がインタビューした若いインド人たちは教師や公務員と結婚しているが、故郷にいる彼らの配偶者よりも、香港でずっと多く稼いでいる。[6]

　こうした労働者は、もし働いているところを捕まれば、起訴され、投獄され、香港への再入国を禁止されることもありうるため、香港ではかなり不安定な立場にある。しかしながら、彼らを捕らえるのはとても難しい。入境管理警察がチョンキンマンションに踏み込んだ途端、建物の正面にいる友人や見張り役が携帯電話で連絡することになっており、不法労働者たちは店のカウンターや流し台から一斉に姿を消し、旅行客や貿易業者たちの人ごみに紛れ込む。香港系中国人はいまだにチョンキンマンションでは目立ち、潜入捜査の警察も簡単に見分けられるので、その危険は最小限の傾向にあるが、ときには不注意だったり、運が悪かったりする労働者が、実際、捕らえられることがある。

これらの不法労働者がいなければ、チョンキンマンションの商売の多くは、もはや存続することはできないだろう。もし携帯電話店や食堂、宿泊所が合法的な労働者だけを雇ったとしたら、人件費は二倍になり、料金も大幅に値上げしなければならなくなる。そうなれば、宿泊費や食事のことを考えながら、いま慎重に一ドル一ドルを数えている多くのアフリカ人や南アジア人の実業家たちが訪れる余裕はなくなり、現在のようなチョンキンマンションは死に絶えるだろう。不法労働者は、事実、搾取されている。ある人は怒りを込めて私にこう叫んだ。「私の月給は三〇〇〇香港ドルです。一日一五時間働いて、月たった三〇〇〇香港ドル――ひどいですよ！」扶養しなければならない家族が九人いる、と彼は話した。とは言うものの、香港にはコルカタよりもよりよい将来への見込みがある。だから彼は何度も何度も、毎年毎年ここに戻ってくるのだ。

これら臨時雇いの労働者たちはまた、ある意味では実業家でもある――インドに戻る際、彼らは自分の荷物に入れた品物、往々にして四〇キロまでの衣料品の小包を運んでいき、帰りにはしばしばダールやインド米などの食品を運んできて、チョンキンマンションのレストランに割引して売っている。彼らは普通ビーマン・バングラデシュ航空を使う。しばしば二四時間から四八時間遅れで出発するが、香港からコルカタまでの往復便は約三〇〇〇香港ドルで、どの航空会社よりも安いので注目に値する。香港の空港で、こうした臨時雇いの労働者たちは衣類が真空パックされた荷物を受け取り運んで行く。彼らはインドに運ぶ衣類と香港に持ち帰る食料品とで、彼らの航空券の五〇%から八〇%をまかなうことができる。こうした衣類はインドじゅうで売られているそうだ。

こうした臨時雇いの労働者の多くにとって、夢は自分で商売を始めることだが、実際に実業家としてのスタートを切るために必要な資金の最低額は、一万香港ドル、あるいはもっと望ましいのは二万香港ドルである。多くが背負っている家族に対する義務を考えると、これはほとんど労働者がいつかかき集めることができる額をはるかに超えている。こうした臨時雇いの労働者の何人かがこっそり私に持ち掛けてくることがある――「もし六〇〇〇香港ドル貸してくれたら、私たち二人に儲けが出るだけの携帯電話を買い付けることができますよ。そしたらこんな仕事はもうしなくてもいい。」私は断わる。たいていこうした労働者には、ビジネスをどう進めるかを知る実務的な勘が欠けているようだというのが、少なからぬ理由である。

他の人たちは、このあと論じることになる亡命希望者になることの賛否について尋ねるために、私に近づいてくることがある。他の人たちは「教えて下さい、香港の住民資格を取る方法はありますか？」と聞いてくる。なんとか香港の女の子を見つけて結婚しないかぎり、答えはほとんど決まって、ノー。実際、数年間にわたって香港人のガールフレンドと付き合っていた、若くて人を引きつけるある臨時雇いの労働者のことを私は知っている。彼がプロポーズすると、彼女は言った「とんでもない。私はあなたが好きよ。でも絶対にあなたと結婚はしないわ」と。その一言で、彼の香港の居住資格の可能性は消えた。「彼女は僕と遊んでいただけなんだ！」と彼は怒ってその仔細を話す。

臨時雇いの労働者たちの中には、香港を一度訪れて、仕事のペースがあまりにもきついこと、あるいはチョンキンマンションの倫理がイスラム教の信念に照らしてあまりにいかがわしいことに気づいて、二度と戻ってこない人もいる。しかし、ほとんどは彼らの毎月、毎年の移住周期をくりかえし、故郷に帰って、長い香港滞在のあいだ夢見ていた商売を始めるのに必要な金を時間をかけて貯めたり、あるいはそうでなければ、もし故郷にとどまっていたらけっしてありえない早さで、故郷に不動産を購入したりする。

私はチョンキンマンションの臨時雇いの労働者と一緒に、一週間コルカタに行き、彼の商売に同行し、キダポールの彼の友人や家族に会い、キダポールとチョンキンマンションの太いつながりをよりよく理解する機会を得た。一つ驚いたことは、彼やチョンキンマンションの仕事仲間にとって、運んできた衣料品の小荷物の税関通過がいかに難しいかということだった。税関の係官は見下すように荷物に目をやった――一人の係官が私に大声でこう話した。「インド人は服を作れます！我々に中国からの服なんて必要ないんですよ」――そして、毎日午後、規定の数時間以外は荷物を扱うのを拒絶した。もし他の便の乗客が来れば、そのような時間の猶予などどこにもない。私たちは次の三日間続けて、タクシーで空港に戻らなければならなかった。そして、費用がかさんで、彼のわずかな利益が消えていくのを見て、私の友人はしだいに望みを失っていった。

もう一つのより大きな驚きは、これまでに見たことのなかった地域、キダポールが長いこと失っていた故郷のように思えたことである。たった数日の間に一二、三回も誰かに声をかけられた。「やあ！　あんたのこと、チョンキンマンションで知ってるよ！　俺のこと覚えてる？　インドにようこそ！」チョンキンマンションでの多くのことが、故郷に場所を変えて、キダポールの路上で繰り広げられたようだった――ときどき路上をゆっくりとピカピカのオートバイに乗っていき、五、六人の、夢見るまなざしの一〇代の男の子たちが後に続くという、誇らしげな若い帰還者の姿が繰り広げられた。

三つ目の驚きは、私の友人がどれほど家族の経済的な大黒柱であるかということだった。年に六ヶ月間稼ぐ、月三五〇〇香港ドルの彼の給料——香港の水準ではわずかな収入にも及ばない——で、それぞれ一〇〇〇人を超える人が参列した、自分自身と二人の妹の結婚式がまかなわれ、彼の誇りにしている財産、オートバイを買った。そして、間もなく彼の拡大家族の住居の改築の資金も出す。チョンキンマンションは確かに、彼がコルカタに戻って「大物」になることを可能にする。彼は香港で特別いい待遇にあるとはいえない——彼はレストランの客引きである——しかし、彼はまさに家族の英雄である。このことは、謙遜しながらも息子が成功したことに晴れやかな微笑みを浮かべる、彼の年老いた両親と話したときにすぐわかった。彼のおかげで、家族はかろうじて食べていける暮らしではなく、オートバイやステレオ、浄水器に囲まれ、そして家を改築するほどぜいたくな暮らしができるのだ。両親のもう一人の息子も一度チョンキンマンションで働いたことがあるが、彼にはきつすぎた。彼は今コルカタのコールセンターで働き、インドの水準ではいいほうの稼ぎで、家族への仕送りもしているが、兄の収入には遠く及ばない。

以下は、チョンキンマンションの別の臨時雇いの労働者の語りである。

アーメド・アジズ

香港とコルカタの間を行ったり来たり、もう一〇〇回以上香港に来ています。チョンキンマンションで宿泊所のオーナーのもとで六年間働いています。その前は、貿易のために香港に来て、私のパートナーと一緒に仕事をしていました。私の父が、商売を始めるのに二〇万ルピー（四万香港ドル／五一〇〇USドル）をくれたんです。最初の二年間はかなりよかったんですけど、その後私のパートナーが金を盗んだんです。彼は五〇万ルピーを私から盗んで、逃亡しました。以来一度もパートナーには会っていません。多分彼は南インド、マドラスに行ったんでしょう。でもマドラスはとても大きなところです。そこに私の親戚はいません。彼を見つけることはできませんでした。警察に行きましたよ。でも警察官の友人は、私が金を取り戻すことはできないだろうと言いました。それで、香港に帰ってきたんです、今度は働くために。

もちろん、旅行者として行ったり来たりするのは難しいですよ。香港の入境事務所も馬鹿じゃないですからね。ある人たちは商売のために香港に来て、他は仕事をするために来るってことはわかっています。入境事務所はある人には一四日間、ある人には七日間、ある人には四日間を認めますが、ある人にはゼロ。中国に行くことで滞在を二度、四二日間まで延長できますが、そのあとは家に帰らなければなりません。入境事務所に行くときは心配ですよ。金を見せなければなりません——あるときは五〇〇〇香港ドル、あるとき一万香港ドル。滞在を更新しなければならないときは、ボスのところへ行きます。彼は私が中国との境界にある入境事務所で見せる金をくれます。ボスは私を信用しています——彼が渡してくれた金を持って私が逃げたりしないことを知っているんですよ！　香港とインドの間を行き来するときは、費用の支払いの足しにするために品物を運びます——インドから香港へはサリーを、香港からインドへは電子機器などを運びます。ときどき大きく儲かるときは四〇〇USドル、私の航空券代のほとんどをまかなえます。でもあるときには二五〇

USドル。物価の状況によるんですよ。

私の給料は月三〇〇〇香港ドル、宿付きです。私の仕事は、ボスの宿泊所へ客を連れてくることです。私のパスポートは合法的なものなので、警察には邪魔をされません。私を客だと思うだけです。午前一一時から真夜中、あるいは午前二時まで外にいて、客を呼び込もうとしているんです――毎晩、睡眠時間は六時間から七時間だけです。一日に客を四人、ときどき五人、ときどき六人、ボスの宿泊所に案内します。客を見るだけでわかりますよ――マリとベニンの人たちはもっと安い部屋が欲しいかもしれない。ナイジェリア人はとても危険ですよ。もし部屋が一〇〇香港ドルだとすると、彼は八〇香港ドル出して、言うんです「俺は金を持っていないんだ！ いいよ、警察を呼べよ！」って。日本人と韓国人、あの人たちは清潔な部屋が好きですね。

私の妻はキダポールで幼稚園の先生で、四歳の娘もそこに通っています。子どもたちのためにいい暮らしを手に入れたいんです！ 妻は月に三〇〇〇ルピー、約六〇〇香港ドル稼ぎます。私が香港で稼ぐ額のたった五分の一ほどですよ。私には兄弟が四人、姉妹が三人います。私が一番上です。弟の一人は今カリフォルニアにいて、水管理の仕事をしています。二番目の弟はインドで働いていて、もう一人の弟は大学に在学中です。カリフォルニアにいる弟がいちばん金を稼いでいて、私が二番です。私は毎月妻に二二〇〇香港ドル、父に二五〇〇香港ドル渡しています。香港でもう一年だけ働いて、それからインドに帰ります。父はレストランを持っています。もう高齢なので、父の代わりに私が店を引き継ぐんです。

コルカタのほとんどの人は学校に行ったことがありませんが、私は卒業しました。その後、工場で働いたんですけど、ロックアウト、ストライキがあったんです――インドにはとてもたくさんの政党があって、問題もかなり多い。それでも、私の家族には香港じゃなくインドに住んで欲しいですよ。香港の文化はよくありません。インドネシアの女性たち、一人のボーイフレンドはここ、もう一人はあっち。* 私はインド人が好きです。彼らはたった一人のことを愛するんです！　ええ、多くのセックスワーカーはインド人ですよ。でも彼女たちはセックスワーカーです。それは違うんですよ。私は自分の国が好きです――インドは素晴らしい！　だから一年したらインドに帰りたいんです――インドはほんとにいい！　今はたくさんの会社がインドに来てビジネスをやっています――インドはもうそんなに貧しくないんです。

亡命希望者たち

二〇〇九年現在、六〇〇〇人あまりの亡命希望者が香港にいるが、ほとんどは南アジアやアフリカの国から来ている。彼らの多くがチョンキンマンションに集まっている。第４章で亡命希望者に焦点を合わせるが、ここで簡単に彼らのことを説明しておこう。前にも指摘したように、香港は主として境界を開放しているという点で、先進世界の社会の中では珍しい。前もって査証を取らなけ

* 彼が言及しているのは、彼女たちの休日である日曜日にチョンキンマンションにやってくる、インドネシア人の家政婦たちのことである。

ればならない一握りの国以外、ほとんどの国から到着した人々は、香港の空港で、一四日間、三〇日間あるいは九〇日間の上陸許可を与えられる。このことにより、香港は世界中の人々にとって旅行しやすい目的地となっている。しかし、これはまた、香港が亡命希望者たちを引きつけていることの主要な理由でもある。香港に入るのに査証が必要な国から来た人であっても、香港に入るのは比較的たやすい——空港で追い返される人はほとんどいないが、これは、その後に続く香港での暮らしが楽だということではもちろんない。あるソマリア人の男性が、私の質問の愚かしさに頭を振りながらこう言った。「なぜ香港に来たのかって？　私を入れてくれるって知ってたからさ！」

　亡命希望者の多くは、入境審査のときか、あるいは香港に入って数日、数週間後に、香港に事務所のあるＵＮＨＣＲ（国連高等弁務官事務所）に行って、正式に自分が亡命希望者であることを申し立てる。ＵＮＨＣＲが申し立てを審理するのに、三年あるいはそれ以上かかるかもしれないし、控訴すればさらに時間がかかる。亡命希望者の多くはまた、ＣＡＴ（拷問等禁止条約）に署名している香港政府にも訴えている。しかしながら、香港政府は、国連難民の地位に関する条約には署名しておらず、そのためにＵＮＨＣＲが関わっている。これらの主張はまた、評価をするのに何年もかかるかもしれない。[*]ほんのわずかな割合の亡命希望者だけが、カナダやアメリカなど第三の国へ行って暮らすことを可能にする難民の資格を得る。亡命希望者のほとんどは、これらの手段の一つないし両方を使って、香港で漠然と自分の運命を待っている。

二〇〇六年、二〇〇七年には、亡命希望者たちには何の身分証明書もなく、無慈悲な警察にいつでも逮捕される可能性があったが、二〇〇八年に亡命希望者の立場を証明する証明書が手に入るようになった——それでもまだ亡命希望者は数週間拘留されるが、その後ほんの少しの政府の福祉手当、月一九〇〇香港ドル分を現物支給される。香港でこの手当で生き延びるのは困難だが、発展途上世界からすれば気前のよいものに見えるかもしれない。南アジア亜大陸の悪質な就職斡旋業者は、求職者に香港でのいい給料の仕事を約束し、香港に着いたら亡命希望者になるように勧める、というのを私は聞いた。

一部の亡命希望者たちは、自国での宗教的、民族的、あるいは政治的迫害や拷問を逃れてきた。他の人たちは経済的な機会を求めて香港にやってきた。一般に、前者は「本物」、後者は「偽物」と思われている。しかし実際のところ、これら二種類の亡命希望者の境界線ははっきりしていない——自分の国でさまざまなやり方で脅かされ、逃げ出さざるを得なかったが、難民資格を得るため

＊　弁護士が私に語ったところでは、UNHCRへの申請者だけが難民として認められ、他の場所に再定住しようとしているという点で難民申請者と考えられていて、CATを通じての申請者には、そのような再定住の資格はない。しかし、難民申請者自身この相違を認めていないので、私は「亡命希望者」という用語をその申請者すべてに対して用いている。

に必要とされる具体的な基準を満たさない亡命希望者たちを、私は何人か知っている。

チョンキンマンションでは一般に、経済的亡命希望者は、もし捕まって国外追放になっても失うものがほとんどないので仕事をして金を稼ぐが、政治的亡命希望者は、捕まって追放されれば自分の国で投獄、拷問、あるいは死刑に直面するので働かないと見られている。しかし、この区別もまた明確ではない。一部の経済的亡命希望者は、彼らが得られるほんのわずかな援助で生活したほうがより楽であることを発見し、執筆活動をして過ごし、あるいはただぶらぶらして働かないことを選択している。それに対して、一部の政治的亡命希望者は、追放の危険に晒されながらも、祖国にいる家族のために送金しなければならないと感じ、働いている。

私がチョンキンマンションで知り合う従業員が、その何ヶ月も後に「本当のことを言うと、僕は亡命希望者なんです」と認めることが何度もあって、私には驚きだった。働いている人たちは、入境管理局に捕まる危険度がそれぞれに異なる、多種多様な仕事に従事している。何人かは、特に南アジア人は地上階と一階の小さな店で雇われている。これは、彼らはいくらか合法的な旅行者として入境を許可された同胞や、永住権を持つ幸運な南アジア人の従業員と、顔つきからは区別がつかないからである。数人の南アジアのセックスワーカーもまた、永久的に香港に滞在し働くため、亡命を希望している。アフリカ人の亡命希望者たちはもっと用心深くなければならない――私の知り合いの何人かは、簡単には捕まりそうもない宿泊所で働いている。というのは、彼らの雇用主はいつでも「眠る場所を提供して、気の毒な亡命希望者を助けたかっただけなんです。私はけっして彼に金を払ったりはしてませんよ」と言うことができる。（これは、少なくとも比喩的に言って、皮肉にもあてはまっている――彼らの賃金は非常に低い傾向にあり、ひと月二〇〇〇香港ドルか二五〇〇百香港ドルとほんのわずかだからだ)。

さらに他の人たちは、外にいるコピー品の時計屋や洋服屋のセールスマンに交じって働いて、日々を過ごしている。これは特に危険だが、これらの労働者は一般に潜入捜査の刑事を巧みに見分け、刑事が近くに来ないうちに逃げ出している。二〇〇九年初期、香港の裁判所判決は、亡命希望者が一時的に就労することを認め、それが香港を訪れる亡命希望者の著しい増加につながった。二〇〇九年の遅くに法律が改定され、警察がチョンキンマンションに突入して、一二、三人の不法労働者を逮捕した。これによりチョンキンマンション地上階と一階から不法労働者は一、二週間のあいだ姿を消したが、それは仕事を再開しても安全だと見極めるまでのことで、状況は以前の通りに戻った。

働いていない亡命希望者たちは、チョンキンマンションにあるキリスト教が母体のNGOで多くの時間を費やしたり、ときには、香港の他のボランティア組織を手伝ったりする傾向がある。すべての亡命希望者――しかし、特に働かずただ待つだけの亡命希望者――は、目通しの立たないまま何年も待ち続ける苦悩に直面する。私は過去四年間、チョンキンマンション内のクリスチャン・アクションで、亡命希望者たちの小さなクラスを教えてきた。これは一見すると上級英語のクラスだが、実際は、最近の出来事や人生哲学を討論するクラスである。私が驚いたのは、生徒たちの何人かは自国でいかに有名であり(数人はインターネット上で有名な存在であり、一人は警察から逃れて自国を飛び立つ前に、政治運動の代表者という彼の以前の姿でCNNに出演していた)、いかに多くの人が知的で自分自身の意見を持っているか（一人の生徒の言葉を引用しよう。「教授、この件に関するあなたの意見には間違っている点が五つあります。一つずつ説明させて下さい」）、そして多くの人はいかに不幸せであるか、ということだった。

彼らが不幸せである大きな理由、自分ではまったくコントロールの及ばない官僚的手続きのなすがままに、彼らの現在の生活が退屈で不安定であることと、現在の彼らの人生が宙ぶらりんの状態だということにある。ある男性はこう話す――「私は三〇代で、才能のある人間です。仕事もできます。でも、香港で私は働けない。香港では、私は役立たずだ。私は乞食でしかない。」この不幸感はまた、彼らが自国から背負ってきたかもしれない苦痛と罪の意識によるものかもしれない――いったいどうすれば人は拷問を克服できるのか。それと引き換えに、自分にさえはっきりしないような理由で自分の国を離れて香港に来ることを、人はどのように正当化できるのか。家族を残してくることを、人はどうすれば正当化できるのか。

私の知っている亡命希望者たちは、自分たちの申請が正当であることを証明しようと必死である。これが最も明確なのは、明らかに本物である人たちの場合であり、彼らの生活のすべてが、運命を決める役人の判断にゆだねられている。しかしこれはまた、はっきり言って、香港に経済的な理由でいる人たちにとっても同じことである。彼らも懸命に、自分たちの申し立てに対して疑問を持たれないような方法を見つけなければならない。私が知っている古参の亡命希望者たちは、「偽物」でありながら亡命を認められた一連の人々（「あいつは話すのがうまいんだ、それだけさ！」）と、「本物」でありながら亡命を認められなかった（「いったいなぜ彼の申し立てを拒絶できるんだ？　国連の連中は狂ってるよ。あいつらはまるでマフィアだ！」)、より長いリストの人々を挙げることができる。彼らの人生は、彼らがその妥当性を疑う、しかしそれが究極的に示唆することは絶対である判断に賭けられている――彼らは新しい人生が当たるかもしれない宝くじを持っているのだ。ほとんどの宝くじのように、実際のところ彼らが勝つ見込みはごくわずかだ。

私は、よく知る亡命希望者数人の家族を、一人は東アフリカ、もう一人は南アジアに訪ねた。南アジア出身の亡命希望者の友人は、巨大で頑固な信条の人で、彼がしたことの理由を推し測るのは難しいかもしれないが、彼の信念には絶対的な誠実さがある。私は彼の親戚の家で、彼の家族――彼の母親、父親、そして姉妹たち――に会って、彼からの個人的な手紙を持って行った。この家族は田舎の出身で、ほとんど言葉を交わさなかったが、息子からの使者に会って大喜びしていたのは明らかだった。通訳を通して、六〇代の父親から彼の話を聞いた。「息子の問題は、陸軍に入るのを拒否したことなんです。多くの人がそうしていて、当局に賄賂を払ったんです。でも息子は誰に賄賂を払うことも拒絶しました――彼は自分の信念からそうしているんです……息子が軍役を拒絶しているせいで、私はいくつか仕事を失いましたけど、彼がやっていることに私は敬意をもっています。」

彼の息子は当局により逮捕され、投獄され、そして電気ショックなどの装置を使って拷問された。父親は、息子の中学校の先生が、「彼はとても頭がいい。なぜ他の人にではなく、彼にこんなことをしているんだ？」と言っていた、と私に話してくれた。その後、全部で三度、近くの外国へ逃亡したが、毎回、家族と友人たちが恋しくなり戻ってきた――それによって、彼はまた逮捕され拷問されることになる。最後に彼は永久に逃げ出し、何千マイルもの陸路を香港へと旅した。香港では、彼が陸軍に入るのを妨げたのと同じ信念が、法に反するので彼が働くことを妨げ、夜になると自分の状況について漠然と気に病んでしまうので、眠ることをさえぎる。彼の父親は、私と会った一年後に他界し、彼はいつまでも香港で立ち往生したままである。

私はまた友人である亡命希望者の家族を、東アフリカに訪ねたことがある。私は友人のいとこである政府与党の若い政治家の家に滞在したが、彼はこう話した。「ええ、彼は脅かされましたよ。彼は野党のメンバーなんです。でも、あなたを殺すと脅かすからには、なんらかあなたは一線を越えているはずです。彼はその一線を越えたに違いありません……でも、知りません、彼とは実際話はできませんから。私の電話は盗聴されているんです。」もう一人の親戚は著名な政府の大臣で、私は彼と長い夕食を共にした――陽気で繊細な男で、彼が大人になるまで育てた子どもに対して、実際、支持を口に出すことはできなかった。これはあたかも、香港にいる私の友人である亡命希望者が、政府に反対して、わけもわからず悲劇的に人生を誤った方向へと突き進んでいく善意の変人であるかのようだ。

後に、彼の妻と子どもたち――ほとんど何も話さず、着飾っていた――に会う機会があった。彼らのために、亡命希望者の友人と私が買った一連のプレゼントを、私は持参した。私は彼の兄にも会い、最も説得力のある言葉を聞いた。私は彼に、地元の新聞でさまざまな著名な反政府の人物による厳しい政府批判を見かけたことを話した。そして、私の友達も彼らのようにはっきり意見を述べて、彼らが明らかにそうであるように、無事でいることはできないのかと聞いてみた。兄はこう言った。「あの人たちは有名なんです。でも私の弟は有名ではありません。警察は簡単に彼を殺せます。」事実、次の日、低い地位の反政府の人物が警察に殺され、この事件はしかるべく新聞で報じられた。私が帰るまでに、犯人はまだ特定されていなかった。こういう背景があって、亡命を求めている私の友人はチョンキンマンションにたどり着いたのだ。

家政婦たち

チョンキンマンションで働く家政婦は数十人いる――チョンキンマンションや他の場所に住んでいる家族に雇われて、建物内の宿泊所を管理したり、そこで働いたりしているフィリピン人のメイドたちだ。しかし、ここでは特に、休日にチョンキンマンションにやってくる数百人のフィリピン人とインドネシア人の家政婦たちのことを考えてみたい。日曜日には、香港じゅうの数万人の家政婦たちが、港の向こう側にある香港のビジネス街、中環（セントラル）に向かい、食事をし、歌を歌い、くつろぐために集まっている。[7]その一部はチョンキンマンションにもやってくる。彼女たちをチョンキンマンションに引きつけているのは食事――そこで食べることのできる南アジア料理は、彼女たちが働いている家族のために毎日用意しなければならない中華料理よりも、ずっと彼女たちの好みに合う――と買い物で、チョンキンマンションで手に入る商品、特に携帯電話、電子機器類、衣類は香港でもっとも格安なもののうちに入る。また、何人かは男性たちから目を引かれたくてここにやってくる。多くの若い女性たちは、ただの家政婦ではなく、週に一度、女性として望ましいと見られたいと思っている。これらの女性たちの何人かは、ボディラインをきれいに見せる服で着飾っている。女性たちの多くには、チョンキンマンションの南アジア人やアフリカ人のボーイフレンドがいる。

鮮明に記憶に残っている会話の一つは、ある日曜日の朝、私が三人のインドネシア人家政婦たちとのもので、数年にわたって重ねた、同じような会話の一つでもある。三人とも待っている男友達がいた。一人はサウジアラビア人、一人はパキスタン人、もう一人はインド人。この女性たちは陽気にこれらの「契約ボーイフレンド」――二人が香港にいる間だけ一緒にいる――について喋った。ボーイフレンドがすべての会計を支払い、彼女たちは友達付き合いとセックスを提供する。

しかし、こういう関係は発展する。女性たちの一人はボーイフレンドと喧嘩をして、もう彼に会いたくないと思った。彼女の友達は、「彼のことはもう忘れなさい！」と言い続けたが、彼女はしょんぼりして、忘れることなどできないのは明らかだった。インド人のボーイフレンドがいる女性に彼から電話がきて、彼が拘置所にいることを知った――彼は亡命希望者で、いまだに身分証を持っていないので逮捕されたのだ。彼は前日に捕まったので、今週は休日に彼に会いにこないようにと彼女に頼んだ。

私ともっとも多く話した女性は、今インドネシアでは香港に行くことについて、とても評判が悪いと言う。「つまり、あなたはまったく善良な女性ではないということなんです。」彼女はインドネシアの農場で暮らし、彼女の送金によって、実家の燃料や他の必需品をまかなっている――でも、彼女は二度と農場に戻って暮らすことはできないし、代わりに都会で自分の商売を始めると話した。

彼女は鼻に（取り外すことのできる）リングをつけ、髪を鮮やかなオレンジ色に染めている——彼女が保守的な農村共同体に戻って、またそこで生活できるかを想像するのは確かに難しいように思えた。他の二人の女性は携帯電話で、ボーイフレンドと自分たちの写真を見せてくれたが、彼女は私にボーイフレンドを見せようとはしなかった。実は、彼女にはボーイフレンドが二人——一人はインド人、もう一人は中国人——いて、さらにインドネシアで結婚もしている。これらの女性の話では、彼女たちが家政婦として働いている家族たちは、ボーイフレンドについては何も知らない。もし妊娠したらどうするのか、と聞いてみた。彼女たちはみんな照れくさそうにくすくすと笑ったが、一人がこう言った。「私たちはみんなそういうときに効き目のある薬を知っています」と。

セックスワーカーたち

チョンキンマンションで働き、あるいは滞在している人々の八五~九〇%は男性で、ほとんどが若い短期滞在者である。不思議ではないが、チョンキンマンションはさまざまな国籍のセックスワーカーたちを引きつけてきた。つい最近まで、チョンキンマンションの中でよく言われていた推測によれば、建物の中で流行最先端の服を着ている若い女性は誰もがセックスワーカー、というものだった。一九九〇年代後半に、私の教え子である魅力的な女子学生がチョンキンマンションで調査をしていると、驚いたことに、質問することなく彼女の職業を推測した男たちからひっきりなしに「いくら?」と声をかけられた。より最近では、ある午後、私の別の学生がチョンキンマンションにスカートを履いて行ったら、(彼女をフィリピン人と思い込んだ) 広東語を話す小売商人たちがこう言っているのを耳にした――「おうガールズ、今日は早く出てるじゃないか。」

しかしながら、今ではこうした推測はもはや妥当ではない。これは主に、チョンキンマンションの宿泊所に滞在する中国大陸からの旅行者が増えたことによる。こうした旅行者の多くは、チョンキンマンションについては何も知らないであろう、流行りの服を着た若い女性たちで、オンラインでホテルを予約している。これらの若い旅行者を近づいて話しかける男たちから守るために、チョンキンマンションの警備員はより目を光らせて、セックスワーカーであると思われる女性たちをチョンキンマンションの入り口で制止している。ドア一つだけ残して、建物の正面の入り口が閉鎖される深夜以降は、特に厳しい。ときどき、私が夜遅く戻ったとき、セックスワーカーが私のすぐ後ろからついてきて、チョンキンマンションに入ろうとしたが、結局「彼女はあなたのお連れ様ですか?」と尋ねる警備員に呼び止められただけだった。

チョンキンマンションのアパートに住み込んでいるセックスワーカーたちも実際にいるが――私が聞いたもっとも穏当な概算では、建物全体で六〇人から八〇人――たいてい、彼女たちは以前よくそうしてように、客を求めてチョンキンマンションの中で見知らぬ人に声をかけたりはしない。ただし例外は、とても慎重に、両替所のあたりで起こりうる。それに代わって、副業としてセックスワーカーを客室に派遣するさまざまな店が、チョンキンマンションの中にある。ここ数年のあいだ、私は宿泊所で何度かセックスワーカーたちと遭遇した。そのときは近くの部屋に泊まっている女性たちがプロだと気づいたが、そんな風に出会ったときでさえ、後で知らされるまで、私はしばしばそのことに見当がつかなかった。「隣の部屋で何が起こっていたか分からなかったの?」と、私の友人で宿泊所の経営者は私が夜ぐっすり眠っていた後、ひどく可笑しそうに私に聞いてきた。

チョンキンマンションの外では事情はまったく違って、セックスワーカーはしばしば積極的に客を求めている。チョンキンマンションの正面、彌敦道（ネーザンロード）上ではときどき、中国大陸から一時的な滞在許可証で入ってきた中国人のセックスワーカーが見られる。彌敦道（ネーザンロード）と麼地道（モディロード）の角にはしばしば、さまざまな国籍のセックスワーカーたちがいる。私はインドネシア、マレーシア、タイ、モンゴル、さらにはタンザニア、ケニアから来たと言う女性たちと話をした。セブン・イレブン近くの麼地道（モディロード）には、第1章で述べたように、しばしば色鮮やかなサリーをまとって輝いている五、六人から一二、三人のインド人セックスワーカーがいる。これらの女性たちは往々にして南インド、特にケーララから来ている。私が話をした女性たちはしばしば年配で、夫に捨てられ、食べさせなければならない子どもたちがいるので、チョンキンマンションに来たと主張した。彼女たちは、家族には秘書の仕事でチェンナイあるいはムンバイに旅行すると話して、代わりに香港に飛んでくる。香港の法律では、超過滞在しないかぎり、警察は簡単に逮捕することはできない。にもかかわらず、いずれにしても、そうしたセックスワーカーたちがときどき逮捕されている。

これらのセックスワーカーたちは客をチョンキンマンションには連れて行かない傾向があり、代わりに、もっと頻繁に、近くのミラドーマンションへ行く。ミラドーマンションはチョンキンマンションより若干相場が高く、それほど混雑していないが、最近はやや怪しげで、警備員による監視もそれほど厳しくない。[8] これらの女性の相場は一般に、一時間一〇〇香港ドルで、一晩なら六〇〇香港ドルになるが、客によって一律ではなく、白人は裕福な傾向があるので、明らかにずっと高額を請求されている。セックスワーカーを自分の宿泊所の部屋に呼ぶのは「ファーストフードのテイクアウトを注文する」のと同じくらい簡単だ、と私は聞いた。「選択の幅は、若いブロンドのヨーロッパ人（一〇〇〇香港ドル）から中国のOL（五〇〇香港ドル）まである。一番安いセックスワーカーはフィリピン人とインドネシア人（一定のサービスは二五〇香港ドル）」だそうだ。[*] 典型的なインド人のセックスワーカーの場合、彼女の稼ぎの約半分は宿泊所へ、二五％は彼女の世話をしている年上の女性へ行くので、彼女自身にはほんのわずかしか収入が入ってこない。これらの女性は明らかに暴力団員に支配されているわけではない。第1章で検討したように、今日、チョンキンマンションで暴力団員はあまり見受けられない。今述べたように、セックスワーカーたちには、彼女たちの世話をする年上の女性がついている——私がセックスワーカーにインタビューをしたとき、これらの年上の女性が、何も問題が起こっていないかを確認するために、一時間おきに電話をしてきた——しかし、私が確認できる限りでは、これは暴力団とは関係がない。

自明なことに、チョンキンマンションの近くでセックスワーカーにインタビューするのは、特に難しかった。ほとんどの人は自分のしていることを、ある程度恥に感じているし、いずれにしても、私を潜在的な客と見ている。私が正式に彼女たちに謝礼を支払った時でさえ——この調査で行った他のどのインタビューとも違って、インタビューをするためにお金を払った——多くのことを発見するのは難しかった。（あるインタビューから引用する。「私、そんな商売はやってませんよ。何で私にこういう質問をするんですか?……ええ、白人の方がいいですね、だってより多くお金を払ってくれますから」）これはチョンキンマンションの中や周辺で、私がもっとも理解できないグループであるが、一部の人たちのことはかなりよく理解できる。チョンキンマンションに住んでいるある東アフリカ人女性は二年間セックスワーカーとして働いているが、チョンキンマンションではなく、湾仔（ワンチャイ）にあるいくらか高級なバーのある街で仕事をしている。彼女は毎月注意深く家に送金し、査証を更新するために帰国するときにはいつも衣類を荷物に詰め込んで運んでいく。彼女の計画は、三年間で売春の仕事は辞め、自国に戻って自分の商売を始めるというものだ――そして、それまでに、彼女はそのための金を貯めているはずで、勇気と運とで、彼女があこがれる中流階級の夢を達成する。

ヘロイン中毒者

大衆新聞の認識は長いあいだ、チョンキンマンションには違法薬物があふれているというものだった。二〇年、三〇年前、チョンキンマンションがどちらかと言えば貧乏バックパッカーたちの停泊所であった頃は、おそらく広範にわたる薬物の使用が確かにあったであろうが、今日、薬物の使

＊　この値段のスペクトル――一九世紀の人類学者、モーガンとタイラーの社会的ランク付けを居心地悪くも反映している――は、香港全体を映すものだ。異なる社会出身のセックスワーカーたちは、香港のさまざまな地域で、全体的な値段はチョンキンマンション付近よりも高いものの、同じようなスケールで値段を付けられている。

用は――アルコールと、屋台で売られている南アジアのビンロウジュの実、パアーンの他には――それほど頻繁ではない。ヨーロッパ人やアフリカ人は時折、路上やチョンキンマンション内のあちこちの隅でこっそりと商品を提供する南アジア人から買ったハシーシを吸うが、薬物使用は主にネパール人と結び付けられている。建物の周りにはおよそ四〇人のネパール人のヘロイン中毒者がおり、多くはチョンキンマンションの裏路地にある自作の段ボールハウスの中で眠り、建物の階段の吹き抜けで薬物を注射する。

こうした男たちは、一九八〇年代から一九九〇年代にかけて香港の英国軍に服務したグルカ兵の息子であり、したがって香港在住の権利がある。これらの男性――往々にして現在三〇代、四〇代――の多くは両親が取り決めた結婚でネパールに妻子がいるが、放棄している。相対的に豊かな香港を経験した後、ネパールに帰ったとき、彼らに寄せられる期待があまりにも大きすぎるのは明らかだ。彼らはむしろ、香港政府から支給される福祉手当を住宅ではなくヘロインに使って、香港でヘロイン中毒者でいたいのだ。

チョンキンマンションにいる他のネパール人や南アジア人は、彼らに軽蔑のまなざしを向けているかもしれない。一人の若いインド人男性こう言う。「私は毎日何時間も働いて、香港に住めるようになることを夢見ています。あの人たちは香港に住めるのに、それを無駄にしています。あいつらは甘やかされた金持ちの坊やですよ！」もう一人はこう言った、「あの人たちは特権意識を持って育ったんです……たいていの仕事には就きません、そういう仕事は「自分には値しない」、そして麻薬中毒者になるんです」と。いくつかのキリスト教系慈善団体が、彼らを社会復帰させようと試みているが、そうした組織のソーシャルワーカーが私に言ったところによれば、それは非常に見込みの薄いことのようだ。

彼らの問題は、香港で成功しろという家族の圧力がとても大きすぎて、おそらく彼らは成功できないということなのです。彼らの家族はネパールでは比較的豊かですが、彼らは香港にいるので、ここでもっとうまくやることを期待されているのです。でも、彼らにはできません。彼らのここでの社会的世界は、完全に、他の中毒者たちの世界です。ですから、神の存在でもなければ、ここからは決して逃れられません……普通は、逆戻りしてしまいます。友だちがみんなヘロインをやっているんです。だから彼らがたいてい戻るのはそこなんですよ。

香港の身分証明書があるので、彼らは香港政府から四〇〇〇香港ドル、あるいはそれ以上の福祉手当を毎月受け取り、その金を酒と薬物に充てることができる。ある土曜日の午後、チョンキンマンションの裏で、誰かのまにあわせの段ボールでできた小屋を覗いたら、彼が読んでいた本がジャレド・ダイアモンドの『銃、病原菌、鉄』だった。これは私がその年、中文大学において、大学院生のための人類学理論のクラスで学生に読ませた本である。

チョンキンマンションの商人たちは、こうした中毒者たちについてしばしば苦情を言う。なぜなら、特にその中の数人が建物の中でスリを行ったり、こそ泥を働いたりするからだ。彼らが大目に見られている理由の一つは、チョンキンマンションそれ自体とは違って、建物の周辺の通路が公道であるからだ。私は第1章で、一九九七年にネパール人が建物の警備員によって、チョンキンマンションの屋上から追い出されたことを述べた。しかし、屋上とは異なり、通路はチョンキンマンションに属さない。さらに、この人たちに対して世の中は持ちつ持たれつ、という態度があるようだ。事実、彼らのほとんどは比較的無害であり、盗みを働くのもここではなく他の場所であることが多い。

チョンキンマンションに住む一部の人にとって、ヘロインは抗しがたい誘惑なのかもしれない。回復した中毒者であり、イスラム教への改宗者でもある香港系中国人を私は知っている。チョンキンマンションにいることには、長所もあれば短所もあると彼は私に言った。彼にとっての長所は、それが彼にイスラム教をもたらしたことであり、彼の信仰を助けるイスラム的環境である。短所はすべての麻薬中毒者たちであり、ヘロインに引きずり戻す圧倒的な誘惑である。最後には、ヘロインが勝った。

以下は彼らのうちの一人が、私の研究助手オーシャン・チャンに語った話である。

グルン

私は香港で生まれました。父はグルカです。勉強のために香港からネパールに戻って、ヘロインのような薬物を摂り始めました――腕っぷしが強く、金があり、かっこいい、見せびらかすにはいい方法でしたよ。ネパールと香港で、違う時期に、ドラッグを売って投獄されました。香港の刑務所に比べたら、ネパールの刑務所の方が好きです。ときどきあそこでの生活が懐かしくなります

――仲のいい友達がいて、うまい食べ物があって、あそこでは毎日薬物だってあったんです。でもね、それに対して私は大きな代価を払いましたよ、私の愛、家族、私の全人生までも。

私は二度結婚しました。最初の妻はネパール人で、見合い結婚です。大きな晩餐会、結婚祝賀会をやって、それから私の家と所有地に行って、ネパールでのいい暮らしです。でも、うまくいきませんでした。私は退屈して、薬物に戻り、二三ヶ月間投獄されました。妻は私と離婚しました。私の家族にとっては大いに不名誉なことです。両親は私を更生施設に送り、私は薬物を止め、流暢な英語を話すことからツアーガイドの仕事を見つけました。

薬物を止めることができました。何故かというと、私より一二歳年下の美しい女の子に恋をしたからなんです。私たちは結婚し、私の両親は、新しい人生を始めるために私たちを香港に送り返すことに決めたんです。私は香港の身分証明書を持っていました。でも、最後に私は気がついたんですよ、妻が私と結婚したのは、ネパールを出る道を見つけたかっただけなんだって。香港では、私が好きな園芸の仕事を見つけました――何もかもが落ち着いて新しい生活が始められるようになりました。でも、それから、妻は私に離婚を求めてきました。彼女はイギリス人の男と出会って、一緒に英国に行くことに決めたんです。女の子がかつて薬物中毒だった男を愛してくれると考えるなんて、私は単純すぎましたよね。ああ、ほんとに、辛いですよ。友だちとすぐ薬物をやり始めました。もしかしたら、まだ彼女を愛していたのかもしれない。それは言い訳かもしれないけど、でも薬物はほんとに痛みを和らげてくれましたよ。もしかしたら、それが私の宿命かもしれない。前世で私はきっと何か悪いことをしたんですよ……両親は私に、ネパールに戻ってやり直すように求めました。でも、私の友だちはほとんどみんな香港にいるんです。ここの裏路地にいる私たち全員、ネパールの出身なんです。ここで暮らすのはきついですよ、特に雨が降ると水がぽたぽた落ちてくるし。でも、ここならただで暮らせますから。

また薬物をやり始めました。でも、衰弱して、仕事を失いました。結局、ナイトクラブの警備員として、別の仕事を見つけましたけど、私にはもっと金が必要だったんです。工事現場から電気資材を盗み始めたんです――見てください、私の足に犬にかまれた傷があるんですよ。私はヨーロッパ人とアフリカ人の客に、ハシーシ、マリファナ、コカインを売り始めました。更生施設に二度送られたことがありますが、施設から出たらすぐ、私はチョンキンマンションに戻ってくるんです。私にはもう選択の余地はないんです。私には行くところがないし、こんなに何年ものあいだ薬物をやってしまったら、もう私は働けません。

チョンキンマンションで私は幸せを感じます。寝るところはあるし、［キリスト教系NGOが支給する］ただの食事もあるし、それに自分の国の言葉でみんなと話せるしね。くつろげるんですよ。私は若い人たちに薬物を止めるように言っています。彼らにはまだやり直せるチャンスがありますから。でも、私はもうだめです。あのね、私は今の暮らしにかなり満足してるんです。私たちにただで食べさせてくれる宣教師たちに来なさいと誘われたから、私は一度だけ教会に行きました。牧師が人生の質について話し始めたんです。質素であることと、もちろん神を愛すること。私たちの生活はとても質素ですよ――ただ寝て、薬物で恍惚状態になって、ハシーシを分け合って、そして寝る。私は神も愛していると思います。ええ、私たちは質素な生活をしています。薬物を摂るといつでも痛みを忘れられるし、満足を感じるんです。こういうのって、愛と同じような感情ですよね。私がチョンキンマンションを好きな理由がもう一つあります。それは、違う国から来た人たちと友達になれることなんです。いいですか、一緒にハシーシをやってるとき、国籍なんかなくなるんですよ。二、三日前ヨーロッパ人の友達ができたんです、旅行者です。彼はオランダから来ました。彼の国ではハシーシを吸うのは合法なんです。彼を公園に連れて行って、ただぶらぶらして、一緒にハシーシをやりました。楽しかったですよ。

旅行者たち

こうしたことすべて——取引を求める実業家たちの喧騒、顧客を求める客引きたちの熱弁、セックスワーカーたちのそそのかし、そしてハシーシ売人がささやく提案——の只中に、もう一つの集団がいる。チョンキンマンションでもっとも大きな集団の一つ、旅行者たちである。彼らは主に非常に安いという理由でここにやってくる。チョンキンマンションは、三〇年前ほどではないが、貧乏バックパッカーの安宿であり続けている。これに反して、例えばすぐ隣のホリディ・インの宿泊費は、チョンキンマンションの一〇倍から二〇倍の高さである。旅行者たち、特に日本人やヨーロッパ人たちはまた、この場所の冒険性の故にやってくる。彼らは、以前貧乏旅行をしていた頃から、あるいは、英語なら『ロンリー・プラネット』、日本語なら『地球の歩き方』のような旅行ガイドのシリーズによって、長いことチョンキンマンションについて知っていたかもしれない。

今日、多くの客はインターネットでチョンキンマンションに宿泊する予約を取る（おそらく、チョンキンマンションについての最大のウェブサイトは日本語のもので、日本人の訪問客に対する有益なアドバイスがびっしりと書き込まれているが、最近は、チョンキンマンションに滞在する日本人の数は比較的少ない[9]）。旅行者には、香港で最も安い部屋を求める人たちと、特殊な種類の冒険を求める人たちがいる（三〇代のイギリス人の男性は私にこう話した。「どのウェブサイトもみんなチョンキンマンションは避けるように忠告していた。だから、私はここに行かなきゃいけないとわかったんだ」）。一方、中国やほかの地域に住んでいる南アジア人は、故郷の味を求めてチョンキンマンションにやってくる――テレビ、レストラン、ビデオと雑誌を売る屋台を見ると、彼らはインドやパキスタンに戻ったかのような感覚になる。東アジアのほかのどこにいてもこうした感覚は味わえない。

旅行者は、単なる労働者や企業家たちと違って、建物の中には残らず朝出かけて夕刻に帰るという点で、すでに論じた他の集団ほど、チョンキンマンションの明確な一部を成しているわけではない。それにもかかわらず、彼らはいくつかの夜、特にメーデーや国慶節（一〇月一日）の休日には、宿泊所のベッドの大半を占領することで重大な役割を果たしている。この数年の間に、インターネットで部屋を予約する旅行者が増えているせいで、旅行者の数はどんどん増加している。私は、アルゼンチン人たちにどこで香港の女の子たちに会えるかについて助言をし、アメリカ人たちにジョージ・W・ブッシュの愚かな行為に対して同情し、エジプト人の旅行者たちとイスラム教の特質について討論し、ブータン人と彼らの社会の〝国民総幸福量〟について話し合い、日本人たちと自国を離れて海外に移住すべきかどうかを考え、イギリス人たちとラグビー代表チームの栄光と屈辱について語り、モルディブ諸島からの旅行者たちと、地球温暖化によって国が永久に水没してしまうかもしれないという彼らの心配に同情した。チョンキンマンション内の宿泊所の宿帳に私が見つけた一二九の異なる国の人々のうちの大半は、この惑星のあらゆる場所からやってきた旅行者である。

インターネットで宿を選ぶ旅行者は、ときに不愉快なショックを経験する。ある大陸系中国人の旅行者は私に広東語でこう言った。「ここにこんなにたくさんアフリカ人がいるなんて知らなかったわ。なんて恐ろしい！」と。彼女はインターネットで宿泊所を見つけ、値段の安さに惹かれたが、インターネットのページには、その宿がある建物については何も書かれていなかった。そこは民族的多様性とその「他者性」において、彼女の想像を超えるものだった。中国大陸から来た別の旅行者は、私に訴えるようにこう言った。「中華料理が食べたいんです。でも、ここには中華レストランはないんですね。* なぜなんですか？　香港は中国の一部じゃないんですか？」これに対して私はこう答えた。「香港は中国の一部ですよ。でもチョンキンマンションは香港の一部ではなくて、むしろ、香港の真ん中にある、開発世界の孤島なんです」と。そうでなければ、これほど値段が安いはずがない。彼女は狐につままれたような顔をして、私に、チョンキンマンションの近くに、彼女の行けそうな「ディスコ・バー」はないかと尋ねた。

当惑するのは何も大陸系中国人に限ったことではない。私は若いコロンビア人の女性に会った。彼女は、私たちが滞在していた同じ宿泊所のドアところで私に近づいてきて、まるで外に出て行く

* 実際、チョンキンマンションの一階に中華料理店がある。

のを少し恐れているかのように質問した、「ここはいつもこんな感じなのですか？」と。私は彼女にその通りだと答え、でも女性が一人で歩き回ってもまったく安全だと話した。彼女が十分に納得したようには見えなかった。この恐怖にはある程度男女差があるようだ――これらの若い女性は、この建物の圧倒的多数である男性の住民から、じろじろ見られ居心地を悪くするかもしれない。あるアメリカ人の女性が私に息巻いたように、「生まれてこの方あんな風に見られたことは一度もなかったわ」――とは言うものの、男からの過度に直接的なまなざしを別にすれば、若い女性が男に襲われる心配はほとんどない。私は、数日間香港に滞在しているマレーシア人の男性旅行者二人と話したが、彼らは単に何の変哲もない安宿を期待していたのだが、彼らが目にしたものに仰天していた。マレーシアに帰った後、チョンキンマンションについて何を話すかと一人に聞いたところ、彼はこう言った。「いいところです。でも私のガールフレンドは絶対に連れてきません……ムスリムの女性にとって、ここはぞっとするような場所ですよ！」

私が会った臆病な旅行者の中では、大陸の中国人とアメリカ人が目立っている。しかし、最近はより洗練された中国人旅行者が来ており、一部のヨーロッパ人やアメリカ人、日本人の旅行者のように、冒険を求めている。私が話をした上海からの二人は、ガイドブックが約束したように、「天井から落ちてくるドブネズミ」が見られなくてがっかりしていた。私自身チョンキンマンションの中でドブネズミを見たことはないし（もっとも、建物の外側の路地では何匹か見たことがある）、よほど運がよくなければ、二人もそんな光景は目にできないかもしれない、と私は説明した。

私が会った旅行者の中で、より記憶に残っている数人のことを話そう。彼の言うチョンキンマンマンションの「民族的混沌」に、すっかり虜になっていた日本人の男性は、東京の有名な証券会社に勤めており、ひとつの目的は休暇、もうひとつには投資目的で香港に来ていた。日本ではヘッジファンドに投資をすると政府は二〇％の税金をかけるが、香港はこれと違い、このような投資にまったく税金をかけないと言う。彼は金曜日の午後早く香港に来て、香港の大きな銀行に行き、彼の金を投資する。それから彼は二日間チョンキンマンションの世界にどっぷり浸って過ごす。「東京—香港の往復飛行に六万円かかりますから、一〇〇万円投資すれば、十分に元が取れます。それ加えて、この驚くような場所で週末が過ごせるんですから。」

彼ははるかに大きな金融的規模であるものの、前に描写したインド人の臨時雇いの労働者と同じように、香港の自由放任の政治システムと自由市場経済の恩恵を受けている。私があった企業家旅行者は彼一人ではない。香港に娯楽のためにやってくるが、中国で作られたイスラム教の礼拝用ショールを持ち帰り、旅費の支払いに充てるインドネシア人たちのことを私は知っているし、携帯電話のような電子機器で同じことをしているインド人やラテンアメリカの旅行者たちのことも、私は知っている。二〇個の中国製アイフォンを荷物に入れてこっそり家に持ち帰り、友人や知り合いに売れば、自分の旅行を儲けの多いものにできる。

また、スピリチュアルな旅行者たちもいる。数人のヨーロッパ人は、香港北部の郊外で一〇日間の沈黙を要求するヴィパッサナー研修に参加した。私はそのすぐ後に彼らと出会った。コース最終日はインドの精神性をほめそやした。おそらくそれが（彼らの限られた予算とともに）、コースが終わった後、この人たちをチョンキンマンションに導いたのだろう。一人は私たちの会話を、手のひらを合わせ、チョンキンマンションのイスラム教的雰囲気からするとかなり場違いな南インドの言葉、「ナマステ」と言って締めくくった。もう一人は、彼の沈黙の精神的な恩恵を語り、チョンキンマンションで目にするすべてに驚嘆してただ微笑んだ――何日にもわたる寡黙な瞑想の後、この喧騒は彼を圧倒したようだ。

夢想家もいる。彼らがチョンキンマンションにたどり着いたのは、そこが開発世界の中で暮らすのにいちばん安い場所の一つであるからだが、いまだに手にすることのできない成功を想像している。老齢のアルジェリア系カナダ人の作家は、読むにたえない彼のスパイ小説の数章を私に送り付けてくるが、私はなんと返事をしたらいいのかわからない。彼はまた、複雑な英語文法の質問を私にメールし、時折私から数百香港ドルを借りて、返してくれるときもある。彼はスパイ小説で何百万も稼ぐことを夢見ている。私は、スパイ小説は読まないから分からない、と言うほかない。この間の彼の香港在留許可はカナダのパスポートで、九〇日ごとに簡単に更新することができるので、彼は香港を住みかにしていられる。

六〇代くらいのニュージーランド人は、香港には一ヶ月間居て、あと数週間滞在すると私に言った。彼の主張するところでは、彼の親友はフィリピンの在中国大使だったし、数日中にアメリカの連邦準備から誰かがやってきて、資金調達について彼と話し合うことになっていた――彼が言うには、彼は資本家で、面白半分でチョンキンマンションに泊まっている。彼の見え透いた嘘から判断して、彼は自分がたどり着いた人生を恥じているようだった。

一九六〇年代の西洋のヒッピーのような見た目の中年のトルコ人男性は、彼のアジア横断の旅と、イスラム教に関する本を書くという彼の計画を、私に話してくれた。一方、私たちが座っていた小さな食堂のスタッフはウルドゥ語であざけった。「なんで教授はバカと話してるんだ？」と。彼は馬鹿なのではなく、チョンキンマンションにいるたくさんの人たちのように、夢見る人だったのだ。奮闘している企業家や旅行客の労働者、亡命希望者のように、若い人たちは彼らの夢をよりもっともらしく持つことができる。今、いったい誰が彼らの夢を真っ向から否定することができるだろうか。しかし、年配者たちの夢はますますとらえがたく見えるから、彼は困難な状況にある。これはチョンキンマンションではなおいっそうの真実である。かなり物価が安いので、少なくない数の世界中の夢想家たちの最後の避難所かもしれないからだ。彼らは残された日々をここで過ごす。財布に残っているドル札がいちばん長持ちするのがここだからだ。

夢想家や最後のチャンスに賭ける人はもちろん旅行者たちだけではない。私はチョンキンマンションの裏で、タンザニア人と一緒にウィスキーを飲んだことがある。彼は泥酔してダルエスサラームでいくつかの仕事をクビになったことがある、と私に話した。彼の富裕な家族は、最後の手段として彼を香港に送り、アルコール中毒にもかかわらず彼が貿易で成功できるかどうかを見ようとした。私はまた、シンガポール出身のインド人のレストランオーナーに会ったが、彼は喧嘩で仲間のインド人を殺してしまったと思って逃げた。彼はありったけの現金と、カナダに逃げる夢と、しかしまた彼の頭上に迫っているかもしれない殺人の罪科を背負って香港にやってきた。この二人に私は一度会ったきりである。彼らも、そして彼らと同じような人たちも、チョンキンマンションの行列の一部を成している。

こうした異なる集団がいかに交流しあっているか

私たちはチョンキンマンション内の異なる集団すべてを簡単に検討してきた。チョンキンマンションを理解するカギは、異なる目的と民族性を持つ、こうした異なる集団がどのように交流しあっているかを知ることにある。

職業的交流の多くは人々が演ずる役割の問題である。レストランの客引きは、客を呼び込むためにメニューをちらつかせ売り込む。携帯電話販売店の店員は、それぞれの電話の特長について話し合う。宿泊所の経営者は部屋を見せ値段の交渉をする。私たちが見たように、チョンキンマンションにやってくる大多数の企業家や実業家はアフリカ人である。旅行者は日本人やオーストラリア人、世界中からやってくる人々に加えて、大多数は大陸の中国人とヨーロッパ人である。そして、いくつかの例外を除いて、商店主や宿泊所とレストランの経営者は南アジア人か中国人であり、フィリピン人も少人数いる。したがって、チョンキンマンションに常に出入りしている異なる集団間の交流は、ほとんど必然的に、異民族間交流の問題である。

ある一つの民族的、言語的、あるいは国家的集団が、自己の集団の一員とだけ関わることは不可能ではない。孤立した店の中で、主に中国人の客とだけ取引をしている数人の中国人経営者や、主として自分と同じ国出身の同胞とだけ取引するアフリカ人貿易業者は、異民族間交流からはほとんど遮断された日常生活を送っているかもしれない。鍋を洗ったり、電話機を包装したり、部屋を掃除したりする臨時雇いの南アジア人労働者も数人いる。滞在している宿泊所の従業員と二言三言の言葉を交わす以外、チョンキンマンション内の民族的渦巻きには決して巻き込まれないであろう多くの旅行者たちがいる。しかし旅行者は別にして、おそらくこういう人たちは例外である。異なる職業や民族集団間の交流はもっと典型的である。

異民族間の交流は純粋に実践的なものであり、例えば、地上階にある南アジア料理の小さな食堂で、自分の味覚に合う料理を注文しようとするアフリカ人の実践から成っている。第1章で指摘したように、チョンキンマンションにはほんの数軒のアフリカ料理店しかない。したがって、多くのアフリカ人は南アジアの料理を食べなければならないのだが、料理に香辛料を入れないで欲しいことをきちんと伝えないと、まったく彼らの口には合わない料理が出てくるかもしれない。南アジア料理の小さな食堂で、まず掲示に書かれているように本当にハラルなのかと主人に尋ね、次に、出される料理のうちどれならを食べられるだろうか、と尋ねているアフリカ人に、私はこれまで何度も出会った。チョンキンマンションの地上階と一階にある小さな食堂には、九脚の椅子と四台のテーブルがあって、五つの異なる

国籍の客たちが隣り合わせに座っているかもしれない。これはお互いを知っているからではなく、狭い場所で彼らは食事をしなければならないからだ。時には会話が始まり、友人ができたり、あるいは議論が巻き起こったりする。

さらに、地上階と一階では、南アジア人や中国人の経営者たちとアフリカ人の卸売り客との間の交渉がある。これらの複雑な交渉に関しては、第3章で詳しく議論するが、ここでは、こうした交渉に基づいて富が得られたり失われたりする、とだけ言っておこう。もしアフリカ人が携帯電話についてあまり知識がないように見られると、彼はしばしばだまされるだろう。パキスタン人の経営者は笑いながら私に言った。「あの男はほんとに間抜けだよ！　一四日電話*を新品であるかのように売ったんだ。これで簡単に四〇〇〇香港ドルのぼろ儲けさ！」と。計算高いアフリカ人の携帯電話の買い手は、パキスタン人、インド人、あるいは中国人の電話商人の前で、自分がいかに知識や教養があるかを見せるために、念入りに計画を練っている。可能な限り最良の取り引きをするために、彼はいつお世辞を言うか、いつ冗談を言うか、いつ腹を立てるか、どこで妥協するか、そして厳密にいつ——売り手が提供できる絶対的最低価格——「底値！　底値！」と言い張るかを知らなければならない。見聞の広いアフリカ人企業家は、彼と向き合っている外国人電話商人の前での自己紹介のルールを正確に知っている——もし彼が金を失うことを避けたいのなら、このようなルールは知っておいた方がいい[10]。

こうした交渉は、たいていチョンキンマンションの共通言語である英語で行われている。言語使用は、チョンキンマンションでは実に面白く入れ子になっており、異なる人々が、自分たちが話せる最も身近で最も親密な言語を発見している。アフリカの民族言語の話し手は、例えば、ハウサ語やルオ語を話す二人で私が目撃したように、お互いを発見して喜ぶ。ちょうどパンジャビ語やベンガル語の話し手が、ある程度南アジア人同胞を無視して会話ができるように、彼らは他のアフリカ人同胞が理解できない言語を話す。もっと一般的なレベルでは、ヒンディー・ウルドゥ語の話し手は、南アジア亜大陸の同胞と意思の疎通ができる。これは、スワヒリ語やフランス語の話し手が、東アフリカ人あるいは西アフリカ人の一部と意思疎通できるのと同様である。この上の一般的なレベルでは英語である。英語を話さないアフリカ人は、チョンキンマンションではなく、他の地域の中でも、北京語とフランス語が一般的な広州の天秀ビルに集まる傾向にある。

時折、チョンキンマンション内に他の共通言語が出現する。私はある晩小さな食堂で夕食をとっていて、そこでバングラデシュ人とカメルーン人、そして私の全員が日本語で会話をすることになった。バングラデシュ人は日本に住み、日本の大学に通っており、私たちの隣に座っていたカメルーン人は数年間日本に住んだことがあって、私たちの会話に加わった。バングラデシュ人とカメルーン人とアメリカ人が見物人の誰一人理解できない言葉で、生き生きと会話をしている――私たちはかなりの群衆を引きつけた。私はまた一度、一人はソマリアから、もう一人はイラクから来た二人のビジネスマンと話したことがある。二人はともに過去一〇年間スウェーデンに住んでいたこと

＊「一四日電話」とは、最初の購買者が返還して、倉庫に入れられていたヨーロッパ製の携帯電話で、たいてい新品の五〇～六〇％の値段で売られている。

が分かると、私を無視してスウェーデン語で会話を始めた。

私はまた、日本人の旅行者が中国人の商人や宿泊所の経営者と、彼らが共有している漢字を書いて意思の疎通を図っているのを見た。右に述べたように、複数の言語で仕事をする土産物店の店主のような、さまざまなビジネスの経営者がいる。私の知っている数人の中国人とパキスタン人の経営者にとって、フランス語は、西アフリカ人や中央アフリカ人の顧客と彼ら自身の言葉で交渉できるので特に役に立つ。こうしたその時々の代替言語の使用にもかかわらず、やはり、英語がチョンキンマンションの共通言語である——それと相まって、どこでも見られる電卓を叩いて行われる値段の交渉がある。

私は数年間にわたって、チョンキンマンションにおける驚くべきやり取りのいくつかを、見たり聞いたりしてきた。西アフリカ人の見込みのありそうな携帯電話の買い手は一度、パキスタン人の商人が「フセイン」と自分を紹介した途端、目を皿のように大きくし、恐怖におののいて逃げ出した。明らかに彼は商人を前イラクの独裁者、あるいはその幽霊と勘違いしたのだ。ムスリムの携帯電話店のマネージャーはアフリカ人のキリスト教徒の客にこう言った。「友よ、あなたはキリスト教徒だ、それなのにこんなに私を困らせている。私はインボイス〔送り状〕を全部書き替えなくてはならない。もし私たちが二人とも神の子なら、なぜあなたは私にこんなことをするんですか」と。このキリスト教信者は黙っていたが、あとで私にこう言った。「あんたの神は、私の神じゃないよ」。

さまざまな国出身のアフリカ人一二、三人が、放映されているマンチェスター・ユナイテッドのサッカーの試合にくぎ付けになっているのを私は見た。彼らは、アフリカ人が勝利に導くゴールを決めると、禁欲的なまでに無関心なインド人商店主の目の前で、興奮の声を上げた。私は香港系中国人の携帯電話商人が、ネパール人のヘロイン中毒者たちに脅されて、「ビール金」を巻き上げられるのを見たことがある。彼らは笑顔で、だが、ヘロインのせいなのか、そのふりをしているだけなのか、ある程度の脅しもこめて、彼がたやすい標的であることを知っていて近づいてきた。携帯電話商人はアル中で、夜遅くにはかなり酔っていたが、正気を失うほどには酔っていなかった。彼は一人一人に一〇香港ドルずつ渡して、後に私にこう言った。「彼らは私の友だちなんです。だから、もちろん金をやりますよ」と。

民族関係を簡単に理解する方法の一つは雇用形態を見ることである。経営者は往々にして、主に自分と同じ民族や国籍の人を雇う。例えば、私が知っている宿泊所のオーナーは、ネパール人だけを採用する。彼の従業員は私にこう話した。「私のボスは、以前はインド人を雇っていたんですけど、このインド人たちは彼をだましたんですよ。」私が「ネパール人が主人をだますことはないんですか」と聞くと、「とんでもない！　私たちは絶対そんなことはしませんよ」と、怯えたように彼は大声で言った。

他の経営者たちは国境を越えて採用する——インド人は一般にパキスタン人を雇い、パキスタン人はインド人を雇う。二つの社会の住人はしばしばお互いを見下し合っているが、ヒンドゥー語とウルドゥ語は文字通り同一の話し言葉であるという単純な理由による。また他の経営者は、宗教を基準に雇用する。私が知っているアフリカ料理店の経営者は、スタッフとしてインド人のムスリムを雇うことを主張する。なぜならスタッフと経営者は、最も重大な基盤であるイスラム教の信仰を共有しているからだ、と彼は断言した。しばしば雇用は民族性よりも実践的な状況によって決定される。前に指摘したように、数人の南アジア人の亡命希望者は、地上階と一階の小さな店に雇われている。これは、南アジア人は警察官に止められ、身分証明書の提示を求められる可能性が少ないからだ。他方、中国人経営の宿泊所は、低い賃金で仕事をしてくれるアフリカ人の亡命希望者を雇うかもしれない。理由は単純で、警察は彼らを簡単には捕まることができないし、彼らがアフリカ人の客を呼び込んでくれるかもしれないからだ。これは異民族同士の共鳴とは何ら関係がなく、すべて商売の実用性に関わっている。

長期にわたる異民族間交流は、たいてい商人と顧客の間で、または隣人の、あるいは近くの店の経営者の間で起こる。例えば、パキスタン人の携帯電話商人の多くは、年に六回、あるいはそれ以上会うかもしれないアフリカ人の顧客を数十人持ち、彼らに一度に数百台の電話を売っている。こうした顧客と商人は、ビジネス取引以外、お互いのことはほとんど知らないが、彼らのビジネスには欠かせない信頼関係を築き上げてきた――とは言うものの、ファハド・アリが語っていたように、これは騙されるという可能性を拭い去るものではない。

隣の店との関係に関しては、中国人の電子機器店のオーナーが、インド人の食料品店の店主、あるいはパキスタン人の携帯電話商人の隣にいるかもしれず、交流は避けられない。このような店が直接競合している場合、深刻な緊張を招くかもしれないが、相互の交流を深めることもあり得る。一日五回、礼拝のために近くの九龍モスクに行く南アジア人の衣類卸売業者のことを私は知っている――彼はモスクに行くときはいつも店を閉めず、通路を挟んで反対側にいる中国人の衣類卸売業者に、店を見ていてくれるように頼み、彼女は親切にもそうする。彼女が店を空けなければならないときは、彼が同じようにしてそのお返しをする。他方、私はインド人シークの携帯電話商人と、ほんの八フィート〔約二・四メートル〕離れた店にいるパキスタン人ムスリムのライバルとの間の長きにわたる、今にも爆発しそうな喧嘩について知っている。これは民族的敵対関係というより、商売上の競合のせいかもしれないが、民族に基づく侮蔑という根底にある要素は克服されないだろう――「お前たちは腕を八本持った神を信奉してるんだ!」と、ムスリムは（不正確にも）嘲笑ったそうだ。

ときには異民族間の交流が愛をもたらすこともある。香港系中国人女性と結婚している西アフリカ人の亡命希望者に、どうやって彼女と出会ったのか私は聞いてみた。彼はアフリカで日本の宗教、創価学会の信者になったそうだ。香港で創価学会の寺院に行き、信者仲間に会って結婚したと言う――日本では多くの人から軽蔑されている宗教が、西アフリカ人が亡命希望者たちの聖杯、香港人との結婚を手に入れることを可能にした。私はこうした類の物語を数多く耳にした。チョンキンマンションにある小さな宿泊所のロビーと言えそうな場所で、私は日本から来た若い女性と、ケニア出身のやがて彼女の夫となる人に会った。彼女の家族は、高級なペニンシュラ・ホテルで（彼は日本に入る査証を手に入れられなかった）彼に会うのを待っていて、二人は約束の時間になるまでそわそわして行ったり来たりしていた。もし家族が承認すれば二人は結婚することになる。（家族は承認し、二人はその後結婚した。一年後、女性は彼の元を去り日本に帰った。）

異民族間の交流は生涯にわたって続く。私の研究助手マギー・リンは、アフリカ人女性が彼女の生後七ヶ月の娘を引き連れて衣料品店に入り、香港系中国人の店主に数分間娘を預けて出ていくのを見た。近くのたくさんの商店主たちが立ち寄って、女の子と遊んだり、抱きしめたりした――みんなその子の名前を知っていた。中国人の店主は、気候も寒くなってきて、女の子の母親が彼女の資金のすべてを商品をアフリカの送るのに使ったことを知っていたので、この小さな女の子のためにビニール袋いっぱいの服を用意していた。私の研究助手のホセ・ロハスはチョンキンマンションを囲む裏通りで、二人の南アジア人の子どもが、一人はスクーター、もう一人は小さな自転車に乗って遊んでいるのに気がついた。ウィスキー・スタンドで飲んでいたアフリカ人の男性が、スクーターが置き去りにされているのを見て、冗談でそれを隠した。小さな男の子は当惑したようすだった。アフリカ人の男性が後ろから来て、子どもを腕に抱えて、スクーターのところへ連れていった。この二人はそれまで一度も会ったことはないし、言葉も交わさなかったが、子どもたちが戻って遊びを続けるまで、長いことお互いに笑い合っていた。

もっと悲劇的な話もある。私はガーナ人の友人たちと一緒に、重体の二〇代インドネシア人家政婦を訪ねて、病院へ行った。ガーナ人たちは彼女のどこが悪いのか――彼女は半身が麻痺し、目が見えない――と当惑していたが、チョンキンマンションのガーナ人のボーイフレンドがエイズで死んだので、診断は明らかであるように思えた。もっとも、香港系中国人の医者は、私が彼から情報を聞き出そうとしたとき、確認するのを拒んだ。ガーナ人たちは、彼女の容体を治療で安定させ、インドネシアで最期を迎えるために送り返されるまで、数週間にわたって毎日彼女を見舞った。彼らがそうしたのは、一つには彼女を古い友人として知っていたからであり（「彼女はかつて本当に美しかった！」）、もう一つには罪の意識からだ——彼女はエイズだった、そしてガーナ人が彼女にエイズをうつしたと、彼らは最後には認めざるをえなかった。

こうした例はすべて、民族の境界を越えた温かな人間的感情を物語っている。しかしながら、異民族間の交流は、より多くの場合、侮蔑の原因となっているかもしれない。私たちは、ジョニー・シンとファハド・アリの両人が、ときおり香港系中国人から人種差別されることにどれほど憤然としているかを見た。実際、私が知っているチョンキンマンションの香港系中国人の店主の無意識な人種偏見には、身がすくむ思いがする。広い意味において、チョンキンマンションのほとんどの人は、民族的レッテル貼りに関与している。南アジア人は私に、アフリカ人は「知能が低く、だまされやすい」と言う。アフリカ人は私に、南アジア人は「策略をめぐらしてばかりで、商売のことだけ考えている」と言う。インド人は私に、「パキスタン人は喧嘩早い」と言い、一方、東アフリカ人は「ナイジェリア人は決して信頼してはいけない」と言う——「もしナイジェリア人があなたの隣の部屋に滞在していることがわかったときには、部屋を変えなさい。そうしないと、あなたはナイジェリア人に魔術をかけられますよ。」

商売の体験に基づくレッテル貼りは、おそらくいくらかは正しいのかもしれない。パキスタン人の携帯電話商人はこう言った。「マリの人はだましやすい。でも、ナイジェリア人は——あの人たちは本当に頭がいい。彼らのせいで金を失うよ。」事業主の中国人妻はこう話す。「アメリカ人、カナダ人、それにヨーロッパ人は礼儀正しいですよ。でも、インド人やアフリカ人はだめ！」香港人の商店主は私にこう言う。「私はアフリカ人と取引するのは嫌いです。あの人たちはすごく喧嘩腰で難しい要求をしてくるんです。もっとも、なかには陽気なのもいますけどね。インド人も値切ってくるので嫌いですね。私はヨーロッパ人と日本人が好きです、なぜって私が提示した値段通り払ってくれますから。」チョンキンマンションで長い経験を持つ西アフリカ人の貿易業者はこう言った。「香港の人たちはアフリカ人が好きじゃないですよ。香港の人たちが何を考えているか分かりません。多分、いつも金のことでしょう。アフリカ人はお互いに助け合います。でも私たちはインド人とはあまり話しません。彼らは商売のことばかり考えていますよ。インドの人たちは黒人を恐れています……私はキリスト教の信者です。私たちはムスリムを恐れています、すぐ喧嘩をしますからね。彼らの考えはとても厳格です。」

レッテルは時に破られることがある。アフリカ人ムスリムの亡命希望者は、パキスタン人ムスリムにモスクで叱られた、と私に言った。「あんたはイスラム教について何も知らない！ あんたはただ食事のためだけにモスクに来てるんだろ*！」そこでアフリカ人ムスリムは、コーランのいくつもの節をパキスタン人に暗唱してみせた。驚くべきことに、アフリカ人は明らかにイスラム教についてパキスタン人よりもよく知っていた。私はチョンキンマンションの上の階のインド料理店で、四人のアフリカ人と食事をしたことがある。料理店のオーナーが店の名刺を配ったとき、私だけに手渡してアフリカ人たちのことは無視した。彼らはすぐに、自分たちにも名刺を渡すように、大声で苦情を言った――このオーナーはおそらく、二度とこの間違いは犯さないだろう。

大陸系中国人の宿泊所管理人は次のように言って、私を、そしてどうやら彼女自身をも驚かせたようだ。「私がいちばん好きなお客さんは西アフリカ人のムスリムです。あの人たちはとても正直です――絶対にだましたりしません――それにすごく親切です。日本人もそう。でも、私は一部の中国人は本当に嫌いです、すごく図々しいんです。」別の大陸系中国人の宿泊所オーナーは、アフリカ人の貿易業者は部屋を清潔に保つが、子ども連れの大陸系中国人は、子どもを甘やかして、なんでも子どもが好きなようにさせるので、彼女の経験では最悪だという。レッテル貼りは広くなされているが、少なくともいくつか事例では、経験のほうがものを言うようだ。

チョンキンマンションの人間関係は、いつも明白に友好的ではないにしても、一般に平和的である。世界中の、多かれ少なかれ戦闘状態にある社会（インド対パキスタンが特に頭に浮かぶ）出身の人々が、敵対心をもってチョンキンマンションにやってくる（ムスリムとキリスト教徒は両者とも、ヒンズー教徒とシーク教徒のように、チョンキンマンションに十分な数の代表者がいる）。しかし、自分の国にいればそうするかもしれないが、彼らはお互いに喧嘩などしない――あるいは、ときおり喧嘩をすることがあるとしても、金を稼ぐために努力しているチョンキンマンション的宇宙の中では、喧嘩はすぐに棚上げされる。パキスタン人がインド人に関して私にこう話した。「あの人たちは好きではありません。私の友達じゃない。でも、彼らが金を儲けるためにここにいるように、私も金を儲けるためにここにいるんです。喧嘩なんかしている余裕はありませんよ。」

チョンキンマンションは桃源郷ではないし、ときには喧嘩も起こる――他のグループに加わって、

＊　ラマダン（断食）の月の間、九龍モスクでは他の多くのモスクのように、日没の礼拝時に、日中の断食を終える人々のために無料で食事を提供する。

シーク教徒とムスリムの間、ムスリムとキリスト教徒の間、パキスタン人とアフリカ人の間、パキスタン人とインド人の間、そしてナイジェリア人と東アフリカ人の間——しかし、こうした喧嘩は比較的稀である。概して言えば、貿易業者や労働者の出身地社会の多くと比べて、チョンキンマンションはきわめて平和である。チョンキンマンションにおける一般的な心構えは、前の引用に見られるように、民族的宗教的な不調和は利益の追求にとって邪魔だというものだ[11]。私がチョンキンマンションでときおり耳にした語りは、インド人とアフリカ人がエレベーターで昇って行くときに喧嘩をしたが、二人が下りてくるときには、新しく見つけた友人のごとく、お互いに腕を組んでいた、というものだ。これは、実際に起こったことかもしれないし、起こっていないことかもしれないが、少なくとも、もっともらしく聞こえる。

チョンキンマンションでは異民族間の緊張感が比較的弱いのと同様に、階級をめぐる緊張感、金持ちと貧乏人との間の緊張感も弱い。金持ちと貧乏人の格差——オーナーと臨時雇いの労働者の間、大規模な実業家と零細貿易業者の間——はチョンキンマンションではとても大きいが、ほとんどの人は、これを不平等とは考えず人生の動かしがたい真実と見ている。ある若い不法労働者は私に、レストランのオーナーである彼のボスについて痛烈な不満を口にした。「私は毎日午前七時から午前二時まで働いて、月にたった三〇〇〇香港ドルの給料しかもらえないんですよ。ボスは何万香港ドル〔実際は、月に約四万香港ドル〕も稼いで、彼は来たいときにだけここに来るんです。」しかし、彼の夢は、ビジネスに参入し自分のレストランを開くことだそうだ。ちょうど彼のボスのように、今の彼自身と同じような若者を搾取して。

私の知っている亡命希望者は、彼の親戚の携帯電話販売店で働いていて、月二三〇〇香港ドルを稼いでいる。この店では、ひと月一〇万香港ドルの収益があり、そのほとんどすべてが親戚のもとへ行く。彼の夢はこの親戚から自由になり、自分で取引をし、彼自身大物の実業家になることだ。「携帯電話の大きな取引で、先月一〇万香港ドル稼いだ亡命希望者を知っています」彼は私に言う、「それが私のやりたいことなんです！」と。

したがって、チョンキンマンションの構造そのものは、その不平等もすべて含めて疑問視されてはおらず、特定の他者と比べた自分の構造内での位置づけだけが問題になる。これはなぜなのか。一つの理由は、チョンキンマンションにやってきた人々は、亡命希望者の場合のように迫害されて逃げてきたとしても、香港まで飛んでくるだけの十分な資金があったことだ。これは彼らの国のほとんどの同胞にとっては不可能なことである。このことは彼らが自国の社会においてエリート層に属することを明らかにしている。彼らは香港では虐げられた地位に耐えなくてはならないかもしれないが、チョンキンマンションは基本的に、その最低の位置にいる人たちさえも含めて「第三世界の成功者のクラブ」である。

チョンキンマンションの貧しい人たちが金持ちになることはほとんどありえないし、不法労働者はおそらく決して香港の住民資格を手に入れたり、あるいは十分な資金を調達して企業家になることもないだろう。難民申請者はおそらく、香港の九〇％以上の亡命希望者がそうであるように、申請を却下されるだろう。しかし、くりかえすが、貧しい人も豊かな人も同様に、チョンキンマンションの基本的な前提、資本主義の前提を受け入れている。この意味で、チョンキンマンションは実際、香港や中国のどの場所とも、あるいは今日のほとんどの資本主義社会と何ら変わりはない。チョンキンマンションにやってくる——それは、他の場所と同じ貧困と豊かさの間の巨大な隔たりを特徴としている。違うのはより可視化されているということだけである——顔のない企業による搾取の代わりに、チョンキンマンションは、個人の企業家による搾取を可能にし、彼らが搾取している人々が、自分たちを搾取している彼らの顔をよく知っている。しかしながら、搾取されている人々は一般に、抑圧者に反抗することではなく、彼らを模倣することを求めている。

というわけで、これがチョンキンマンションにいる人々の交流の全貌である。私は本書の最初の二つの章で、場所としてのチョンキンマンションと、その建物の中にいる異なる集団の人々について検討した。この後に続く二つの章で、チョンキンマンションを流通する商品と、チョンキンマンションを束縛している法律網について詳しく考察した後、本書の最後の章で、この建物とそこにいる人々の、より大きな意味について考えることにしたい。

第3章 商品

チョンキンマンション内の商品の通過

チョンキンマンションは、その通路を商品が流通しなければ、低価格のグローバリゼーションの中心として存在することはなかった。ここは今日、中国からの商品をアフリカや南アジア、その他のあらゆる開発途上世界へ売買し、運搬できる場所として機能している。こうした商品はどのように循環しているのだろうか。この商品を売り買いしている商人や貿易業者は誰なのか。そして彼らはどのような取引をしているのか。

チョンキンマンションの貿易業者たちは、第1章で論じたように、低価格のグローバリゼーションを体現している。すなわち、大企業の取引を通してではなく、むしろ、主にお互いの信頼関係のもとに取引し、高度なリスクを負いながら仕事をし、しばしば商品を自分自身で地球を横断して運ぶ個人たちによって発生するグローバリゼーションである。こういう形の行商は新しくもないし、前例のないことでもない――例えば、カリブ海のハイチやその他の地域における「インフォーマルな輸入商人」やパラグアイのシウダッド＝デルエステの路上企業家、パリのコンゴ人貿易業者やニューヨークのアフリカ人露店商人が考えられる。[1] しかしながら、これほど密集した場所にこれほど巨大な規模で活動している点において、前例がないかもしれない。

チョンキンマンションにおける商取引の規模を、正確に知ることは不可能である。私の大まかな計算では、二〇〇七年と二〇〇八年の売り上げから判断して、最近サハラ砂漠以南のアフリカで使

われている携帯電話の二〇%あまりは、チョンキンマンションで売られたものだ。確立した携帯電話販売店は月に二万から三万台、小さな店は五〇〇から一万台と、月によってかなり変化する売り上げを一年間にわたって平均すると、ひと月に一万五〇〇〇から二万台の電話を売ったことになる、と聞いた。従業員がこっそり私に教えてくれた数字があるが——チョンキンマンション内の携帯電話店同士の激しい競合を考えると、売り上げの数字は秘密情報である——、それは理にかなっているようだ。二〇〇七年から二〇〇八年にかけて、チョンキンマンションにはおよそ九〇の携帯電話店があった。もし一万八〇〇〇台が平均的売り上げの数字だとすれば、チョンキンマンションでは月に一六二万台、年に一九四〇万台の電話が売れたことになる。二〇〇七年、サハラ砂漠以南のアフリカでは、一億二六〇

〇万の携帯電話の加入があり、多くの個人は複数契約入している。[2] これにより、二〇%という推定はおおよそ妥当のように思われる。

携帯電話の貿易業者たちは私に、その見積もりはどちらかといえば低すぎると言った。さらには、チョンキンマンションを経由して、南中国からアフリカやその他へ向かう携帯電話や、貿易業者が輸送の手はずを整えるまで、チョンキンマンションの中や周辺の倉庫で保管される電話の流れがある。もしこういう電話も含めるなら、チョンキンマンションを経由してサハラ砂漠以南のアフリカへ行く携帯電話の数は、ずっと多くなるだろう。概して言えば、チョンキンマンションを経由する電話機の売買は、開発途上世界における携帯電話経済の重要な部分である。*

チョンキンマンションで取引される商品のうち、衣類や時計などの他の商品が占める割合は決してわずかというわけではないものの、ずっと少ないのは疑いない。しかしながら、衣類、時計、電子機器の売買についての情報は、携帯電話に関する情報よりもさらにもっと入手しにくい。高度に隠された記録を持つ小さな南中国の工場を含めて、こうした商品の生産地の多様性を考えれば、こうした情報が知られるようになることはまずない。チョンキンマンションは発展途上世界経済の重要な結節点であるが、それが具体的にどれほどのものであるのかは誰にも分からない。

世界中で、政府の統制の届かないところで途方もないまでの商品が流通しており、世界の港を通過する商品のうち検査されているのは五%にすぎない。[3] 開発途上世界における、商品流通に対する政府の統制の欠如は、経済を完全に統制する能力が欠けていることによる。国家は統制することを求めているが、できない——市民は簡単に統制を回避することができるのだから、国家の有効範囲が実際に力の及ぶ範囲を超えているということだ。香港がこのような状況なのは、部分的には、国家が単にそれを統制できないからではなく、しないからである。

ヘリテージ・ファンデーションや『ウォール・ストリートジャーナル』は、香港を、常に世界で最も自由な経済、すなわち国家官僚の拘束に最も縛られていない経済だと評価している。[4]香港経済の自由はある程度神話的である。実際のところ、デベロッパーや大資本家が政府の政策に法外な影響力を持っている。[5]それにもかかわらず、経済的自由は長い間香港における支配的なイデオロギーであった。[6]政府は多くの分野において部分的な経済統制しているが——例えば、露店商人の調整や、[7]大規模なコピー商品生産の取り締まりなど——概して、香港政府は、自由競争主義と新自由主義、すなわち政府は道を空けて、市場の自由裁量に任せるべきだという原則を体現していると言える。

前時代的な言い方をするならば、香港は二つの第三世界の経済ブロック——すなわちアフリカと、急速に発展してはいるもののいまだ経済活動における完全な法の支配が欠けている中国——の間にある第一世界の島である。チョンキンマンションは、今度は逆に、それが位置している社会の、第

＊　サハラ砂漠以南のアフリカのほとんどでは、固定電話網は悲惨な状態にあるので、電話カードは固定電話ではなく、代わりに、携帯電話で使われる傾向がある。多くのアフリカ人は、電話を使う必要があるときは、いまだに地元の電話ボックスに行く。しかし、その高額料金のため、携帯電話を所有する方が、長い目で見てより経済的である。これが、アフリカで強く携帯電話が望まれている理由の一つである。二〇〇九年、地球経済不況のせいで、私が入手した、チョンキンマンション内の携帯電話店の月間売上高は著しく低かった。二〇〇九年後半には、平均的な電話店はひと月に一万台弱の携帯電話を売ったと聞いた。

一世界的な新自由主義が可能にする、第三世界的なインフォーマル経済を体現している。

商品を売る

私は第1章で、宿泊所やレストランなどの商売が、チョンキンマンション内でどのように経営されているかを検討した。この節では、商品を売る商売について具体的に考察する。チョンキンマンション内の商店では数多くの異なる種類の商品を売っていて、個々の商店にはその店特有の商売のやり方がある。地上階にある土産物店は、電子機器類の小売店や旅行かばん店にもあてはまることだが、数分あるいは数時間おきに商品を売らなければならない——彼らは客の流れが途絶えないことに支えられている。他方、携帯電話や衣類の卸売業者はずっと少ない数の顧客に頼っているが——毎週数百のスーツや電話を買ってくれる客が一二、三人いれば、家賃を払うのに十分な利益を得ることができる——、もしこれらの顧客が数週間姿を見せなければ、それは破産を意味するかもしれない。ある携帯電話の卸売店のオーナーは私にこう話した。「一日に二五人から三〇人の客が来て、値段やモデルについて質問するかもしれません。でももし一日に一つでも取引があれば、私は儲かりますよ。」私はここでは商品を卸売りしている店に焦点を合わせる。なぜならそれが、開発途上世界貿易の結節点としての、チョンキンマンションにおいて大きな意味をもっているからだ。

これらの所有者たちは、なぜチョンキンマンションに店を構えることにしたのだろう。第2章で論じたように、一部の人たち、特に南アジア人にとって、チョンキンマンションは香港で心地よく生活し働ける数少ない場所の一つのように見えるからかもしれない。香港の在住資格を持つパキスタン人はチョンキンマンションの二階に携帯電話販売店を開いて、競合相手であり、また友人でも知人でもあるかもしれない仲間のパキスタン人たちと一緒にくつろぐことができる。香港の他のどんなビジネス環境でも、彼はくつろげないだろう。一つにはこうした理由から、パキスタン人が携帯電話貿易を圧倒的に支配しており、二〇〇八年現在、チョンキンマンションの携帯電話販売店のおよそ八〇%はパキスタン人が経営している――しかしながら、この割合はその後、大陸系中国人の到来に伴って、いくらか低下している。

他の人たちは、彼らの商売上の興味を考えればもっともな理由で、チョンキンマンションにたどり着く。何人かの大陸系中国人の衣料品店オーナーは、中国に自分の衣料品工場を持っているし、他の人たちはアフリカ人の買い手が好む低価格の衣類――ヨーロッパ・アメリカの市場では人気のない、比較的に安い製品――を製造する中国大陸の工場と家族的な関係にある。これらの商人は、買い手が中国大陸とは対照的に香港の商店に与えるかもしれない高い地位と信頼ゆえに、そして香港のどこにもないような、建物に出入りする開発途上世界の潜在的顧客の流れゆえに、チョンキンマンションにやってきた。

さらに他の人たちは、単に香港の他のどこと比べても家賃が安いという理由でチョンキンマンションにたどり着く。彼らの商売はチョンキンマンションの支配的なビジネス傾向とはほとんど関係がないこともある。私は、チョンキンマンションの上層階に事務所があるオパール業者にインタビューしたことがある。彼はオーストラリアからオパールを受け取り、中国の深圳（シェンジェン）

へ送り、そこでオパールは磨かれ、さまざまなはめ込み台に入れられる。オパールはそれから香港の彼の事務所へ送り返され、オーストラリアに出荷され、旅行者に買われる。これらの旅行者は、最も典型的には大陸系中国人だが、オパールはオーストラリア産なので、オーストラリアで完成したオパールを買いたがる。しかしながら、オーストラリアの人件費は高く中国の人件費は低いので、皮肉なことに、これらの旅行者たちはこの男性のビジネス（や、少なくともそのうちの数人はチョンキンマンションにいる、彼のような他の多くの人たちのビジネス）のおかげで、中国人が加工したオパールをオーストラリアで買うことになる。彼はチョンキンマンションにあわせて二四年間いる。家賃さえ考慮しなければ、彼のビジネスは香港のどこに位置していても構わない。彼のオーストラリア人卸売の買い手は、チョンキンマンションがどんな意味をもつのか分からないかもしれない。彼は従業員を、人ごみを縫って彼のチョンキンマンションの事務所まで案内すべく、彼らが宿泊している近くの瀟洒なホテルに迎えにやる。

さまざまな種類の小売商品を販売している商店には、それぞれ異なる商売のやり方がある。卸しで買えば、しばしば一点わずか一USドルもしない、明らかに低価格の時計を売っている一五軒ほどの時計店がある。チョンキンマンションの外には、特に買ってくれそうな白人の通行人に「偽物の時計？」とささやくたくさんの時計の販売人がいる――例えば、偽物のロレックスなら本物の値段のほんのわずか、四〇〇香港ドルから八〇〇香港ドルで売られている。しかしこうした販売人はチョンキンマンションではなく、近くの建物の中にある比較的ひと気のない店とつながっている。チョンキンマンションにおける腕時計の取り引きは、数百、数千点という単位での卸売が大部分を占めている。

また、三〇軒ほどの衣料品店もある。前述のように、これらの商店の多くは中国大陸の工場と密接な関係を持っている。これはまた往々にして時計や携帯電話に関しても言えることだが、とりわけ衣料品にあてはまるようだ。ブランド物の商品を扱う衣料品商人は、粗雑な縫製などの欠陥があるもの、前のシーズンの倉庫入りした衣服、あるいはサンプル品、売れ残りや他国で税関を通らなかった製品など、工場が拒絶したものを売る傾向にある。ときに、これらの商品がたどる道には驚くべきものがある。例えば、一着の服は、アメリカやイギリスの大きなデパートが発注をかけるところから始まるかもしれない。服地や素材はバングラデシュなどの国々から来て、衣服は中国やマレーシアで製造される。完成した製品はアメリカやイギリスに送られ、そこで拒絶されたり、特価で売られたりした後、香港に売り戻され、そこでアフリカ人の貿易業者に買われる。

香港の衣料品販売人にとって最大の問題は、南中国との境界ごしの競合である。チョンキンマンションでの共通見解は、電子機器や携帯電話と違って、商品がどのように梱包されているかさえ注意しておけば、中国本土で生産された衣類は信頼に値

するというものだ。競争相手はまた香港の労働者階級の地域、深水埗（シャムシュイポ）からもやってくる。ここはチョンキンマンションの約二マイル〔約三・二キロメートル〕北にある、卸売の商品を専門にしている地域で、倉庫を所有する多くの衣類業者が、特にアフリカ市場に好まれる衣類を提供している。こうした店の多くは、ちょうど境界を越えたところにある中国の工場の直販店である。そこでの取引は往々にしてチョンキンマンションでの取引よりもいい、とアフリカ人の貿易業者は私に話した――彼らはチョンキンマンションに滞在するが、そこではあまり買わない。私の知っているチョンキンマンションの衣料品商人は、そのように困難な状況で金儲けをする厳しさに、ときどき憂鬱でいっぱいになる。

　チョンキンマンションで最もありふれているのは携帯電話販売店で、現在全部で一〇〇軒ほどある。これらの店はまた、彼らが売っている商品が多種多様であるという点で、最も複雑である。店にはしばしばその店特有の専門品がある――G-Tide や Orion などの中国製ブランドの携帯電話、中国製のノーブランドの携帯電話、「Sory-Ericssen」のように、ブランド物を模倣した安物の中国製の電話（ノック・オフ）、ヨーロッパや韓国、アメリカのブランド携帯電話の本物そっくりの中国製のコピー商品*、ヨーロッパブランドのもので、最初の所有者により返却され、倉庫に眠っていたものが、最終的に香港、チョンキンマンションに送られ、開発途上世界の買い手に売られた、一四日電話、あるいは、中古電話**。

　あらゆる電話店が、多種多様な携帯電話を扱っているかもしれない。地上階の電話店では、たいてい中古の携帯電話――元の包装がない電話――をガラスの陳列ケースの一番下に置き、見分けのつかない買い手には新品として通るかもしれない一四日電話は、ガラスの陳列台の中の、もう少し上のいい場所に並べられているかもしれない。一番上の陳列台には、中国製の新しい携帯電話とヨーロッパや韓国の携帯電話の中国製コピーが置いてあるかもしれない。こうして異なる種類の電話機が一軒の電話店内で手に入るかもしれないが、間もなく論じるように、買い手は、だまされるのを避けるには具体的に自分は何が欲しいのか知っていたほうがいい。

概して言えば、私たちがチョンキンマンションで目にしているのは、開発途上世界に売却された先進世界の繁栄の古着、あるいはコピー商品である。このことの究極的な意味については、後ほど検討する。ここでは、チョンキンマンション内の卸売業者たちはまったくもって、自分たちの役割は顧客が欲するものを提供してすることであり、それ以上でもそれ以下でもないと私に断言した、とだけ示唆しておこう。もし顧客が新品に見えるぴかぴかの商品を望むなら、彼らはそれを提供するだろう。もし顧客がコピー商品を望むなら、彼らはそれを提供するだろう。もし顧客が安い、粗

＊　ほとんどの解説者は、「コピー」と「ノック・オフ」という用語を同義語として使っている。本書で私はこれらの用語を区別している。私の使い方では、コピーは、オリジナルと区別がつかないように製造され、ノック・オフは、ある程度の法的保護を得るために、オリジナルとまったく同じではないように、例えば、ブランド名の一文字を変えるなどの小さな違いをつけている。

＊＊　なぜこれらの一四日電話は、アフリカに直接出荷されるのではなく、卸売されるために、わざわざ香港に送られるのだろうか。私はすべてを知っているわけではない。しかし、多くの貿易業者は、一四日電話と一緒に、中国製のコピー、中国製ブランドの電話など、いくつもの種類の携帯電話を一緒にして購入するので、香港はアフリカ人貿易業者が電話を購入するには最良の場所であり続けている。

末な商品を望むなら、彼らはそれを提供するだろう。彼らは、自分たちの商売を可能にしている卸売の買い手を満足させようと試みている。大きな利益を得るのに十分なだけ買い手に請求する一方で、より大きな問題については何も質問しない。というのは、めまぐるしく変化するチョンキンマンションの市場で続けていくことができるのか、彼らには心配することが多いからだ。何人の貿易業者が、麻薬や武器の売買で稼いだ金を洗浄するために、携帯電話を買っているだろうか。ある程度、こうしたことは間違いなく存在するが、私の知っている商人たちは何も質問せず、ただ売るだけだ。もし「不浄な金」を広い意味の「フォーマル経済の外で生じる」金と定義するなら、チョンキンマンションで所有者が変わる金の多くは「不浄」と言うことになるが、買い手も売り手も疑いなくそれを「不浄」とは見ていない。[8]

これらの商人は明らかにローカルな勢力に左右される——もし隣に、倉庫と特にいい卸売業者を揃えた新しい店舗ができれば、彼の店はたちまち廃業に追いやられることになるかもしれない。彼らはまたグローバルな権力にも左右されている。もし中国があるアフリカの国々に対して入国政策を厳しくすれば、香港市場が繁栄することにつながるかもしれない。もし中国市場への立ち入りが禁止になれば、企業家たちは香港で商品を仕入れなければならず、チョンキンマンションの一部の店は、思いがけない拾いものをすることになるからだ。他方、香港が入境政策を厳しくすれば、反対のことが起こるかもしれない。一〇〇香港ドルに対し一〇六だった中国元が九八まで下がった二〇〇八年に起こったように、為替レートが変われば、これもまた大きな影響を及ぼすかもしれない。二〇〇八年と二〇〇九年に起こったように、もしUSドルがアフリカ諸国でそう簡単に流通しなくなれば、地元の商売は閉鎖され、多くの貿易業者はただ祖国に留まるばかりになるかもしれない。二〇〇八年の石油価格の下落は、ナイジェリアの堅い外貨の流れに大きな影響をもたらし、ナイジェリアの通貨ナイラの価値がたったひと月の間に、一USドル一一八から一USドル一六八に変わった。ナイジェリア人の貿易業者たちは来なくなり、チョンキンマンションの一部の商人たちは大いに苦しんだ。チョンキンマンションでは、ローカルなことは明確にグローバルなことであり、遠く離れたところで起きた出来事が、ときには何らかの仕方で商売に大きな影響を与える。それと同時に、グローバルなことは明確にローカルなことでもある。

買い手につけこむ

チョンキンマンションで商品を卸売りする商店は、常に葛藤を抱えている。新規顧客を開拓するためには、商店は取引上それなりに誠実でなければならない——つけこまれたと感じた顧客は、二度と戻ってこないからだ。他方、とりわけ無知な顧客は簡単にだまして大きな利益を得ることができるので、誘惑に逆らいがたい。アフリカ人の電話の買い手は私にこう話した。

チョンキンマンションで売っている携帯電話——外側はよく見えます、ソニーとかのブランド品。でもその多くは、電話の中身はゴミですよ……どこがいい店でどこが悪い店かわかるようになります——悪い店だと、あなたがそこから買った後で、あなたの客が、五、六ヶ月後に電話が壊れて、戻ってきて文句を言うでしょう……チョンキンマンションにある携帯電話店の八〇%はいつの日か客をだますと思いますよ。

私がこのコメントを見せたとき（本章をチョンキンマンションの商人たち数人に読んで批評してもらった）、携帯電話店のオーナーたちは声を大にしてこれを否定した。その中の一人に言わせると、

携帯電話の売り手は客をだませませんよ。こういう貿易業者たちは自分たちが何を買っているかを分かっているんです。誰もだましていませんよ！　アフリカ人は馬鹿じゃないです！　もし貿易業者がここ香港で私から携帯電話を五〇〇台買うとすると、私たちは保証書を渡すんです――私たちは五〇〇台の電話に責任があるんですよ。私は貿易業者に、個々の電話一台一台を調べるように頼みますよ。何か問題があれば、それを引き取ります。

これらの商人は、右に引用した貿易業者は何も知らないし、自分が買った電話を十分に調べていない、おそらく怠け者だと示唆した。

しかしながら、携帯電話販売店は実にさまざまな戦略をとる傾向にある。二〇〇七年にパキスタン人の電話商人が私にこう話した。「電話の外装を替えるんです。リファブ〔整備再生〕するんですよ。それから、それを新品の電話であるかのように売ります。あなたには分からないでしょうね。でも私たちは知っています。*」どれくらいの頻度で買い手は騙されるのだろうか。チョンキンマン

ションでの携帯電話の小売売買では、「おそらく五〇％の売買で、より高い値段を要求して買い手をだましていますね。でも、卸売りでは、五％以下ですよ。あの人たちは賢いですよ！　よく知ってるんです！」と私は聞いている。この電話業者はこう続けた。「相手の国によりますね。例えば、タンザニア人はまだかなり遅れていますけど、ナイジェリアの人たちはずっと先に進んでます。三〇香港ドルで買い入れたカメラ付き携帯電話をタンザニア人には三〇〇香港ドルで売るんです。ナイジェリアの人たちが知っている技術をあの人たちは知らないんです。」彼が言っているのは、その国の消費者が技術的な知識を多く持っていれば、実業家がだまされることもより少ない、なぜならその実業家はその知識を香港に運んでくるからだということだ。

経営者が店を所有しているとき、あるいは不在の家主から店を借りているとき、稼いだ金は直接経営者のものになるので、客をだます動機ははっきりしているかもしれないが、店員一人だけで店番をしているときにも、ごまかしは起こるかもしれない。中国製の新品とコピーの携帯電話を売っている店で働くパキスタン人の若い男性の話では、彼の主人は、販売可能な最低価格を載せた電話のリストを彼に渡したそうだ。その価格より高く売れば、利益のすべては彼のものになり、それを誰から問われることもない。彼は私にこう話した。「いいですか、私はムスリムですよ。誰もだま

＊　二〇〇八年までに、リファブ（整備再生）――一四日電話の外装を替え、さらに電話の母板の配線を取り替える――はより精巧になっているので、この商人が描写した欺瞞はそれほどひどいものではなくなった。より広く、携帯電話市場はこうして急速に進化しているので、チョンキンマンションの商人たちがある時期にとった戦略は、一年後には完全に放棄されるかもしれない。したがって、ここ数ページの私の討論も必然的に古いものとなる。

したくないですよ。だって、私は神の前にいるんですから。」しかし、それでも、より多くの利益を自分のものにできるように、彼はいつも顧客に少し高めの価格を請求している。

彼はまた、値段が高すぎれば、客はみんな他の店に行ってしまうことに気づいた。このことから彼が得た教訓は、「人をだまして金を儲けることはできるが、だませる人はほんのわずかしかいない。あまりに高く請求したら、客は一人もいなくなる」ということだ。チョンキンマンションの世界では、携帯電話には――例えば、この建物の中で売られるコンピュータとは違って――値札が付いていない。これは市場が常に変動しているからだ、と私は聞いている。これはまた疑いなく、値札がないおかげで、買い手の知識に合わせて値段を変えられるからだ。

コピー商品

ここまでに論じた「ごまかし」は一般に、コピー商品を本物と主張するというより、商品の価格や品質を偽って提示することであるが、あらゆる商品の偽物がチョンキンマンション内の店で幅広く手に入る。まず腕時計に目をやると、オリジナルの時計、コピーの時計、ノック・オフの時計がある――例えば、チョンキンマンションで私が一〇香港ドルで買ったノック・オフの「Seciko」時計は、それがまねている「Seiko」時計の五〇分の一よりも安い。東アフリカのビジネスコラム担当者が一〇年前こう記している「一体全体、どうやって「Citizien」の時計と高品質のCitizenを区別できるんだ――「Smatch」とSwiss Swatchあるいは「Sekico」とSeiko?」[9]

数人のアフリカ人貿易業者は、近しい親戚や税関役人のためには、本物の時計を買っていると私に話した。しかし、彼らの顧客は誰一人としてセイコーやシチズンのようなオリジナル・ブランドを買えるだけの金を持ち合わせていないので、本物の時計を調達する意味はない。貿易業者たちは皆、これらの時計を本物として提示するのではないが、彼らの顧客たちは本物とコピー商品をほとんど見分けることができないので、この議論には意味がないと主張した。顧客たちは、これらのコピー製品が模倣しているブランドを聞いたことがないかもしれない——彼らは単に安い時計が欲しく、売り手はこれらの時計を安く売っている。

衣類は別の問題である。チョンキンマンションのどんな貿易業者でも、簡単にコピーの服を作ってもらえるそうだ。ある貿易業者は言う。「もしアルマーニのジャケットのコピーが一〇〇〇着欲しいなら、彼らは何の問題もなく提供してくれますよ。彼らの中国の工場に電話すればいいだけです。」たいていは、ラベルは偽造できてもデザインや技術は偽造できない。これらの店が売る商品は、ラベルは同じかもしれないが、高級ブランドで売られている商品とは明白に違うので、こうした店の経営者は訴えられることをあまり心配していない。それにもかかわらず、多くの商店は、知的財産の問題を特に懸念しているとされる白人には売ろうとはしない。私が会った数人の西アフリカ人貿易業者たちはきまって、中国の衣類直販店でデザインされた目立つ服を、広告として着ている。彼らが着ているもののデザインは、市場に出ている他のアフリカ人の服のコピーである可能性はあるが、世界的なブランドのコピーではないので、そっくりまねしても訴訟沙汰にならずに済んでいる。

携帯電話市場ではコピーはもっと重要な問題である。腕時計や衣服のように、店員が貿易業者に本物と偽ってコピー電話を売る、ということはほとんどない。携帯電話の卸売業者と買い手の交渉では、携帯電話は決して「偽物」とは呼ばれず、卸売りされる場合、一般にそれは「コピー」でさえなく「中国製」と言われる。問題の電話がノキアやサムソンあるいはソニー・エリクソンの場合、言外の意味は明らかである。*私は何度も、携帯電話商人があるモデルをより高い卸値、例えば一台五〇〇香港ドルと提示し、そして、買い手が興味を示さないという場面を見た。「一台二〇〇香港ドルでどうですか?」この突然の値下げは、本物とコピーの間の変動を反映している——買い手と売り手はたいてい具体的に何も言わないが、両者はこの急激な価格の下落で、この線を越えたことを知っている。

これらのコピー携帯電話は必ずしもガラクタというわけではない——何年も動作するものもあるし、もしB級やC級の偽物でなく、A級の偽物であれば、本物の電話と同じくらい長く使えるかもしれない。これら格付けの異なる偽物の電話は、どれも携帯電話販売店で手に入るだろう。店は領収書を書くときに、こうした特定のコピー品が彼らの店から流通していると判明しないように、電話のブランド名を書くのを避けるべきだということを知っている。

私は時折、店の経営者たちが次のように言うのを聞いた。「とんでもない！　うちの店では絶対コピー電話なんて売りませんよ。でも、あそこの店——あの人たちが売っているのは全部コピーですよ！」しかしながら、二〇〇七年、多くの店のショーケースには中国製の新型の携帯電話が並べられていたという事実にもかかわらず、売られた電話の多くはノキア、サムソン、そしてアイフォンのコピーであった。ある店員は私に、彼のボスは中国人には売らないように彼に警告したと言ったし、一部の店は、警察の潜入捜査を恐れて白人にも売らない（香港警察は圧倒的多数の中国人、少数の南アジア人とイギリス人から成る）。例外は、見るからにロシアやウクライナ、あるいはコピーの携帯電話が市場に出回っている、他の貧しい国々から来た人たちである。「誰も直接警察を恐れているわけではありません、あんまりまわってこないですから。でも気をつけるに越したことはないですからね」と私は言われた。

二〇〇九年に税関間接税警察がチョンキンマンション内の多くの携帯電話販売店に、文字通り、「コピー商品を売らないでください」と書いたビラを配った。これが最終的に実施される大規模な警察の手入れの前兆なのか、単におだやかな忠告なのか、電話店の経営者たちには判然としなかった（私はその一年後にこれを書いているので、後者が答えだったようだ）。警察と裁判所は主にコピー電話を販売していた、少なくとも二軒の店舗を起訴した。チョンキンマンション内の噂では、コピー電話をショーウィンドウに並べたり、数百台を在庫したり、あるいは他の方法で手に入るようにしても構わないが、それが目に余るほど大量であってはいけないそうだ。二〇〇九年後半に、ノキアの代理人は、彼らが雇った潜入捜査官が突き止めた、ノキアのコピー品を売っているチョンキンマンション内の二一軒の店舗に対して、訴訟手続きを開始した。しかし、チョンキンマンションのいく

＊　皮肉にも、ノキアは他のブランドに交じって、中国で電話を製造している。しかし、チョンキンマンションにおいて「中国製のノキア」はコピーを意味している。

つかの店舗の意見は、ほとんどの電話店は調査に関わっている調査員たちを疑っており、ほとんど何も供述していないので、彼らの証拠は弱いというものだった。

一部の携帯電話はノック・オフ（この言葉の私の用法では）で、「Nokla」や「Sory Ericssen」のように、本物とはわずかに異なる名前がついていて、起訴されることをある程度の防いでくれる。ある店の経営者が私にこう話した。「ええ、著作権の問題を避けるために中国で作られたNokla N-95がありますよ。でもあのNokla はNokia N-95の精巧なコピーなんですよ。文字が変えてあるだけなんです。」その他はブランド名までもコピーで、訓練された目でないかぎり、名前からも外観からも本物と見分けがつかない。携帯電話の貿易業者は、自分は一度もだまされたことがない、と私に言う。

電話がコピーだというのは、その外装、箱、付属品でわかります。私に携帯電話を見せてくたら、それがコピーかどうか、一秒足らずであなたに言えますよ。重さでわかるんです――コピーは本物より軽いんです。それから、外装、付属品、取扱説明書――ある一定の量の相違があります。本物は、説明書に登録用のウェブサイトを載せていますが、コピー品はそれをしていません。本物の携帯電話は、箱にウェブサイトが記載されているかもしれませんが、コピーにはないです。ID番号もあります。コピー品もこの情報を提供しているかもしれませんが、その番号は偽物です。電話で製造者にID番号を問い合わせて調べてみればわかります。

このように、本物とコピーを見分けるとても簡単な方法の一つは重さである。例えば、コピーのノキアは、中国での製造過程で使われる材料のせいで、本物のノキアより四〇％軽い。しかしながら、二〇〇九年までに、中国の電話製造業者の一部はもっと精巧になりつつある——今ではもっと重い携帯電話を作る製造業者もあって、この点においてはこれらの電話はヨーロッパ製の本物と区別がつかない。重さ以外にも、ＳＩＭカードの上にある会社コードを調べることができ、たいていは刻まれた文字の質によって、電話がコピーかそうでないかが分かる。文字のほかに、どれが中国製でどれがそうでないかは、電話を開けて母板を見てみればわかる。もし中国製ならば、はっきりと異なる特徴がみられる。

価格だけでは、本物の携帯電話をコピー品と区別することはできない。例えば、二〇〇〇香港ドルの電話は本物で五〇〇香港ドルの電話は偽物、あるいは四五〇香港ドルの電話は本物で一五〇香港ドルの電話は偽物、というわけではない。むしろ、あらゆる価格帯のものがある。基本的には中国製のコピー品は、ヨーロッパ製、韓国製、日本製の電話よりずっと安い。しかしかなり古いモデルで、たった一五〇香港ドルで買える本物の電話もあるし、もっとずっと高い値段で売れるかもしれないコピー電話もある——これはすべて、コピーされているモデルとコピーの質によるものだ。本物の携帯電話とコピー品にだけに焦点を絞るなら、いささか事実をゆがめることになる。私たちが見てきたように、概して、携帯電話販売店は複雑に並べられた異なる種類の電話を扱っている。

二〇〇八年までに、自分自身のブランド名を持つ中国製電話がますます際立ってきた——コピー品あるいは中古携帯電話の市場は、品質が向上してきた新品の中国製携帯電話、中国ブランドの携帯電話の市場に比べて縮小してきた。しかしながら、二〇〇九年までに、また新たな変化があった。中国ブランドの新しい電話は、特にバッテリーに関して現行の中国製品の耐久性の問題のせいで、ある程度、一四日電話に道を譲った。二〇〇九年の秋に商人たちが私に語った概算によれば、現在チョンキンマンションで売られる携帯電話の六〇%は一四日電話で、残りのほとんどは中国ブランドの新品の携帯電話ということだそうだ。このことは、コピー品の需要が減って、電話の売り手をますます「合法的」にするという効果を生んだ。*

製造業者たちと仲買人たち

チョンキンマンションの卸売商店は、自分の店を開業するためにチョンキンマンションにやってくる中国の製造業者たちにとって代わられたり、あるいは、より安い価格で商品を買うために自分自身で中国に出かけていく顧客に見捨てられる脅威の下にある。中国の商品——特に携帯電話と電子機器——は品質が悪いという評判がある。しかし、中国製の電話は改良されてきているし、大陸で貿易業者が利用できる設備も同様である。概して言えば、チョンキンマンションの商店にとって、中国は商品の供給源であるとともに、明らかな脅威でもある。チョンキンマンションの卸売業者はその両者の結節点である——彼らが売っている物のほとんどは中国で作られ、世界中に広がっていく。したがって、チョンキンマンションは香港自身が長い間演じてきたのと同じ役割——中国と世界の間にある物資集散地——を演じているが、多くの商人たちは商売がますます難しくなっていると不平を漏らしている。

商人たちは文句言うのが好きだ。だが、チョンキンマンションで卸売商品を売っている店舗の多くは、事実、中国からの圧力によって難しい状況に直面している。チョンキンマンションの香港系中国人の女性実業家はこう話す。「中国大陸と世界の他の国々の間にある、商品のわずかな値段の違いで稼ごうとしているだけの小中規模の輸出会社に未来はありませんよ。大きな会社だけが生き残るんです」と。チョンキンマンションが、中国大陸と外国の実業家の間の仲買人である余地は、ちょうどこの先の香港全体がそうであるように、急速に狭まっていると彼女は信じていた。

香港系中国人の衣類商人は言う。「中国はかなり発展したので、衣類産業にはもうほとんど香港のための余地は残されていません。中国の衣料産業はすでに世界クラスですよ。」第2章のジョニー・シンの考えを反映して、パキスタン人の携帯電話販売店経営者は、新しい査証規制によって、商売を始める中国人は香港に留まることができるようになったので、チョンキンマンションそのものがますます中国化していくだろうと示唆した――「中国人は自分たちの工場から直接電話を持ってきて、私たちよりもっと安く売ることができます。パキスタン人〔の仲買人〕なんていらなくな

＊ コピーがいまだにはびこっている唯一の電話の部品はバッテリーである。本物のバッテリーはとても高価なので、多くの電話店では、一四日電話のバッテリーを中国製のコピー品と取り替えて、本物のバッテリーは別に販売する。より古いモデルの携帯電話では、コピー品のバッテリーも本物のように機能する可能性があり、客は決して分からないかもしれないが、より要求の厳しい機能を持つより新しいモデルの電話となれば、違いは一目瞭然だ、と私は言われた。

りますよ。」

他方、チョンキンマンションの他の商人たちは、大陸系中国人のビジネス慣習について声高に文句を言い、彼らはチョンキンマンションでは成功しないだろうと言う。四年間中国で暮らした、ある携帯電話販売店経営者の言葉では、

中国人との問題は、あの人たちはあなたの手付金をもらうまで、何にでも賛成するんです。でもいったんあなたの金を受けとってしまえば、自分たちの好きなものを届けます。あなたには契約書がある。でも、あの人たちには、そんなものは何の意味もありません。トイレットペーパーみたいなもんです……中国で頭を痛めるあらゆることから遠ざかるために香港に渡ってきたんです。どんな仲裁、どんな法による支配もない国で商売をするのは危険です。

チョンキンマンションの靴商人にも同じような不満があった。「中国人は小さい靴を作るが、アフリカ人は大きな靴が欲しい。アフリカ人が大きな靴を注文して、中国人は「イエス」と言うけれど、彼らのアフリカへの実際の積み荷には、小さすぎてアフリカの市場には向かない靴がたくさん入っているかもしれない。」彼は今、香港から、香港の実業家が広東省で経営している工場で靴を作らせているので、彼のアフリカ人顧客に届けられるサイズを大いに信用できる。

広州に行くと、天秀ビルや迦南衣類卸売貿易センターのように、チョンキンマンションに著しく似た場所がある。これらの場所は、しばしば、チョンキンマンションよりもずっとアフリカ人貿易

業者たちで活気づいている。広州を拠点にしているアフリカ人の数は、北京オリンピックにともなう査証取り締まりで、二〇〇八年と二〇〇九年に減少した後、再び増加している。これを書いている時点で、香港よりも広州に、より多くのアフリカ人実業家がいる。この状態が続けば、低価格のグローバリゼーションの中心としてのチョンキンマンションの将来は、実に限られたものになるかもしれない。

他方、中国のビジネス慣習が、香港の商人たちが私に描写したようにいい加減なものであり続けるなら、低価格のグローバリゼーションのビジネスの場所としての、チョンキンマンションの役割は続くだろう。二〇一〇年五月にこの章を再検討すると、チョンキンマンションのアフリカ人貿易業者、特に電話の買い手の数は、二年前と比べていくらか少なくなっているように見える——貿易業者は中国に向かう傾向にあるが、多くはまた世界経済の停滞によりアフリカの自国に足止めされている。ある携帯電話販売店の商人は私にこう話す。「ええ、多くのアフリカ人が中国へ移りました——みんなそこで落ち着きたいんですよ。でもほとんどの人がそこにいるのは、香港の査証が取れないからなんです。[*] それができれば、みんな香港に戻ってきますよ。だって、ここで売られている携帯電話は信用できますから。」

＊ 私はこの説を二〇〇九年後半に、チョンキンマンションの何人もの商人や貿易業者から聞いた——そこでの噂は、香港の入境審査そのものが高度に制限されているので、中国はアフリカの貿易業者の入国を許可し、彼らが香港に入ることを妨害している、というものだ。

携帯電話販売店のごまかしと骨折り

私は二〇〇七年に一年間にわたって携帯電話販売店で何時間も過ごした。最終的に、私の調査の主要なインフォーマントであったマムードはパキスタンに帰った。その六ヶ月後、その店は破産した。その店舗は浴室くらいの広さで、ガラスのカウンターの隣に腰掛けが二脚。私がそこにいたとき、店には四人が働いていた。勤務時間中ずっと卸売携帯電話の仕入れ元を探していたマムードの親戚である店の主人、日々店を管理しているマムード、インド出身の臨時雇いの労働者が二人、彼らは外国製携帯電話のコードを解き明かすことと、売れた電話の出荷作業をすることが主な仕事だった。この二人のインド人は四二日ごとにコルカタへ帰らなければならなかった。旅行客許可証を持つ従業員の仕事はまた、コピー電話を中国から持ち込むことであった。従業員の一人は、香港と中国の境界で自信たっぷりに立ち振る舞うように努めていて、税関役人から彼が運んでいる商品を押収されたことは一度もない、と私に話した。

この店の顧客の約九〇%はアフリカ人で、残りの一〇%はヨーロッパ、アラブ諸国、あるいはインドやパキスタンからやってくる。ヨーロッパ人はしばしば、きわめて特定のモデル、自国で特に好まれているモデルを求めた。インド人とパキスタン人は、マムードの一番苦手な客だそうだ。「もし私が携帯電話を二五〇香港ドルで買うのを知っていれば、あの人たちは二四九香港ドルの値段を求めてきますよ。」インドやパキスタンと同じように、ナイジェリアの消費者も最新のモデルを欲しがる、と彼は話した——彼らは友だちにいい印象を与えるために、本物かコピーかにかかわらず、あらゆる最新機能が搭載された中国製の電話を買うだろう。他方、アフリカの他の国の消費者たちは、より高い頻度で、機能するものなら何でも欲しがる——それこそが彼ら自身の顧客が求めているものだからだ。概して言えば、アフリカ人は南アジア人よりも相手にしやすい、とマムードは断言した。多くの人は単純で、でも中には「狂った」のもいると彼は言った。一度、私がマムードと話をしているとき、アフリカ人実業家が入ってきて、実在しないが、彼が欲しいというノキアのモデルを計算機に打ち込んだ。あの男は単に自分と遊んでいるのだ、とマムードは言った。

マムードと彼の顧客との交渉をいくつか描写しよう。まず小売取引。見込み客である西アフリカ人の女性が自分の携帯電話を買いにやってきた。マムードはまず彼女に四五〇香港ドルの電話、ノキアの一四日電話を見せた。彼女がそれでは高すぎると言ったとき、次に、九〇香港ドルのコピー電話、次いで本物だがフランス語版なので安い、一九〇香港ドルの電話を見せた。この見込み客は言葉が分からないため、さらには電話市場について無知であるために、自分が欲しいものが何か言えなかった。そこでマムードはさまざまな選択肢を提供した——「この値段ではこの電話、あの値段ではあの電話。お客さんが欲しいのはどれですか？」

別の取引では、フランス人男性が、シーメンスC62の携帯電話三台を求めていた。マムードは即座に、それとは異なるがそれと同等の電話について質問をした。客はそれについては聞いたことがないと言い、その結果マムードは、この客が電話のことはあまり知らず、それなりの代金を負担させてもいいことをすぐに悟った。客は、商品知識があれば払わなくてもよかった三〇％も高い値段を払わされたことに気づかず、電話を三台買った。

また別の取引では、マムードは東アフリカ人の買い手に一台二八〇香港ドルで携帯電話を提供し、買い手は六台買おうとしていた。その男性は「ノー、ノー、二〇〇香港ドルでなきゃ！」と言い、マムードは「駄目だよ。私はそれを二四九香港ドルで買ったんだから」と返す。この潜在的な買い手は憤慨して立ち去った。それからマムードはこう言った。「本当は、あの電話は一四〇香港ドルで買ったんです。あの人は明日戻ってきますよ！　これはすべて単なるゲームの始まりなんです。最終的には、あの人に一八〇香港ドルぐらいで売ることになるでしょう。でも、この男性は今日アフリカからの飛行機を降りたばかりなんですよ、だから、もちろん！」もし買い手がとても賢かったら、彼の店は電話一台あたりたった一〇香港ドルの儲けしか得られないかもしれない。でももし買い手が無知だったら、七〇香港ドルか八〇香港ドルだ、とマムードは言った。

かなり高額な卸売取引はより複雑で、つかみどころがない。私はカメルーンの買い手に三〇〇〇台の電話を売ろうとしているマムードの仕事ぶりを観察した。この取引で彼の店は六万香港ドルの利益を上げる可能性があったが、結局取引は失敗に終わった。一ヶ月にたった数件でもこうした取引があれば店に大きな収益をもたらすが、成功した取引一件に対して、一〇〇件以上は失敗に終わる。

携帯電話のビジネスは驚くほど変化しやすいため、マムードはいつも最新のトレンドに注意をしており、彼の親戚にもトレンドを追うように、さもなければ彼の店はつぶれてしまうかもしれないと、説得していた。二〇〇七年の半ば、マムードは私に新しいトレンドは中国で再加工されたリフアブ〔整備再生〕電話だと言った（一九一頁の脚注参照）。これらの電話を見分けるのは難しいが、見分けるための一つのやり方は、電話のねじが緩められていないかを調べることだという。だが、これは不完全な探知方法である。マムードによれば、古いモデルのノキアは、一四日電話として一五〇香港ドルで売れるかもしれないが、リファブなら一〇〇香港ドルであり、したがって、これらのリファブを一四日電話として売れば、業者はかなりの利益を得られる。

もし買い手がリファブ電話のことを知らなければ、マムードは自由にそれと一四日電話を混ぜてもかまわないと感じていた。彼は水をミルクに入れる例を挙げた。「もしグラス二杯の水をグラス一杯のミルクに入れたらすぐわかるでしょうが、もし二〇％の水をミルクに入れても、ほとんどの人には分かりません。」道徳的に、これは穏当だと彼は話す。というのは、彼の店も、そうではないとの言われたにもかかわらず、一四日電話ではなくリファブの電話を多く売りつけられているのだ。マムードは、とても頭の切れるアフリカ人の貿易業者でさえ、しばしばリファブ電話を見分けることができないと言った。電話が未開封に見えるように、電話のねじを通常よりきつく締めるようにリファブの人たちにマムードが言ったという点で、ある貿

易業者はマムードにだまされた。買い手はナイジェリア人だった。ナイジェリアでは、マムードによるとすべての電話は大きな公開市場に行く——したがって、もし数ヶ月後に彼の電話の多くが動かなくなったとしても、この買い手が悲観的な結果に苦しむことはない。誰も文句を言わないし、誰も知らない、と彼は言った。

マムードはまた、毎週、毎月の客の流れをとても気にしていた。毎年そうであるように、春節には中国の工場は閉鎖されるため、二〇〇七年の一月二月は商売が立ち行かない。二月の電話の売り上げはたった二二〇〇台だけだったが、三月には急速に回復し、三月は最初の一〇日間で六〇〇〇台の売り上げがあった。三月初旬のある日、大口の顧客が立ち寄った。彼女はケニア人で、毎月定期的に一五〇〇から二〇〇〇個を買い上げる。店の従業員の一人が、彼女が注文した中国製部品を引き取るために、特別に中国まで出かけた。他方で、ガーナ出身の実業家は査証に制限があって、香港に来られなくなった。店は彼から電話七〇〇〇台の注文を受けていたので、店が失った潜在的利益は一七万五〇〇〇香港ドルに相当する。

六月半ばまでに、また売り上げは落ち込んだ。マムードは、店が主に中国製のコピー電話を取り扱うべきなのに、そうしないせいだと信じていた——そうしないのは、法を破ることを恐れているからではなく、彼の親戚にとってそれをするのは大仕事だからだ。一晩中愛人たちと遊びまわるのに忙しくて、自分が所有する携帯電話販売店のためにきちんと仕事をする時間がない、とマムードは私に話した。彼の親戚は頻繁に彼を「なまけもの」と罵るようになったため、マムードは元気を失っていった。二〇〇七年の夏、主力を中国製電話に切り替える代わりに、客の要求に応えるために店はさらに中古電話に力を入れるようにした。中古電話は単に電話として機能するだけだが、中国製電話よりも長持ちする傾向があった。七月に店は数人の大口顧客に一万六〇〇〇台の電話を売ったが、それでもチョンキンマンションの他の電話店の多くと比べて低い利益しか得られなかった。

秋までに、次の年に勢いを増すことになる新しい変化が始まった。新品の中国製電話がより安く、そしてより良くなって、卸売業者は、カラー・スクリーンの新しい中国製電話を、六〇香港ドルから七〇香港ドルで手に入れられるようになった。これは、マムードの店だけではなく、多くのパキスタン人の電話店に不安をもたらした——パキスタン人はチョンキンマンションにおける一四日電話市場を独占してきたが、中国企業の代理人たちがやってきて、自分たちの新品の電話を売り、買い手にもっと手ごろな値段で提供し始めるかもしれない。だが、これらの電話に関してはこんな疑問がある——どれぐらい長く持つだろうか？　六ヶ月後、これらの新品の中国製電話はまだ動いているだろうか？　もしそうだとすれば、マムードの商売は、急いで方向転換しないかぎり、大きな危険にさらされるだろう。

しかしながら、あいにくマムードの父親が突然パキスタンで重い病気にかかり、そして他界し、彼は香港にいる間に貯めた、とるに足らないとは言えない額の金を持って、国に帰らなければならなくなった。彼が勤めていた店は前に述べたように、彼が去った後、長くは続かなかった。

多種多様な貿易業者たち

私はチョンキンマンションでおびただしい数の多種多様な貿易業者たちに出会った。以下は二〇〇六年から二〇〇九年を通して、私自身と私の研究助手たちが取ったメモからの抜粋である。

タンザニアの電話貿易業者は、アフリカにとって取引の繁忙月である五月から一二月の間に、ひと月に一度中国にやってきて、広州で電話を買い、列車で香港に運び、超過手荷物として飛行機でタンザニアへ持ち帰る。一キロにつき七台の電話を詰めることができるので、超過重量料金を支払って、一回の滞在で平均七〇〇台の電話を持ち帰ることができると彼は話した。航空運賃、荷物、宿泊料金を差し引くと、一回の旅行で、平均五〇〇USドルの利益があると彼は主張した。

セネガル人の貿易業者はコンゴで宝石を買い、それをドイツに行って売り、それからバンコクと香港へ行く。彼はこれを五年間やっている。彼の携帯電話で、コンゴのゴマの写真を見せてくれた。ゴマは非常に危険で――「いつでも殺されかねない」――銃を突きつけられて強奪されたことがある、と彼は言った。

バンガロー出身のインド人貿易業者は、古典的なライカのカメラとその部品をさまざまなインドの都市で買い、それを香港のカメラ商人に持ち込むという商売をしている。彼は私に、

「使用済みだけど、九九％完全な」ライカM－6を二万五〇〇〇香港ドルで売ろうとした。カメラ商人なら三万九〇〇〇香港ドルで売っただろう、と彼は話す。

東アフリカの貿易業者は、南中国で作られたノック・オフのジャクジーバス〔渦流浴用の風呂〕を取り扱う。会社経営者や政府の大臣たちに売っている、と彼は言った――テレビとCDプレーヤーが取り付けられたジャグジーのような風呂を買えるだけの金のある人たち、ということだ。

現在中国に住むケニア人の衣類貿易業者は、三〇日ごとに彼女の中国査証を更新するために、また東アフリカでよく売れるだろうと思われる一点ものの服を買うために、香港にやってくる。彼女は南中国の工場で彼女自身のブランドとして、一万枚までそのコピーを作らせ、ケニア人の仲間を雇って、それを東アフリカまで持ち帰らせる。

ガーナ人の貿易業者は二〇〇四年以来、五度香港を訪れている。彼の商売はヒップホップの服を売ること。彼は商品を買うために、さまざまな場所――ドバイ、ベトナム――を訪れたが、香港で売られている中国製の衣類の方がより良質だと気づいた。彼は旅行で稼いだ金をもとに、アクラに小売りの店を三軒開いた。

モルディブ諸島出身の貿易業者は、DVDプレーヤーを輸入している。そこには三〇万人の人がいて、彼は島に住む人の誰のこともよく知っている、と彼は言った。すべての輸入品に一律五％の税金がかかる。彼は航空貨物便で商品を送り、国に持ち帰る商品に六〇％の利幅を課する。

ケニアから来た二人の女性貿易業者は、バンコクから香港、南中国、ドバイそしてナイロビへと旅行し、各地に二、三日滞在する。彼女たちは決まった店に行って注文し、商品を受け取り、そして次の国に出発する。彼女たちが衣類の商売をしているのは、「女性は服のことがよくわかる」からだと言う。香港と中国はスーツが最高、インドなら革のバッグ、ドバイは靴、もっともドバイにある靴は中国で作られている。彼女たちは一九九七年からこの商売を営んでいる。

ジャマイカ出身の貿易業者。私は最初、香港の亡命希望者が私に物語を語っているのだと思って、彼のことを信じなかったが、事実、彼は貿易業者のようだ。それは簡単なフライトだ——香港からロンドンへ、ロンドンからキングストンへ。彼は中国から電子機器、携帯電話、その他の商品を手に入れ、ジャマイカだけでなく、グアテマラ、ニカラグア、その他の中央アメリカの国々で売る（彼に質問してわかったように、彼はスペイン語を少し話すが、それほどではない）。彼の話では、かつてはメキシコがこれらの商品の主要な供給地であったが、もはやそうではない。中国が一般に好まれる供給者になった。

アラブ・インドネシア人の貿易業者——彼の父親がイエメン人、母親がインドネシア人——は最初、携帯電話を船でインドネシアへ送り返そうと試みた。海気のために、それが到着するまでに一五％の電話は動かなくなっていた、と彼は言う。今は航空貨物便を使っている。他の商業活動の一つとして、彼はアメリカのベリゾンの電話をチョンキンマンションに輸入している——電話をアメリカから、あらゆる付属品を中国から手に入れ、それをすべてインドネシアへ送り返している。

フランス人男性は貿易見本市のために香港にいる。彼はMP4プレーヤーを買う——もし大量に注文したければ、それを買うために中国へ行く。品質は問題ではない、と彼は言った——フランスの人たちはあらゆる種類の中国製品を買っている。「中国は世界を支配しつつある。あと二〇年もしたら、私たちはみんな中国語を話しているだろうよ！」

ガンビア出身の貿易業者は南中国で卸売の服地を買い付けている。彼の商売について尋ねると、うんざりしたように頭を振った。「あいつらは広州の吸血鬼ですよ。でも、ガンビアで農夫として働くよりはマシだから。」彼は、香港に長く滞在できるように、もっと安い宿泊施設を探すのを手伝ってくれないか、と私に尋ねた——一晩一五〇香港ドルは彼には高すぎた。

友人のタンザニア出身の貿易業者とコンゴ・キンシャサ出身のもう一人の貿易業者が、商売の話を始めた——スワヒリ語と、私のために英語で。タンザニア人は、香港で中古車を買い、それをダルエスサラームに送る。彼は、コンゴ人の貿易業者がその車を、ダルエスサラームから喜望峰を回ってマタディに送り、コンゴで売ることを提案した。大西洋海岸にあるマタディから、それを陸路——コンゴで唯一利用可能な高速道路——でキンシャサまで輸送することができる。「あなたに用意があるなら、ここに明日出荷できる車が三台あります。」航空運賃と他の費用を全部含めても、三〇〇％の儲けを保証できる、と彼は言った。

ジンバブエ出身の貿易業者はかつて衣類を輸入していたが、今は香港の中古車から取り外したタイヤを輸入している。彼はUSドルで取引をし、ムガベ政権は、喉から手が出るほどUS

ドルを欲しがっている。税関は彼を悩ませるが、彼は英国に親戚がいるので、親戚を通して仕事をしている。ジンバブエの途方もないインフレ率を考えれば、彼は毎朝正確な為替レートを知るためにジンバブエに電話し、それに合わせて価格を調整しなければならない。しかし、コンテナがジンバブエに着くまでに数週間を要するので、いつも再交渉が必要となる。彼は注意深く政治の外にとどまっている――「もしある政党を支持して、次に別の政党が政権を取ったら、あなたは死んでますよ！」彼は三〇代で、彼の家族八人の面倒を見ている。

これらは、私の研究助手たちと私が聞き取った、何百もの物語の内のほんのいくつかにすぎない。貿易業者たちは、彼らのさまざまな出身地と扱う商品、そしてその商品が流れる方向によっても区別されている。この貿易の最も広範な、九〇％以上の貿易業者がやっているパターンは、より貧しい国出身の貿易業者が香港や中国にやってきて、自分の国へ商品を持って帰るというものだ。これが、自分の荷物に詰め込んで、あるいは航空貨物やコンテナでアフリカやおびただしい数の他の社会へと旅をする、携帯電話、衣類、建築用タイル、家具、その他の多種多様な商品を扱う貿易業者に、私たちが見たものである。しかしまた、これとは反対の方向へ旅をする貿易業者もいる。宝石の貿易業者やアフリカからの金の貿易業者がこの型にあてはまる――中国から完成品をアフリカへ持ち帰るのではなく、むしろ、仕上げるためにアフリカから原材料を香港や中国に持ち込むのだ。

これは従属理論にあてはまる。末端の周辺部から供給される原材料、その周辺部に輸出される完成品という、豊かな国々が貧しい国々を搾取する古典的なパターンである。[10] 他の貿易業者たち、とりわけインド出身の貿易業者はこの型にあてはまらない――例えば、ライカカメラの貿易業者は、インドは技術的にそれほど発達しておらず、西洋や中国の現代のカメラ愛好家たちが熱心に求める古いモデルのカメラがインドにあるかもしれないという事実を利用している。ベリゾン電話の輸入業者もまた交渉の複雑さを明らかにしている。先進世界と発展途上世界という呼称から典型的に想像されるよりも複雑である。いずれにしても、香港が全体としてそうであるように、チョンキンマンションは明らかに商品と情報の交換所として機能している。

私は、中国のコカイン売買に参入しようと、チョンキンマンションに在庫を整えたコロンビアの麻薬売人の話を聞いた。この話によれば、チョンキンマンションは、中国語圏では白色と褐色の人種として、彼らが目立たずに溶け込んで商売ができる唯一の場所である。この話は本当かもしれないが、私は疑っている。私はまた、AK47や地雷、その他のそうした商品を扱う武器売人の話も聞いたことがある。ただし、こうした事実をほのめかすものをほとんど目にしていない。二〇〇八年に香港警察は、チョンキンマンションに滞在していたアメリカ人をテロ行為の容疑で逮捕した。結局は、彼は警棒とスタンガンを所有した犯罪で、趣味が行き過ぎて違反してしまった人として拘置された。[11]

それから、亡命希望者の友人が私に語った、ガーナ人の金貿易業者の驚くべき話がある。私の友人が言うには、そして彼はその話が真実であると誓ったが、彼はチョンキンマンションの入り口で、口いっぱいが金歯の男に出会った。この男は食事をしたがっていたので、私の友人は彼をチョンキンマンションの上層階にある無免許のガーナ料理店に連れていった。私の友人が次の日彼に会ったら、驚いたことにこの男は今度は普通の白い歯をしていたのだ。

私の友人がどうなっているのかと聞くと、この貿易業者は、長くためらった後、彼の話をこのように切り出した。

私は自分の国から金を密輸しています。私は一〇人家族の末っ子でした。私が若いころに両親とも亡くなりました。私は貧困の中で育ち、ある日私の兄が金の商売をすることを提案したんです。私たちは貧しい不法の鉱山労働者から金を買って、それを仲買人に売ることから始めました。でも、すぐに気がついたんです、私たちが苦労しても何も得るものがない、ただ仲買人を金持ちにしているだけだって。兄が言いました、私が香港に行ってそこで金を売ったら、私たちはもっと金銭が稼げるって。兄はいい値段で買ってくれる客を知っていたんです……金持ちになる唯一の道は私が歯を失うことだ、と兄が私に言いました。診療所に行って歯を抜いてもらいましたよ。一ヶ月後、あなたがここで見た歯を入れてもらったんです。そんな風にして始まったんですよ。普通は、私の兄と彼の友達が金歯を私の口に念入りに入れます、一つ一つ、全部で三二個。それから私はまっすぐチョンキンマンションに来て、まず部屋を取り、中国大陸にいる私の客に電話します。彼がここに来るのに二時間もかかりません。私たちは一緒に行って、私の歯を全部取ってもらいます……わかるだろう、同胞よ、我々アフリカ人は貧困と闘うために、何でもしなくちゃならないんだ。そうしなければ、我々は飢えて死ぬんだよ。

これは、チョンキンマンションを渦巻いている数多くの物語の一つ、驚くべき話である。この貿易業者が自分の歯と金を入れ替えざるを得ないと感じたであろう一つの理由は、香港では免許を持つ業者を通さず金の売買をすることは違法だからだ。もし彼が金塊を所持していれば、香港の通関が検査したかもしれないが、もし金が彼の口の中にしまい込んであるなら、そうはならないだろう。

しかし、ここでこれらの物語から離れて、一般的に言って、こうした貿易業者とは誰なのか問うてみよう。一つ覚えておくべき点は、右の物語のように、しばしばいかがわしい振る舞いもあるにもかかわらず、ここでの交易のほとんど大部分が合法だということである。だからこそ、これらの貿易業者はこれほど近づきやすいのだ。数年にわたって、私はチョンキンマンションの飲食店や廊下で、無数の見知らぬ人たちに近づいては尋ねた。「どこの出身ですか？　商売は何ですか？」ほんの数回だけ、答えようとしない人もいた（あるいは、もっとよくあることには、言語の問題で答えられなかった）。しかし多くの場合、彼らは自分の仕事や旅行について、数分間、ときには数時間も語る――彼らが遭遇する問題、仕事にまつわる楽しみや危険、得られる利益。香港と、そしておそらく西洋世界全体で一般に普及している推測では、これらの開発途上世界の貿易業者たちは秘密めいており、物陰にいるというものだが、これはチョンキンマンションにはあてはまらない。ほとんどの人たちは自分のやっていることについて極めて率直だし、誇りをもっている。

貿易業者の間の世代間格差

チョンキンマンションにいる貿易業者たちはすべて、もし香港の中ではそれほどではないとしても、自国の標準からみれば多かれ少なかれ裕福である。このことは、しばしば食事や宿泊費を値切っているアフリカ人を目にするチョンキンマンションでは、たやすく見失いがちである——何もかもが安いチョンキンマンションでさえ、これらの開発途上世界からの旅行者にとっては、先進世界の物価を代表している。私が話をした年上の貿易業者や商人たちの何人かは、年下のアフリカ人貿易業者が粗暴だと嘆いている。しかし、実際は、これらの年下の貿易業者は、国の同胞のほとんどが夢見ることすらできないこと、香港までの航空券を買える点で、彼らの国での上流社会を代表しているのだ。

あるタンザニア人の貿易業者は私にこう言った。「私の国の普通の人にとって、香港行きの航空券——一三〇〇USドル——を買うのは難しいことです。こうしたアフリカ人の多く、特に西アフリカ出身の人たちにとっては——どちらにしても、あなたにこう言いますよ、〝私の叔父は知事です、私の甥は陸軍の大佐です〟と——肝心なのはコネですよ。」中央アフリカの二人の若い貿易業者が私に述べた。

貿易業者1：二〇〇四年に初めて香港に来ました。

貿易業者2：私は二〇〇三年に初めて来ました。
貿易業者1：私が働いている会社は叔父が所有しています。
貿易業者2：私が働いている会社は父が所有しています。もちろん、私たちがどうすべきかを彼らが教えてくれました。
貿易業者1：自分の人生で何がしたいのか、と父が私に聞いていたんです。「私がお前に金をやろう。でも、お前の計画は何だ」と父が言いました。友達が香港と中国に行くことを提案したんです。彼が「もし僕に金をくれれば、商売がどんなものか見せてやれるよ。もし一万USドル持っているなら、ドバイに行って、それから香港に行って携帯電話を買えるよ」と言ったんです。
貿易業者2：自分の国で何か問題があれば、私はただ父に電話すればいいんです。父は誰かに電話をかける——何もかもがコネを通して行われるんです。

実際私は、たとえば、叔父がイディ・アミンの農務大臣だったとか、ガーナ刑務所長官だったと話す貿易業者数名に会ったことがある。こうした貿易業者の何人かは、疑いなく彼らのコネを潤色しているのだろうが、他の何人かはおそらくそうではないだろう。これらの貿易業者の多くは、彼らを香港へ行かせる資金とコネを持つアフリカの上流階級や上位中産階級の子弟である。しかしこれは、彼らが必ずしも金を儲けるということを意味しない——往々にして彼らは失敗する。
私の貿易業者とのインタビューの多くは、数十年間にわたって貿易に関わってきた、三〇代、四〇代、五〇代の男性のものだ。ただし、彼らは皆、近年になって香港と中国に来るようになったばかりだ。彼らの多くは、関税の業務やその他の不確実性にしっかり精通していた。これらの人たちは往々にして中国との広範におよぶコネがあり、具体的に自分たちが何をしているか理解しているようだ。彼らはまた、中国や自国の税関との関係においては、おおむね合法的な傾向にあり、しばしばそれが可能であれば、賄賂を避けてより筋道の立った手続きをとる。大切なのは、思いがけない利益を求めるのではなく、比較的少額でも確実な利潤を旅行のたびに得ることだ、と何人かが私に言った。こうした貿易業者たちの多くは、香港と自分の国の間を一〇〇回、あるいはそれ以上行き来している。

経験を積んだ年配のアフリカ人貿易業者たちは、しばしば、彼らがたいてい無能だとみている、より若い貿易業者を軽蔑している。貿易業者の間には、明らかな世代間格差がある。若いガーナ人貿易業者にとって、香港に来ることは通過儀礼、本国で地位を得る方法として役立ってきた[12]。ナイジェリアのイボ族の貿易業者の間では、香港に来て成功した若者は、ある意味で、もし他の意味ではそうでないとしても、自国だけでなく広く世界で利益を得られる一人前の実業家になって、いわば「卒業」したことになるのだ[13]。「私はいま中国でちょっと金を稼いだから、国の人たちには一目置かれていますよ」と、ナイジェリア人の貿易業者は私に言った。「みんな私を尊敬します。私を見上げますよ。」若いタンザニア人の貿易業者は私にこう言った――「ここで成功しないとだめなんです。私の家族は完全に私に頼っています。男であるためには、私は失敗できません。」

クリスチャン・ロウが、香港に滞在し不法労働する、成功しなかったガーナ人の貿易業者たちについての討論で概説したように、失敗に対しては、大きな代償を払わなくてはならないのは明らかなようだ。[14] 私がインタビューしたタンザニア人の貿易業者は、若い貿易業者たちについて長々と語った。

なんだってこんな零細貿易業者が香港に来るっていうんですか。これは私自身が長いこと考えてきた問いなんです。零細商社のほとんどは、今日見かけたとしても、それ以降もう二度と見かけることはない。あの人たちは、六ヶ月以上は続かないんです。何人かは一回だけ来るんです。流行りみたいなものです。「商売なら香港にある。誰かが香港に行こうとしている。だから、金ができたら、私も香港に行こう」と。もし彼らの家族が、ダルエスサラームの見込みのある地区の一角にある土地を売れば、一万五〇〇〇USドルから二万USドルを手に入れるかもしれない。それで香港にやってくるんです。彼らは本当に金持ちになれると思っています。そういう貿易業者を二人知っていますけど、二人ともそれぞれ一万五〇〇〇USドルずつ失くしましたよ。彼らは家族の遺産を資金にしていたんです、家族の献金です――家族のすべての希望と一緒に彼らに託されたものでした。彼らはたった数百ドルを持って家に帰ります。家族に何と言えばいいんでしょう。

彼らは助言を求めて、ときどき私のところにやってきます。「中国には行くな。チョンキンマンションで買い付けて、まっすぐ国へ帰れ」と私は言いますよ。彼らはコピーがどれか知らないんです――中国でアルマーニのスーツを買っても、それは本物ではありません。香港の税関役人はそんなものは許しません。一部のアフリカ人貿易業者は、本当にこのことを知らないんです。

もう一人の年上のナイジェリア人貿易業者は私にこう話した。「こういう若い貿易業者の一部はすっかり無知なんです。私は覚えていますけど、広州に入ったある男が私に言うんですよ、地下鉄で日本まで行きたいんだ、って。それが隣の道の向こう側とでも思ってたんですかね。彼らはナイジェリアから出たくて仕方がないんです。でも、そうしたらどうなるか分かっていないんですよ。もし海外で金儲けに失敗したら、それはとても恥ずかしいことなんです。」こういう年配の貿易業者は往々にして、自分たちは商売のコツを自分自身で学んだと思っている傾向がある。ある人はこう話した。「出発点から、私が香港に来たとき、自分が何をしているのか分かっていましたよ。」しかし自分たちの後輩が、そうした経験さえ積まずに一掃されてしまうのももっともなことだ、と彼らは言っているのだ。

私が話した若い貿易業者たちは、知らず知らずにこの見解を裏づけているように見える。二〇代前半のケニア人貿易業者は、中国と香港の境界を越えて、偽物のボスのスーツ六〇〇着を作ってもらうことは何も問題はないと私に主張した。何故なら「香港は今は中国の一部だから。中国が親で、香港が子ども。子どもは親を絶対に傷つけない。だから香港はすべてのコピー品を通関させないといけない。そうしないと中国経済を傷つけることになる」と。今まで商品を没収されずに香港の税関を通過できたのは運がよかったからじゃないか、と私は彼に提案してみたが、彼は私を信じなかった。*

一部の、おそらくはほとんどの、これらの若年貿易業者たちは一掃されるだろうが――私が聞いた推定では、初めて訪れたアフリカ人貿易業者たちのうち、再び戻ってくるのはわずか四〇%だけだそうだ――、それ以外の人たちは最後には成功し、彼らの長老たちの後を継ぐのは間違いない。私は何度か、年配のアフリカ人の父親たちとその若い成人した息子たち――一度は、一人の母親とその息子――に、チョンキンマンションで会ったことがある。父親たちは商売を譲って引退する前に、彼らの商売のコツを息子たちに教えようとしていた。

貿易業者の手法

チョンキンマンションで、いかに簡単に素早く取引が成立するかは驚くべきことである。私はかつて、貿易のために初めて香港にやってきたインド人男性に会った。私は彼がチョンキンマンションに入ってきてすぐのところで偶然彼に出会い、彼が部屋を見つけて、商売のために建物の地上階に戻ったときに、また彼と合流した。

＊　彼の分析は部分的には正しい。境界で没収されるコピー製品の割合は少ない。しかし、これは香港の中国に対する忠誠心によるものではなく、香港自体の新自由主義と、羅湖（ローウ）と落馬州（ロクマチャウ）にある中国・香港境界検問所が世界でもっとも忙しい検問所の一つであり、ほとんどの商品はスムーズに通過するという事実と大いに関係がある。

最初に彼がしたことは、チョンキンマンションで売られているものすべて――特に携帯電話と電子機器――を見渡して、いろいろな商品の最新の相場価格を知るために、すぐにインドにいる彼の金融支援者たちに電話をかけることだった。次に、彼は最もふさわしいと見たチョンキンマンションの販売人に、どこで商品を入手するかを尋ね、中国のどこから商品が来るのかを聞き出した。これらの販売店は、中国の工場の直営店でもあるので、この情報を彼に提供することに良心のとがめはない。彼はそれから、南中国の深圳（シェンジェン）に、彼が購入したい商品を作っている工場を訪ねる予定を立てた。その次の日、彼はインドに戻った。

彼は携帯電話を使うことができたので、私が目撃した滞在では、きわめてたやすく商売を始めることができた――彼は誰一人知り合いのいないチョンキンマンションにやってきて、たった数時間のうちに商売を始めた。だまされる可能性は明らかにあったが、これはまさに、いかに商売をするかの手本である――空路でやってきて、まもなくチョンキンマンションでの値段を調べ始める。すぐに自国に電話をかけ、相場価格を計算する。そして、価格の差がもっとも大きい工場とコネをつくる。二〇年前なら難しかっただろうが、今はいかにもあり得ることだ。大陸間の格安の輸送手段とともに、廉価な携帯電話の取引が、チョンキンマンションの低価格のグローバリゼーションを可能にしているのだ。

貿易業者の働き方には幅広く多様性があるので、ほんのいくつかの典型例を紹介しよう。まず、携帯電話の貿易業者、次いで衣料品の貿易業者である。小規模な電話貿易業者は、たいていはチョンキンマンションの異なる携帯電話販売店から、自国の買い手の注文、あるいは想定される顧客の希望をもとに、数百台、あるいは一〇〇〇台を購入する。よくあるのは、一四日電話、中古の電話、中国製の新しい電話、ノック・オフの電話、リファブの電話、あるいはコピー電話などの、さまざまな種類の携帯電話の寄せ集めである。ただし、一部の貿易業者はこれらのうち、ある特定のタイプの電話を専門にしている。

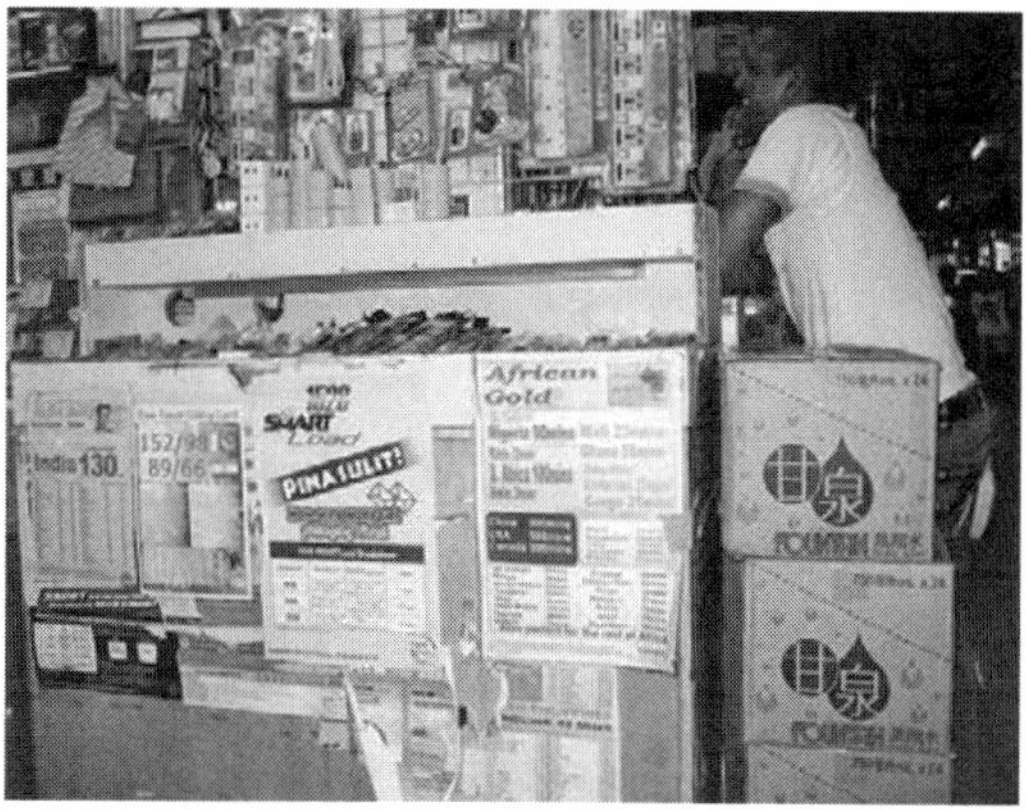

貿易業者たちは皆、商品をとても注意深く検品すると言う。ガーナ人の貿易業者が私にこう説明した。「私はすべての電話を調べます、一つ一つです。中を開けて電池とモデルを調べます。いや、配線をチェックするほど深くは見ません——そこまではできませんよ。」彼は他の電話の買い手がそうするように、満足できない電話はすべて返品する——彼が電話を返すと、販売店は決まって、自分たちも卸売業者に欺かれた、だまされた、と彼に言う。彼はチョンキンマンションの商人から、電話に対して標準的な保証期間である九〇日間の保証を受けている。しかしこの先数ヶ月でチョンキンマンションに戻ってこられるかどうか、はっきりとはわからないので、いずれにしても彼は注意深く検品しなければならない。

こうして検品した後、彼は他の貿易業者のように電話を詰めてもらい、一部の航空会社の規則に反して、電話に電池が入っていることを手荷物検査機が探知できないようにするために、特別なやり方で包装してもらう。貿易業者は一般に、一キロにつき七、八台の携帯電話を、あるいは中国製の電話を運んでいるのであれば、一〇～一一台の電話を運ぶことができると計算している。したがって、彼らは荷物の重量制限内――通常は三〇キロまでだが、ある程度柔軟に対応してもらえるので余分に数キロならば許可される――で、約二五〇～三〇〇台の電話を運ぶことができる。支払い可能な追加料金の限度内で、さらに四〇〇～五〇〇台を運べる。さらに航空貨物料金を払ったり、貿易業者仲間の制限に達していない荷物の割り当てを交渉して、さらに数百台運ぶことができる。

こうした貿易業者は、チョンキンマンション前の道路を渡ったところにある停留所から、乗客を空港へと運ぶ通常のバスの一つに乗って空港へと向かう。しかしバスの運転手は、しばしば、過剰な荷物を運んでいる貿易業者たちがバスに乗ることを拒絶する。過剰な荷物のある貿易業者たちは、代わりに、チョンキンマンションのすぐ後ろの路地に止めてある、南アジア人が運営する一群のバン〔箱形の貨物自動車〕の一つを使うかもしれない。それはタクシーよりも料金が安く、おまけにチョンキンマンションの上の階や下の階から、貿易業者が荷物を運ぶのを手伝ってくれる。

ここでの描写は、もちろん、南中国――深圳（シェンジェン）、広州、あるいは、香港から二時間以内にあるたくさんの中国の市や町――で携帯電話を買っている貿易業者にはあてはまらない。それは、ほとんどの報告によれば、中国製の電話、特にコピー品はあまり信用できないことと、香港・中国境界の税関に偽物の商品をいつでも没収されてしまうという二つの理由で、リスクの伴う商売であるようだ。こうしたことは、とりわけ商品を個人の手荷物に詰め込んで香港まで運んでくるときには、ごく稀にしか起こらない。しかし、それは起こり得るし、没収される可能性がいつも影を落としている。香港の税関は航空機で香港から出ていく商品の検査はしない。したがって、自分の荷物に携帯電話を詰め込んで香港を離れる貿易業者は、たいていは少なくとも自分の国の税関

に着くまでは、心配する必要はない。

チョンキンマンションに滞在している衣類貿易業者のほんの少数だけが、建物内で彼らの衣類を購入する。より一般的には、彼らは前に述べたように、アフリカの市場を専門にしている衣類の卸売業者数軒が集まる深水埗（シャムシュイポ）へ行く。彼らが深水埗で商品を買いたがる理由は、多くの卸売業者たちがただ衣類を売っているのではないからだ――何軒かの店では、貿易業者は単に衣類を買って持ち去ることはできない。そうではなくて、すべては受注後に製造されるのだ。深水埗の卸売業者はアフリカ人貿易業者の依頼を聞き、ただちに中国の工場に電話をかけ、デザインを確認し、料金を見積もる。

要するに、これらの貿易業者は単なる買い手ではなく、デザイナーでもある。彼らは特定の考えを持って深水埗にやってきて、購入するものが彼らの最終的な顧客の好みに確実に合うも

のにするため、生地、柄、ボタン、その他をこと細かに選んでいる。いったん見本が承認されると、納品までは通常、数日もかからない。特に大量の注文がある貿易業者たちは、自分自身で中国に行って購入するかもしれないが、ただ数十個から数百個単位の商品を求めている人たちは深水埗に留まるかもしれない。

多くの衣類貿易業者たちの注目に値する手法は、人の目を引く独創的な服を見つけて、それとまったく同じコピーを作ってもらうことだ。他の人たちは、目まぐるしく変わる地元のファッションの流行に合わせて、洋服をアフリカ化するために、重要ではない細部を変えるかもしれない。一部の貿易業者は、香港やマレーシアといった外国でいいデザインを探し、それから彼らの欲しい服を注文し、チョンキンマンションの卸売店に寸法を渡す。その後、店は中国の衣類工場に連絡を取り、その工場が商品をナイジェリア、ケニア、あるいはその貿易業者が働いているところどこへでも送り出す。

貿易業者は一般的にどれほど稼ぐのだろうか。数人の小さな貿易業者が私に報告したところによれば、一回の旅行での利益は、四〇〇USドルから一三〇〇USドルの範囲で、これにはマイレージプログラムで彼らが手にすることのできる加算されたマイルも含まれる。自分の会社を持っている他の貿易業者たちは、それよりもさらに多く稼いでいるかもしれない。これらの貿易業者が報告する儲け率はさまざまである。二〇%から一〇〇%あるいはそれ以上と、大きな幅がある。

旅行費用の大きさを考えると——東アフリカからの貿易業者は、一回の旅行につき最低一〇〇〇USドルが必要だし、西アフリカからであれば、さらなる額が必要だろう——それでも貿易業者たちはなぜわざわざ香港に来るのか、と尋ねる人がいるかもしれない。簡単に電話口で注文することはできないのだろうか。数名の貿易業者は、実際、彼らが到着したときには商品ができあがっているように、香港に来る前に発注する。そのほか、特に供給元と長期的な信頼関係にある人たちは、自国にいながら、香港に行く人たちに注文をゆだねている。だが圧倒的に人は現地に居合わせなければだめだ、と私は言われた――インフォーマル経済では、直接顔を合わせない商人を人は信用しないし、自分自身で一個一個調べることのできない商品を信じることもできない。

中国の魅力

ほとんどの貿易業者は、大部分は言語の問題により、香港は中国よりも商売がしやすいと考えている。「ここチョンキンマンションでは、話が通じるし、みんなも私を理解してくれます……値段の交渉もできます。こういうことを中国でやるのはもっと難しいですよ」と、ケニア人の電子機器の買い手が私に話したが、これは他の多くの人たちも口にする意見である。

しかし同時に、もし本当に大きな利益を求めるのなら、向かうべきは中国だ、という気持ちもある。「大きな魚は中国へ行く。我々みたいに小さな魚は香港に残る。中国は大規模の、大きな魚のための場所で、小さな魚のためのものじゃない。小さな魚は香港に留まります。小さな魚にとっては香港が必要なんです」と、タンザニア人の衣類の買い手は話した。中国を拠点にしているナイジェリア人の実業家は、海の喩えを繰り返してこう言った。「中国とそこで商売をしている商人が海洋だとしたら、香港はただの池ですよ……でも、池にいる者たちだって、海洋の恩恵を授かることができるんです。」

私が話した貿易業者の多くは、前に論じた商人たちの困難と共鳴する言葉で、中国での困難について語る。西アフリカ人の電話貿易業者は私にこう話す。

私は中国で二〇〇台の携帯電話を買いました。でもそのうち一〇〇台は不良品でした。私は中国に戻って彼らに言いました。彼らは調べると言って、それから六ヶ月以内に返金すると言ったんです。最終的には、彼らは電話五〇台分の金しか返金しませんでした。もうあの会社とは取引しませんよ。あんなことがあった後で、もう中国では携帯電話は絶対買いません。電話は香港で買う方がずっといいです。香港では、もし携帯電話が不良品だったら、その電話を店に持っていって、すぐに取り替えてもらえます。でも中国ではそんなことありえませんよ。

賢い貿易業者たちはこのような問題によく気づいていて、その対処方法を持っている。事務用品を扱っているある東アフリカ人の商人によれば、中国で彼が取引している会社は、生産過程を一つ一つ取引相手に見せるという。商品がコンテナに積み込まれているとき、彼は写真を撮り、中国の会社のオーナー――若い女性――はCDに書き込み、積み込まれているものの正確な記録を両者が持つことができるように、一枚は彼に渡し、一枚は自分が保管する。もう一人の貿易業者は最近、彼が製品を仕入れている中国の工場が、彼に外国人価格を吹っかけていたこと、つまり、華人に要求するよりも高い金額を請求していたことに気づいた。彼はこの悪習について、中国内のフライトでシンガポール人の男性から聞いた。中国人に対して腹を立てるのではなく、彼は単にこのシンガポール人男性を雇い、北京語話者であり、かつ華人として、彼自身が商売をすることに手数料を支払うことにした。

私がインタビューしたうち最も成功している貿易業者は、往々にして、中国で勉強し、そこに一〇年以上も住んだ結果、北京語を話し、中国の社会と文化を深く知る南中国の貿易業者たちである。彼らはもちろん貿易にも携わるが、本業は貿易業者ではない。彼らは中国の製造業者とのコネを求めて彼らのもとにやってくるアフリカ人貿易業者の仲買人である。問題は、アフリカの文化的背景においては、仲買人は彼の貢献に対して直接貿易業者に、特に彼が家族の一員の友人である場合、たやすく報酬を要求できないことである。一般にそうであるように、彼の貢献に対する中国の工場からの手数料があれば、彼はかなりの儲けを見込める――とはいえ、彼が推薦した工場からアフリカの買い手に出荷された商品について、彼はまた責任を負わなければならないかもしれない。

中国にいるアフリカ人にとって、査証をめぐる状況は、長い間心もとないものであった。私は中国に長く住んでいる数人のアフリカ人に会うために、チョンキンマンションに来た。彼らは中国の査証を更新するために、香港に来なければならなかったのだ。二〇〇八年の夏、北京オリンピックを控えて中国の状況はさらに不安定になり、以前は中国で長期滞在の査証を入手できたアフリカ人の多くが、ほんの数日間しか許可されず、あるいは完全に中国から締め出されることになった。オリンピックの後、多くの人にとって状況は改善されたが、一部のアフリカ人は彼らの選んだ国から締め出されたままである。

これに関してもっとも心に刺さるのは、六〇代のケニア人男性の事例である。彼は中国とケニアの間で農業機械を扱う貿易業者であった。二〇〇八年の秋に私が彼と話したとき、彼は査証が取得できないので、三ヶ月間広州にある彼のアパートに戻っていなかった。さらに、彼にはケニアへ帰る金もなく、いずれにしても彼の土地は子どもたちが引き継いでいるので、帰っても国にも家はなかった。彼はチョンキンマンションの宿泊所の小さな部屋で、中国の入国管理局が軟化するか、ケニアにいる友人たちが彼に約束した投資に成功するまで、数日、数ヶ月と待ち続けた。ある日私が彼を訪ねると、彼はもうそこにはいなかった。中国でも彼と連絡はつかなかった。彼に何があったのかは、おそらく永遠に分からないままだろう。

貿易における一つの大きな図式は、アフリカ人貿易業者と中国企業の間の競争である――後者はより資金があり、前者を締め付けるかもしれず、貿易業者の戦略に影響を与えている。マダガスカル出身の宝石貿易業者は、宝石に転換する前、最初は衣類を、次に海産物を扱っていたと話した。

彼が衣類から始めたのは、マダガスカルには衣類に対する大きな需要があるのに、供給が少なかったからだ。しかしやがて中国人の衣類商人がマダガスカルに移住してきて、質の悪い商品を低価格で大量に供給するようになり、多くの地元の人たちをこの産業から追い出してしまったそうだ。

それから彼は顧客の提案で、乾燥海産物（明らかに、欲望を刺激すると思われるフカヒレ）に転じ、一時的には成功した。しかし中国人は、地元の人々がその製品に興味があると気づくと、自分たちでそれを輸入し始め、彼はまた別の商材を見つけなければならなかった。彼の友人の一人が、アフリカから中国へ運ばれるサファイアの宝石販売を彼に紹介してくれた。この市場にはまだ中国人は参入していないが、これも時間の問題である。

もう一人のアフリカ人貿易業者は、「中国人はとても賢いですよ。もしあなたが二度、三度アフリカの住所に商品を送ったら、彼らは勘づいて中国の会社の代理人をそこに送り込みます。その代理人はそこで、あなたよりずっと安くその商品を売るんです」と私に話した。究極的に、チョンキンマンションのアフリカ人貿易業者は、中国人の商人や会社と競争している。最後には、中国人が勝利するだろうが、まだそうなってはいない。

税関の脅威

自国に帰って、これらの貿易業者が直面する大きな問題、そして利益を追求する上で多くの貿易業者が直面する最大の障壁は、自分の国の税関役人たちである。[15]

より大きな貿易業者の一部――その価格が委託販売の書類に正式に掲載される、単一種類の商品を扱う業者――は、さまざまな国の税関をおよそ合法的に、賄賂を払うことなく通過できる。しかしこうした貿易業者でさえ、ときには先進世界の標準からすると驚くべき対策を取らなくてはならない。あるタンザニア人の機械製品の貿易業者は私にこう話した。「一晩中コンテナを開けっ放しにしておくなんて、まったくもって狂気の沙汰ですよ。そんなことしたら、すべてがなくなって、二度と戻ってくることはありませんから。私はすべて一日で片付くようにしています、税関の役人に超過時間分を払ってでもです。役人が完了するまで、私はそこに立っていなければならないんです。そして、あの人たちはゆっくりと時間をかけるんですよね。」彼の商品に対して、彼は標準の一二%の関税を払う。

他の貿易業者たちは、特におびしい数のさまざまな商品を扱っている場合には、賄賂を払う以外に方法はないという。西アフリカ出身の貿易業者が言った。

もし関税を払ったら、私は何もかも失うかもしれません。私は全部は払えません。もし一〇〇台の携帯電話を買ったら、五〇台分は税金として支払わなければなりません。金を払う代わりに、二台の携帯電話を税関の役人に贈り物としてあげるといいんですよ。違法でいくしかないんです。他に選択の余地はありません。それが唯一の可能なやり方なんですよ。私にはこういう友達がいます。彼の父親は政府の大臣です。買うものすべてに対して、彼は税金を払いません。それができるのは、彼の父親が政府で働いているからです。誰かが大臣の息子だったら、誰も彼には手が出せませんよ……ときどき税関の役人が私の店に来て、言うんです。〝おい、この電話はいくらしたんだ〟って。金が欲しいからなんです。彼らを止めることなどできません。金をやらなかったら、あなたを邪魔してきます。だから賄賂を払うんです。アフリカの税関は香港やアメリカとは違います。あなたが帰ると、彼らはすべてを検査したがります。彼らはいつも金を欲しがっています。贈り物をやった方がいいんです。

彼は、贈り物として買ったたくさんの札入れやハンドバッグ、携帯電話を私に見せてくれた――いくつかは彼の姉妹のため、他は税関役人のため。自分の国ではすべてがこんな風にして回っているんです、と彼は言った。

貿易業者がよりよいコネを持っていれば、税関で困らされることはより少なくて済むという意味で、腐敗とコネは手を取り合って作用していると彼は指摘した。もし誰かが税関で彼から余分な金を取ろうとするなら、彼はさらなるコネを頼ってそれを軽減すると彼は言った。東アフリカ出身の別の貿易業者は、とても多くの政府の大臣や役人が彼から何かを欲しがるので、いかに彼が五〇キロの贈り物を、彼自身の商品の託送貨物の中に入れて持ち帰らなければならないかを語った。彼は多くのスーツを持ち帰る――彼は私を一瞥して、私のウエストのサイズを言ってのけた。彼は正しかった。

賄賂を払うのにはいくつか方法がある。ある場所、例えばコンゴ（キンシャサ）では、貿易業者は単に税関への支払いとして意図されていようと、あるいは賄賂として意図されていようと、金と商品を分け前として支払う。他の場所では、これはもっと巧妙である。ナイジェリアでは、空港の役人が貿易業者に賄賂を指定の場所に置くように合図するのが普通である。それは貿易業者が立ち去った後、役人が簡単に回収できる場所で、疑惑が生じることはあまりない。法律の施行が厳しくなってきているので、このようにあまり直接的でない方法は、罪に問われる可能性が低く、より安全である。

アフリカのいくつかの国を含む数カ国において、貿易業者は、ただ自分たちの懐を肥やす贈与と現金のたやすい収入源と思われている。国税の財源となる関税の正式な支払いとは別に、貿易業者はまた、税関の役人に対してもっと個人的な何か、税関手続きを急いでくれたことに対する個人的な贈り物の借りがあるのだ。他の国では、貿易業者はもっと国家主義的な理由で、ひどい扱いを受けているかもしれない。彼らは自国の産業を傷つける商品を持ち込んでいる、と見られている。

これはインドと、少なくとも修辞的には、ナイジェリアにあてはまる。私が一緒にインドに旅行したインド人臨時雇いの労働者は、中国製の衣類を荷物に詰めて運び、税関役人にさげすまれているようだ。コルカタの税関は、午後二時から五時の間だけ貿易業者が商品の手続きをすることが許可されており、到着する旅行者たちが最優先される。第2章で論じたように、貿易業者たちは、ときには自宅と空港の間を毎日行ったり来たりして、税関役人がようやく彼らの相手をしてくれるまで待たなければならない。彼らは官僚のなすがままである。これは衣類だけにあてはまるのではない。電子機器を扱うインド人の貿易業者は、「持ち込もうとする電子機器類は何にでも、関税をかけようとするんです。インドには語るほどの電子機器産業がないにもかかわらずですよ。これは何十年も前の、社会主義的、保護主義的政権の遺物ですよ」と話した。

ナイジェリア政府は衣類の地元生産を奨励するために、一切の衣類輸入を禁止したが、その結果、ナイジェリアの衣類は単にすべて密輸入され、貿易業者全員が違法となっただけである。これは世界中の国々で耳にし、開かれた市場を何よりも擁護している『エコノミスト』のような雑誌でしばしば批判されている、自由貿易対保護主義をめぐる議論である。この場合、この議論は生計を追及している小さな貿易業者たちに直接影響するものだ。

貿易業者たちがいったん自国に戻ると、彼らの商品はさまざまに異なる道をたどる。私の調査は商品よりも人々であり、私が知っている人々は、しばしば複雑な流通網の一つの路線にすぎないので、これらを詳細に知ることは難しい。残念ながら私は、一つの品物が南中国で生産され、最終目的地であるアフリカあるいは南アジアの消費者の家に至るまでを追跡することはできなかった。私が知っている貿易業者たちは、彼らの商品が最終的にどこへ行き着くのかを知らない。右に論じたインド人貿易業者は、単に彼の衣類の入った荷物をコルカタ空港で待機している卸売業者に手渡し、代金を受け取るだけである。「衣類はインドじゅうの市場で売られている」という以上のことを、私は発見できなかった。ナイジェリア人の携帯電話貿易業者たちは、往々にして、彼らの託送貨物をラゴスにある中央電話市場で卸売業者に売る。どちらかと言えば、彼らは自分たちが持ち込んだ携帯電話の小売の客に会うことはないし、劣悪な電話の出どころを直接さかのぼることもできない。私の知る貿易業者たちの多くは、そこでは「ボス」のために商品を買い付ける貿易業者のインフォーマルな集団か、あるいはもっとフォーマルな企業というような、より大きな実体に属している。

こうしたケースでは、彼らは直接的かつ個人的なリスクからはいくぶん保護されている。

他方で、一部の貿易業者は、商品を小売の顧客へ直接売っている。私が話したザンビア出身の衣類貿易業者は、衣類をいくつかのカバンに詰め、バスで村々に行き、それを売っていた。彼が言うように、「タイミングが正しくないとだめなんです——収穫の後、みんなに金があるときに行かないと」。しばしば彼は金銭でなく物々交換をし、衣類と、彼らが収穫した作物から彼が得られるどんな食料品とでも交換した。しかし、彼は今ルサカに店を持っているので、村の卸売業者たちが衣類を買いに彼のところへやってくる。

実際、私が話した多くの貿易業者たちは都市部に、ナイロビ、アクラ、ダルエスサラーム、あるいはカンパラのような都市に自分の店を持っており、店に在庫するために商品を買っている。モーリシャスにある電子機器店のオーナーは、彼の顧客たちは皆、いつ彼が商品補充のために海外に出かけるのかよく知っていると話した。顧客たちは最新の商品が欲しくて、彼の帰りを待っているそうだ。彼が言うには、私たちが話をした前の日、モーリシャスに残っている彼の妻に電話をすると、彼女は「お客さんたちがここであなたに会いたがっているのよ。フライトを変更できない？　木曜日じゃなくて、明日帰ってきてよ」と言ったそうだ。

一般的な定めとして、より個人的で、貿易の物量がより少ないほど、リスクはより大きい。これは、とりわけ税関職員はコネのない人からより容易に搾取できることと、自国と海外において予測不可能な世界市場の変容によって、企業や庇護者の支援を欠いている貿易業者はいとも簡単に潰されてしまうということによる。私は二〇〇七年一二月二〇日の火災で不意を突かれたナイジェリア人の貿易業者に会った。この火災はおそらく不動産の投機家たちが起こしたもので、ラゴス最大の衣料品市場が全焼した。彼の買い手はこの市場を拠点にしていて、株と金のほとんどすべてを失ったので、彼は突然、香港で購入した衣類の顧客がいなくなり、自分が無一文になったことを悟った。私は、北京オリンピックによって、あるいは二〇〇八年後半の経済沈滞に続く為替レートの変動で、不慮の事態に陥った貿易業者たちに言及した。彼らの困難は高価格のグローバリゼーションの実業家たちにも起こったかもしれないが、そのリスクは、これら低価格のグローバリゼーションの傷つきやすい歩兵たちにとって、ずっと大きいものだ。

以下は私がチョンキンマンションで会った数人の貿易業者たちの話である。

ジェイムス・フリムポン

私はかつて携帯電話の輸入に従事していましたが、市場が非常に混雑していたので辞めました。今は電子機器類、特にコンピュータの付属品、ハード・ドライブとか接続ケーブルなどを扱っています。私はガーナ人です。私はガーナに大きな靴工場を持っていましたが、そこからは手を引きました。私の妻はガーナ系ドイツ人で、過去一七年間ドイツに住んでいます。私は今でも、ドイツに行って暮らすべきだろうかと考えます。私はすでに機会を見計らい始めています。

私は香港に四、五回来ました。香港に来ているのは一年間だけです。私は長いこと実業家でした——コーヒーを扱っていて、ナイジェリアに数年暮らしたし、靴も商売にしていました。実業家として、いつもリスクはあります。でも私は計算できますよ。私は価格を基盤にして、何を買って何を売るかを常に変えるんです。私が行った最後の旅行で、とりわけムスリムの女性のための、頭にかぶるスカーフを買いました。平均価格は九元〔人民元、中国大陸の通貨〕、一USドルちょっとです。自分の国でそれを約五USドルで売ることができました。差額は莫大ですよ。ガーナで、私は市場を回って、ある種の商品の値段を尋ねました。ムスリムの頭にかぶるスカーフと腰の周りに巻くスカーフに、大きな需要があることが分かったんです。だから私は一つの品物だけに頼ることはせず、私が需要を見込んだ場所によって、商品を変え続けます。私は市場の人たちには卸しません。直接消費者に売るんです。そうすることで私の商品をとても早くさばくことができます。旅行で金を失いました。ある旅行では、私が仕入れたとある商品のいくつかが大バーゲンセールで売られていたんです。私もその人たちの値段で売る羽目になりましたよ。

いいえ、普通は、私が持ち込んでくるものが偽物かどうか、知りませんけど、偽物かどうかは値段でわかりますね。税関に関しては、若い貿易業者たちは往々にして定めというものを知らないんです、どうルールに従うか知らないんです、それで困難に巻き込まれるんですよ。ガーナが領事館を置いているどこでもいいから、領事館事務所に行って、貿易の規則、輸入では何に対して請求され、いくらかかるのかを調べるのです。でも多くの若い人たちはこうしたことをしません――彼らはいくら支払うことになるのかをよく考えずに、ただ商品を持ち帰るだけです。そこに問題があるんです――この人たちは、そこで賄賂を差し出すかもしれないし、あるいはいろいろなことをして、払うように言われた関税を克服しようとするかもしれません。私には、はっきりしています。自分が運んでいるものの明確なリストがあるし、前もって規則を調べてあるので、いくらかかるのか私にはわかります。

香港に来るときは、アフリカ人がたくさんいる地区、チョンキンマンションに滞在したいですよ。ここは香港の中心部です。ここは最も刺激的な活動が行われているところですよ。ここなら自分と同じようなタイプの人間に会えるし、たくさんの情報が手に入ります。中国人と取引すると、ぼったくられる可能性があります。でも、ここではみんな注意してくれます、「おい、気をつけろよ」って。人種差別の点では、中国は香港より悪いです。あそこにはとんでもなくおろかな人がいます――私は真面目ですよ！　バスに乗ると、しばしば誰も隣に座りません。香港でもたまに起こりますが、中国では、まるで空白です。あそこではあなたに対して何の心遣いもありません。でもそれは、私にとって問題ではありません。私はただ商売をして帰るだけですから。ある出来事が私の気を滅入らせるようなことはありません。

母には子どもが七人、父には別の結婚で子どもが三人いました。今、二人はイタリアにいて、一人は南アフリカ、三人はアメリカ、三人はガーナです――ええ、私たちは世界中に散らばっています。彼らとはあまり会いませんけど、電話でいつも話しています。彼らは合法的にアメリカに住んでいますよ――グリーンカード〔アメリカ政府発行の労働・滞在許可証〕を持っています。一人は以前、ニュージャージーの石油会社で働いて、機械工学の学位を持っています――彼は今ガーナでは大物ですよ。兄の一人はイタリアでラジオ局を始めようとしています。私たちは皆、なんとかやっています。はい、どこでも家になり得ますよ、もしそこで金儲けができれば！　私の父は一九四〇年代後半と一九五〇年代、イギリスに住んでいました。私たちはこの冒険の趣味を父から受け継いだんです！　私は誰よりもずっと遅れてガーナを離れました。私の祖父は、近代的な靴の生産技術をガーナに導入した最初の人なんです。祖父の援助で、父は皮なめしを学ぶための奨学金を得て、そして、それを私がやることになったというわけです。

人生は海岸線のように変わります。今日うまくいっていても、明日はだめということがあり得るんです。私はヨーロッパに生コーヒーを輸出していました――私は一流の事業をやっていたんです。事業を拡張するために多額の借金をしたんですが、その年にとてつもないショックを受けました――コーヒーの価格が暴落したんです。それで私の優勢は終わりになりましたよ。借金の返済に丸四年かかりました。銀行は私の所有物を競売に賭けて売り払おうとしました。私はいい暮らしをしてきました。これはすべて父の功績です。ガーナでは私は特に金持ちではありません。私よりもっと豊かな人たちがいます。でも私は生計を立てています。商売は冒険であり、リスクでもあるんです、ちょうど人生のようにね。あらゆる人生はリスクであり冒険ですが、周到に準備をして、あらゆることを調査しなければいけないんです。

アーネスト・ムシカ

私はタンザニアの出身で、ここ五年間香港と中国に来ています。建築材料の売買をしています――私の国では建設ブームなんです。タンザニアの政府は工場の管理を怠り、商品の質は悪く、値段は高かったんです。タンザニア経済は、一九九五年から九六年にかけて、解放され始めました。そのときに、政府は国民に商売をやらせることにしたんです。屋根の材料、壁に漆喰を塗るためのセメント、陶器製と磁器製のタイル、石膏板――私はこれらすべてを中国から輸入しています。

タンザニアでは、いいえ、私は賄賂として金を要求する税関役人には、本当に会いませんね。私が利用している、スイス人が所有する検査会社があるんです。中国から商品を送る前に、中国にいる彼らの代理人を呼んでそれらを調べ、実際の価値を示してもらいます。ダルエスサラームの税関役人はこれを受け入れています。検査会社が価値を証明したのだから、何も問題はありません。ほとんどの場合、問題を起こすのは貿易業者なんです――彼らがごまかし始めるのです。もしあなたがごまかして、税関役人に見つかれば、彼はそれを利用してあなたから金を巻き上げようとするでしょう。でもあなたがあなたの商品を申告すれば――三〇〇〇平方フィートのタイル、そして彼らが調べて三〇〇〇平方フィートのタイルも見る――明白で、そこに何も問題はありません。

東アフリカ――ケニア、タンザニア、ウガンダ――では今、前もって商品にかかる税金を計算することができます。でも私の西アフリカの友人たちは、西アフリカではそれはできないといつも私に言います――彼らは前もって計算ができないのです。先週、私の友人はコンゴのキンシャサに行って、関税を一切払わなかったと私に言っていました――空港に着いて、税関役員の姿がなかったので。でも、別の場合には、二〇〇〇USドル相当の品物に対して、四〇〇〇USドルの関税を支払ったそうです。だから彼には計算のしようがないのです。

でもね、この世の貿易業者のほとんど誰もが関税なんか払いたくないんですよね。もっと儲けるのは自分の権利だと、みんなが思っています。不平を言っている貿易業者のほとんどは小規模です――彼らは商品を混ぜ合わせます、たぶん五〇台の携帯電話に二〇本のジーンズ。そういうものの関税を計算するのは大変なんです。税関役人にとっては頭痛の種ですよ——一つ一つの品目を計算しなければなりません。小規模な貿易業者たちのほとんどは、時間を割いて調べてみようとはしません。彼らはまるでまったくの運まかせで貿易をしているようなものです。「もし税関を無事に通過できたら、神に感謝！　もし引っかかったら、運の悪い日だ」と。彼らは自分がいくら払うことになっているかを、知らないのです。税関役人と小規模貿易業者の間では、かなりの腐敗がはびこっています。

これらの小規模貿易業者たちは今、より大きな貿易業者がますます市場を牛耳るようになってきたために、数が減ってきています。大規模貿易業者たちは、これを投機の手段と見ているんです。彼らにとって電話が三台か四台売れるかどうかなんて、気にする必要がないことなんです。規模が大きければ大きいほど、運送料のような固定費について心配する必要もなくなります。それに、これらの大規模業者は、他の誰よりも税金から免れることができる人たちなんです。例えば、彼らはコンテナを手に入れて中古車を買い、ガスタンクを切り取って、そこに携帯電話を詰める。誰もそんなところを調べません。税関役員が見るのは車です。小規模の貿易業者たちは、携帯電話を飛行機で運ばなければなりません。空港の税関役人は、たやすくそれを見つけることができます。ええ、私がしていることはすべて合法です。だから、私はあなたと話すのが怖くないんです。昨日私たちが話した後、誰かが私のところにきて言いました。「あの男を知ってるのか？　あんたにずいぶんいろいろと質問していたけど」って。

中国では言語の障壁があります。私は二ヶ月間の中国語コースで学びました。北京語を話せます。

私はこの先一〇年から一五年間は、中国が事業をする上での私の第二の祖国になるだろうと決めたんです。それでも、タンザニアが私の本当の祖国だととても強く感じています。私は社会に何か貢献したいです、変えたいんです。香港では皆が一生懸命働きました、今どんな風か見てください！私はいつも仲間のアフリカ人たちに言うんです、「あんたが祖国から逃げ出したら、誰がアフリカを支えるんだ」って。彼らはいつも文句を言っています。それが私たちの問題なんです。私たちはたくさん文句を言います。でも自分の祖国を築くために何もしていません。私は英国とアメリカに友人がいます――私は彼らに言うんです、「私たちが力を合わせれば、変化を起こせる。私たちは何かができるんだ！」って。確かに、政府はひどいかもしれません。でも政府は人々によって運営されているのです。

香港の税関では、アフリカ人を列から外して、彼らを調べ続けています。最後に香港に来たときに、私にも起こりました。税関役人に言いましたよ、「私が馬鹿だと思っているんですか？　もし私が麻薬を持ち込みたいと思ったら、それを自分の荷物に入れたりしませんよ。単に、中国の女の子を雇って持ち込ませますよ」って。

コーフィー・ニアメ

私はガーナの出身です。香港には四回来ています。ときには五〇％もの利益を上げることができますが、それ以外はだめです。いつも、少なくとも経費分は取り戻しています。でもときにはガーナの港や空港で待たされて、身動きが取れなくなることがあります――商品は価値を失うかもしれません。一部の人は顧客をだまそうと思うでしょう。あなたが客をだまそうと思って捕まったら、それは問題ですよ。でも、もしあなたが合法的な手段を取ったら、関税として商品にかかる料金は、しばしばもっと高くつくのです。

もし私の望み通りにするのなら、私はむしろだましますね。ときにはそれは難しいです。なぜかというと、そこにいる税関は一人だけではないからです――そこには、二人か三人、四人いるかもしれない、みんなに賄賂を払うのは簡単ではありません。でも、しばしばそれは可能ですよ。ガーナの法律は厳格ですが、喜んで賄賂を受け取る人たちもいるのです。もしコンテナを持っていたら、税関を回避するのはとても難しいです。商品の価値を低く申告することはできますけど、コンテナごとごまかすことはできませんよ！

私は電化製品、蛍光管と付属品を扱っています。私は必ずしも、香港と中国に戻ってこなくてもいいんです――私は残高を支払える代理人を雇えます。ええ、代理人は信用できますよ――彼は中国人ですけど、アフリカ人と仕事をしています。もちろん、彼は今でも代理人です――もし彼らがあなたをごまかそうと思ったら、できますよ！　もし私に流動資金があったら、携帯電話を買います。あれは早いです。二、三週間で売れてしまって、終了ですよ。だから私はまた別なことをできる。私はときどき確立した商店に売りますけど、路上の市場で商売をしている小さな実業家にも売っています。私は生計を立てようとしているんです。そしてそのためには何が必要なのか知るために、周りを見渡さなければだめなんです。私はすべての手段を探索しているんです。

一九九四年に学校を終えて、そしてイスラエルに行って、肉体労働をして、そこで数年暮らしました。でもイスラエルに滞在したくなかったんです――彼らは私の国の人ではありません。私は他人の国に住みたくなかったんです。イスラエルの給料はもっと高いです――イスラエルでは、私は肉体労働をして金を貰います。でもガーナでは、しかるべき仕事をしても金は貰えません。だから私は目をつむって、イスラエルで働いたんです。ガーナでもっといい仕事に就くこともできたんですが、その当時は軍事政権下で、非常に困難な状態でした――今はずっとよくなりました。今になってようやく、出稼ぎの旅行しています。

ええ、香港ではチョンキンマンションに滞在します。宿泊所はとても高いです――食事代の他に、一晩一〇〇香港ドルから一二〇香港ドル払わなくてはなりません。だから私は五日間過ごして、一週間で、帰らなくてはなりません。私は香港を、多くの国から来ている多くの人々がいる国際的な場所だと思っています。でもチョンキンマンションでは、アフリカ人はある場所、ある宿泊所へ行き、インド人はまた別の場所に行く――そういう状態なんです。

ここに来る時はいつも金を身に着けています。たいていのアフリカ人の貿易業者は、五〇〇〇USドルから二万USドルを持っているかもしれない。でも、たくさんのコンテナを送り返すような、かなり大規模な実業家もいます――彼らは銀行を通して支払いをします。ときどき、宿泊所でベッドを二つ置いた二人部屋を借りる人がいますけど、私は嫌ですね――私はベッド一つの部屋を借ります。もし二人いたら、相部屋になった人は信頼できるかどうかわからないですよ。私は金を盗まれたことはないです。中国では、バイクに乗ってきて、抱えている鞄をひったくるそうですよ――気をつけるように忠告されます。中国に関してこうした話はいっぱい聞きますが、香港では聞かないですね。

ガーナに家を建てました――学校に行っている子どもが二人います。ええ、ガーナは私の家ですよ。家のような場所はどこにもありません。アフリカ人であることは、ユダヤ人であるようなものなんです――私がどこにいようと、私はまだアフリカ人なんです。まず、私はガーナ人で、二番目に私はアシャンティーです。私はアシャンティーを私の兄弟と見ていますが、ガーナの外では、ちょうど英国の外にいるスコットランド人のように、私はガーナ人です。私はガーナ人であることに誇りを持っています。あなたがアフリカに来れば、ガーナが一番と思うでしょう。他のアフリカ人たちは、私たちを先導者と見ています。私たちアフリカ人は、私たちの大陸を開発することに集中しなければなりません。非常に多くの汚点と、非常に多くの困難があります。私たちだけにしかそれはできないんです。だから、とても遠くまで旅をしたけれど、私は帰りたいのです。私はアフリカ人として、ガーナ人として、自分自身、自分の文化、自分の国を誇りに思っています。

アブラハム・イドウ

私はナイジェリア人です。私の時間の半分は広州で、半分はレゴスで過ごし、香港には査証が目的でやってきます。世界中のいろんなところに行きましたけど、チョンキンマンションのような建物はどこにもありませんね。驚くほど混ざり合っていますよね。チョンキンマンションはみんなのためにあるんですよ。私が初めてチョンキンマンションに来たとき、私の香港での商売上の付き合いの人が言いましたよ。「あんなところで何をしているんですか？　あそこはゲットーですよ」って。

私は二〇〇四年に初めて、中国で貿易をするためにナイジェリアを離れました。私は修士号を取った後、ナイジェリアの銀行に八ヶ月間勤めました。でも私は落ち着かなくて、毎日同じことをするのが嫌でした。私が中国に行ったとき、私の家族や友人たちは言いましたよ、「中国？　そんなところに行って、いったい何をするつもりなんだ？」って。私は廉価な商品の情報を持っていました。私よりもっと経験のある友人と一緒に行ったんです。そこに着いた途端、自分でも知らないうちに、中国と恋に落ちました。それ以降、一度もためらいはありません。言葉のせいで、最初はとても苦労しました。私には通訳がいました。中国での私の仕入れ先の人たちが、通訳を使う必要はない、と私に言いました。彼女は余分に金をとっていたんです。今は自分が使う翻訳ソフトを持っています——私に必要なのはそれだけです。私がほんのちょっとしか中国語が分からないので、みんな笑いますけど、それで十分ですよ。

私はナイジェリア政府にコンピュータを供給しています。付属品に関しては、ええ、もちろん、コピーを作ってもらっています。でも、主要な商品——コンピュータ——に関しては、妥協はしません。もしコンピュータが動作しなかったり故障して使用できないと、みんな腹を立てます！　そうなっては商売のためにはよくありません。私はコンピュータの主要な供給者ではありません——私の商売はとても小規模なんです。ナイジェリアでよくあるのは、大物が契約を取り付けて、その小さな部分を下請けに回すんです——次回はもっともらえるように、うまくやらないといけないんです。私の年齢の人間としては、私はうまくやっているほうじゃないかな。私は最善を尽くしていますよ。私は運がよかったんです——出発点で、正しい情報を手に入れられたんです。でも、もし困難に巻き込まれたら、電話を掛けられます。コネはあなたが一度も会ったことのない人でもいいんです。例えば、友達のおじさんとか。あなたの友達があなたを知っているから、おじさんはあなたの味方なんです。部族も手助けします——どこにいても助けてくれますよ。

ナイジェリアの新しい政府は腐敗を終わらせようとしています。誰かに賄賂を払う代わりに、正規の料金を払って、社会に還元したらどうでしょう？　でも、腐敗はやむをえないのです。私は政府のために、コンピュータをナイジェリアに送り返します。それに対して、五％の関税を払います。でも、託送荷物として、たった一つの商品だけを運ぶわけではありません。そういう他のものは申告されないのです。あなたが申告したものについては政府に支払います。でも、税関役人があなたが申告しないものを見つけた場合、そこに腐敗が入り込むのです。それは私の友達のためのものかもしれない——税関役人が私のシャツやスーツを見てこう言うかもしれません、「これ三着欲しいな」って。もしあなたがこれを申告したら、禁制品と見なされます。それは国に持ち込めないものなのです。だから託送荷物の中に隠さざるを得ないのです。

私の商売で一番の難点は税関ですね。何人かの税関役人は五〇USドルを取ります、他は二〇〇USドル、また別の何人かは一〇〇〇USドル。仕事を終わらせるために、ある役人はスーツが必要、他の役人は靴。彼らは言うでしょう、「その時計、ほんとに好きなんだよ」とか「僕、ベルトがないんだ」と。——彼らが何を欲しているか、あなたには分かります。これは広報活動ですよ。これで、あなたの名前を彼らに知ってもらえます——政府が取り締まりを強化しているとき、彼らに電話すると手を貸してくれますよ。私は前もって彼らにこんな電話をします。「この土曜日に行くつもりです。」もし問題があれば、彼らは言うでしょう。「今回は飛んでくるな」って。ええ、これは腐敗ですよ、でも彼らはこれを腐敗とは呼びません――これは、以前受けた好意に対してお返しをするようなものです。三〇ドルのうち、政府は一〇ドルを税金として取ります。役人は自分たちのために一〇ドル取って懐を肥やし、私は一〇ドルの利益を得る。

中国は世界中の工場を閉鎖に追いやっています。なぜなら中国では商品が非常に安く製造できますから。ナイジェリアで商品を作ると、輸入するよりも高くつきます。ナイジェリアでは、ディーゼル発電機を買わなければなりません。値段がとても高いんです――どうして時間と金を無駄にするのかって？　海外に行くほうが簡単なんです。中国では、数週間で注文の品を作ってくれます。こうしなくちゃいけないなんておかしいと思うかもしれませんが、ずっと安いんです。

私はまだ結婚していません。たぶん来年には……、でも誰とかは分かりませんけど。でも、中国人の女性は感情的過ぎます――彼女たちは自分たちの夫を信頼していませんね。私がもし結婚するなら、旅行者とじゃないといけません。ナイジェリア人じゃなくてもいいですよ――誰でもいいんです。私は自分の国を愛しています。私は事態がよくなって欲しいし、政府に責任感を持ってほしいですよ。でも、私は自分のことを黒い中国人と呼びます――今から二〇年後、中国に住んでいたって構わないですよ。私はどこにでも順応できますから！

中国では、私はいつも忙しいです。何かして欲しい人たちからのあらゆる電話。アフリカでは、私たちは家族に傾きがちなんです。もし誰かが何かして欲しかったら、その人はあなたの知っている誰かを通して、あなたのところにやってきます。彼らはあなたの姉や母親、弟や父親を通して、あなたのところに来ます。それに対応しなくてはいけません。私は香港が本当に好きですよ、だって中国で私に電話をかけてくる人たちと付き合わずに済みますから。彼らにこう言えますからね、「すみません、今、香港なんです。今は本当に力にはなれません」って。ナイジェリアではすることがたくさんあります——いろんな事務所から書類をもらうのに走り回るとか、いろいろです。最も時間を取るのは移動ですよ。とても疲れます。私が疲れないのは、香港にいるときだけですね。

商品と貿易業者の意義

こうした貿易業者が存在するのは、建築資材、家具、衣類や電気製品、携帯電話のような商品が、航空運賃、輸送料金、関税費用を加えた後ですら、貿易業者自身の国でよりも、世界を半周した中国で買った方が安いからである。私が話したアブラハム・イドウのような貿易業者は、電力がまったく当てにならず、自分の国の税率が非常に高く、「誰もアフリカ製のものを信頼しないので、海外のものでなければならない」という理由から、海外から商品を仕入れることはまったく理にかなっている、と言った。往々にして、少なくとも自分の国で彼らがしている快適な暮らしが、このことを証明している。

しかし、私がインタビューした何人かの貿易業者は、この問いかけについてアフリカの状況を嘆いた。別のナイジェリア人貿易業者は私にこう話す。「なぜ私の国は自分の国の人々のために何も作れないんだろう？　なぜ電気がこれほど当てにならないんだろう？　天然資源にとても恵まれているのに、私の国はなぜこんなに貧しいんだろう？　アフリカの何が悪いんだろう？」と、彼はひどく苦悶しながら尋ねてきた。彼の答えは、植民地主義の遺産である。もっとも彼は、それは五〇年前に終わっていることを認めた。「私たちの指導者は、今日、なぜこんなにも劣悪なんだ？　なぜこんなにも腐敗がはびこっているんだ？」これらの質問に彼は答えることができなかった。

私はしばしばアフリカ人貿易業者たちに、さらに政府の役人たちに対しても、貿易業者の役割は彼らの顧客にとって、そして国にとって肯定的なものなのか、否定的なものなのかを質問した。彼らは単に顧客をだますために、安物を買っているのだろうか？　一部の貿易業者は搾取を認めている。「私はいい携帯電話は、家族と都市部の友人のために手に入れますが、農民たちには安物のコピー電話です。彼らは何も知りませんから」と、ある西アフリカ人の貿易業者は私に話した。アフリカ人の商業担当役人はぶっきらぼうにこう言った。「これらの貿易業者は犯罪者です。彼らが商品を売りつけるアフリカ人の助けにはなっていません。基本的には、彼らは顧客をだましているんです。こういう製品を買うために、堅い貨幣がみんな出て行ってしまう、そして製品は粗悪品なのです。」貿易について熟知している、ある東アフリカの議員は、私に次のように話した。

私の保守的な推定では、中国から来る六五％の貿易業者は不正をしています。彼らはいつだって関税を避けて、体制に打ち勝とうとしているのです。これは地域社会にとっては重要な問題です。彼らは市場に到達すると、これらが偽物の商品、あるいは中古品であることを言わずに、顧客の無知を利用するのです。彼らはそういう商品を本物の値段で売ろうとします。自覚的な消費者は、与えられたノキアの電話が本物ではないことに気づくでしょうが、無知な消費者は知らずにそれを買うでしょう。二週間後、イヤホンがだめになり、五USドルで直します。また二週間すると、今度はマウスピースがだめになり、また一〇USドルがかかります。ひと月後、電池が切れ、あなたは一五USドル払わなければならない……実質的に、あなたは電話を二度買うことになるのです。それは本物の、上等の電話の価格に相当します。

これが往々にして事実であるのは間違いないだろうが、物語の一面にすぎないかもしれない。多くの貿易業者たちは、自分たちが金を稼ぐためにやっていることは、自分の国の政府の途方もない腐敗に圧倒されているためだと指摘した。彼らが国に持ち帰る製品は、偽物であったとしても、必ずしも品質が劣っているのではない、とはいえ、しばしばその通りではある。ほとんどのコピー商品——間違いなく、衣類、そしてほとんどの携帯電話と電子機器商品——は少なくともしばらくの間は機能するし、高品質のコピー製品は往々にして、実際のところ本物と同じように優れているのに値段が大幅に安い。[*]これらの商品に対して、彼らの同胞に請求する値段は、貿易業者の地球をめぐる航路にかかった費用と、彼らの利益願望を反映しているが、貿易業者の数の多さは、少なくとも多くの地域では、競争で価格が低く抑えられていることを意味している。

私が話した貿易業者のほとんどは、自分たちが果たしている役割は、根本的にはポジティブなものであると主張した。彼らは自分たちの生計を擁護しているという事実を考えれば、驚くにはあたらないが、それでも彼らの理由付けは注目に値する。ガーナ人の電話貿易業者は、「もちろん、私たちは貿易をすることで、私たちの国を手助けしています。以前は、ほんの一握りのガーナ人しか携帯電話を持っていませんでした。でも今ではほとんどすべての人が持っています。私たちが彼らに電話を運んでいるからですよ」と言った。知的なコンゴ人の貿易業者は、彼のような貿易業者は高品質の商品がどんなものか見せることで、貧しい人々の「想像力を広げている」と言った――彼らによいものを見る機会を与えると、身の回りにあるものすべてが壊れていたり、汚らしいことを当たり前だと思わなくなると彼は主張した。思慮深いケニア人の貿易業者は私にこう話した。「私の国では誰も本物のブランドのスーツ、あるいは有名企業の本物の携帯電話は買えません。値段が

＊　本物製品の製造業者はコピー製品をどう見ているのだろうか。ノキアの従業員は一度、厳密に非公式見解としてで、ノキアは彼らの携帯電話のコピーに対してあまり反対しないかもしれない、と私に言った。それらを買っているのは、今は本物のモデルを買う余裕はないが、いつかそれを欲しいと思っている人たちだから、コピーを買うことが、最終的に、いずれ望む収入が得られるようになれば、本物の購入につながるかもしれない。これは複雑な問題である。もしコピー電話が本物として売られていたら、ノキアやサムソンのような会社は、コピーは本物のイメージを格下げするので、反対するあらゆる理由がある。しかしながら、もしコピーがコピーとして売られているなら、反対する理由はそれほどない。ホセ・ロハスはナイジェリアのレゴスで、本物のノキアの業者と話して、市内で売られているコピーについて彼に質問した。彼の話では、顧客たちは自分が何を買っているかをはっきり知っていて、コピー電話と本物の電話を混同することはないそうだ。他方、私自身、東アフリカの都市でノキアの業者と話したが、彼は、修理のためにコピー電話を彼の店に持ち込む顧客の数に腹を立てていた――あの人たちは、コピー電話と本物の電話の違いを全然分かっていないんです、と彼は言った。二〇〇七年と、そしてもっと攻撃的に二〇〇九年に、ノキアは自社のコピー電話を売っているチョンキンマンションの商店を提訴して、少なくとも公的には、会社は自分の商品がコピーされることを無視するつもりはないことを示した。

高すぎます。でも、こういうコピー商品は彼らにいいものを見せてくれます。貿易業者は世界をアフリカに持ってきているんです。彼らは祖国をよりよくしているのです！」

実際、よかれあしかれ中国と香港を通じてアフリカに世界をもたらされているのは、貿易業者と彼らが運ぶ商品である。これらの貿易業者によれば、中国の商品は、一部の貿易業者や顧客がどんなに見下そうとも、桁外れの影響力を持っている。多くの中国商品はその粗末さにもかかわらず、紛れもなく貧しいアフリカの国々にアフリカを超えた世界の味をもたらしている。この味がコピーされたもので、欠陥があり、あるいは使い古されたものであったとしても、それが自国を超えた世界の本物の味であることに違いはない。これが、貿易業者たちの究極的な意義である。彼らは世界で最も貧しい大陸に、少なくとも地球上のよいものの複製をもたらしているのだ。

これらの貿易業者の将来は限られたものであるかもしれない。論じてきたように、中国企業が多くのアフリカ諸国へ進出しており、この先一〇年、二〇年の間に、ますます貿易業者に取って代わるかもしれない。学者たちは、中国のアフリカとの発展する貿易と政治関係について、広範囲にわたって論じている。[16] これは、単に政府と大企業だけではなく、もっと小さな中国の会社と独立した

企業家たちにとっても、ますます問題になりつつある。中国がサハラ砂漠以南のアフリカの主要な貿易相手かつ庇護者として、いよいよ西洋、特にアフリカの初期のヨーロッパ植民地支配者に取って代わるにつれ、中国のアフリカへの動きは、グローバルな重要性の変化を意味している。

より特殊な視点からは、彼らには資金と規模の経済があるので、アフリカにいる中国人が、中国に来るアフリカ人に徐々に取って代わるように思える。最終的に、アフリカがグローバル化された世界に完全に参入することができれば、アフリカ人貿易業者たちのアフリカと中国の間の移動はもはや必要なくなるかもしれない。しかし、今のところ、これらの貿易業者は、昔のラクダの隊商や商船のように（しかしもっとずっと速く）、中国の商品を自分たちの国へ持ち帰っている。彼らは、いわば、開発途上世界のグローバリゼーションにおけるマルコ・ポーロである。

第4章　法律

いたるところにある法律の影

ここまで見てきたように、そのドアを出入りする商品の流れがなければ、チョンキンマンションは今あるような形では存在しなかっただろう。しかし、これらの商品取引の背景にはその基盤となる法があり、これらの法律を犯すことには一定のリスクが伴う。法律の背景は単に貿易業者だけにかかわる問題ではない。それはチョンキンマンションの無法なイメージを気にかけているレストランのオーナーであろうと、ただの旅行者として見られることを求めている臨時雇いの労働者や、没収されてしまうかもしれないコピー商品を所持する貿易業者であろうと、または自分の所持金が無事かどうかを心配している旅行者、あるいは、この章で主に焦点を合わせることになる、新しい国に我が家を夢見ている亡命希望者であろうと、チョンキンマンションの警察により体現されている法律は常に存在し、逃れることはできない。

チョンキンマンションにいるほとんどの人たちは、少なくとも彼らの生計の一部の面に関して、法律を心配する必要がある。多くの商店主は彼らの年間所得税上の売上を低く見積もっている（が、これは香港中で言えることだ)。多くの店は、少なくとも理論上は、いつ没収されてもおかしくないコピー商品を売っている。多くの店舗や企業は不法労働者を雇っており、もし発見されれば、厳罰の対象になるし、労働者自身も法的にあやうい存在として生きている——彼らの生活は警察によって、いつでも完全に壊され得る。

これらの人々は皆、概して、起訴されることを心配していない。こうしたことはすべて、多かれ少なかれ、大目に見られているのだ。麻薬の売買人はしばしば起訴されるし、おおっぴらな窃盗は起訴される。査証期限を超える滞在者は捕らえられ拘留されるかもしれない。チョンキンマンションの前の歩道で呼び込みをしているコピー時計の売人はしばしば起訴されるし、セックスワーカーも同じである。しかし、概して香港はこれらの事業所や労働者が、法律の規定外のことをするには比較的安全な場所である。これらの零細貿易業者たちのほとんどにとって、世界中で異なる明文法に完全に忠実であろうとすれば、それは経済的には自殺行為である——法律は貿易業者を彼らの旅の一歩一歩で制限している。しかし、チョンキンマンションの貿易業者は、建物内の他のあらゆる職業集団と同じように、法律を少なくとも部分的に無視することができる。

ある事例が、チョンキンマンションには法律が偏在することを、私に教えてくれた。私が調査を始めた頃、チョンキンマンションで働いている人たち何人かにインタビューをしたがっていた新聞記者が、私に連絡してきた。三〇分ほど話し合った後、私は彼女を信頼し手助けしようと思ったが、チョンキンマンションで私がいちばんよく知っている一二、三人の人々の誰一人として、彼女のインタビューに、少なくとも実名を公表しては応えられないことに私は気づいた。数人は亡命希望者であり、彼らの名前や身分は公表できない。別の数人は臨時雇いの労働者である。他はレストランや宿泊所の経営者で、不法労働者を雇っているか、無免許の、あるいは明るみに出るかもしれないその他多くの違反のある敷地で営業している。したがって、名前を明かさず、引用もしないことを求めた。誰も記録が残る形で話したがらなかった。これはおそらく、チョンキンマンションはまさに邪悪の巣窟である、というこの新聞記者の感覚を確かなものにすることになっただろう。

今では明らかになったはずだが、チョンキンマンションは邪悪の巣窟ではない。私の情報提供者たちの法律違反は一般に、道徳よりも法の細かな規定の問題である。金持ちのオーナーや経営者によって、貧しい下層の労働者はひどく搾取されているが、これはチョンキンマンションに限ったことではなく、香港、そして資本主義世界全般の特徴でもある。

チョンキンマンションの隅で、はなはだしい不正が行われている——何が起こっているかを理解する前に、仕事を失ったインドネシア人の家政婦が、いちばんの高値を付けた入札者に、セックスのために売られるところを私は見た。私は、もし違反したら警察に突き出され追放されるという条件で、彼の雇い主のために奴隷として働かされているパキスタン人の亡命希望者と、彼が私から押しやられる前に、少しの間だけ話す機会があった。酔っぱらって気を失っているアフリカ人が、彼によって自分たちを侮辱されたと感じたネパール人たちに、何度も頭を蹴られるところを私は見た。しかし、これらは例外である。チョンキンマンションは一般的に言って、礼儀正しく、平和で、道徳的な場所でさえある。

私は、これはチョンキンマンションの約半数の人々を支配している厳格な道徳律を持つイスラム教が、香港自体の人間の多様性に対する寛容さと相まって、しばしばパキスタンのような場所で露呈する無信仰者に対する不寛容さが、チョンキンマンションに輸入されることを妨げているからだと思う。これはまた、香港政府の新自由主義——何にもましてビジネスを重視する——によるもので、それがこの建物におよそポジティブな効果を与えていると私は見ている。私のインフォーマントたちが従事する不法行為は、前にも述べたように、道徳と言うより技術的な問題である。しかし、こうした不法行為は、広く彼らの日常の暮らしの背景をなしており、彼らが注意しなければならないものだ。彼らはそれが自分たちの生活を侵すかもしれないすべてのことを含めて、法律を無視することはできない。

法の境界線上でのせめぎあい

チョンキンマンションの暮らしでさらに興味深い局面の一つは、ビジネスのほとんどの分野においてあからさまな警察の介入がないことである。実際、警察はほとんどいつも、チョンキンマンション周辺のどこかにおり、あからさまな窃盗や暴力事件が起これば、すぐに現れる。しかし、チョンキンマンションで私が目にした多くの争い事では、警察は明らかに蚊帳の外に置かれるか、あるいはいずれにしても役に立たなかった。

実際、往々にして、苦情を言う人たちが法律を持ち出すことはない。チョンキンマンション内の不動産の所有所たちが、彼らの論争を少額請求裁判所に持ち込んだ例を何件か知っているが、これは珍しいことである。チョンキンマンションの不動産所有者以外、裁判所の判決を求める者はほとんどいない。その理由の一つは、商品を売る側も買う側も香港の住人ではないかもしれないからだ。もう一つの理由は、チョンキンマンションにおける商取引は、ときに文書での痕跡を何も残さないためである。

長期にわたって香港住民であり、インド出身のセールスマンは何年も前に、東アフリカ人の実業家と一緒に投資をするのに香港系中国人の友人から借金をしたために困っている、と私に話した。このアフリカ人が金を持って逃げてしまったのだ。彼はその人のアフリカでの電話番号を持っているが、電話をしてもそのたび、「すみませんが、彼は家にはいません」と、最近では「彼はもういません。どこに彼がいるのか、私は知りません」と言われる。伝統的に借金を返済する時期である春節に、彼の香港系中国人の友人に会うと、彼は借りているのに返すことができない金のことを思い出して、特に嫌な気持ちになる。「勉強になりましたよ。若いとき、私は親切な人間でした。でも、いい人でいるのを止めることを学びました」と、彼は話した。

チョンキンマンションのかなり多くの貿易業者たちは、一度や二度、あるいは五〜六度やってきて、その後再び現れることがないのを考えると、支払われないままの多くの借金があることは想像に難くない。逃げ出した共同経営者に彼の金すべてを取られてしまった、第2章で取り上げたアーメドのように、この男性にできることは何もない――法的かつ警察的保護は、彼が失った金を取り戻す助けにはならないだろう。

私はチョンキンマンションの小さな食堂のパキスタン人オーナーと食事をして、彼の複雑な話を聞いた。二〇〇五年に、彼はチョンキンマンションの別のパキスタン人の商店主と一二〇万香港ドルを投資した。商店主は彼に五万香港ドルを支払い、そして、次に会ったとき、彼は不渡りになった一二〇万香港ドルの小切手を手渡した。債務者は逃走し、食堂所有者は二度と彼を見ることはなかった。彼の話では、彼はまず香港警察に行ったが、「私たちは介入できません。これは民事問題ですから」と言われた。次に弁護士のところへ行ったが、「着手金として、一〇万香港ドルかかります。それに、この裁判に負けるかもしれませんよ」と言われたという。

彼の数人の知人たちが、パキスタンでその借り主を殺害することを申し出たそうだ。彼はその男がどこにいるか知っている。借り主の父親が、息子の巨大な借金の責任をかぶらないように、息子を勘当したことを彼は知った。「彼を殺したくはないけど、ただ誘拐して私の金を取り戻したいだけですよ。その後で、彼をどうするか考えます」と彼は言った。彼はこの男を探して、三ヶ月パキスタンに行ったが、彼を見つけることはできなかった。その間に、彼のチョンキンマンションのレストランは四〇万香港ドルを失ったそうだ。彼の血圧は高くなり、彼は脳卒中で倒れた。「この件について考えすぎるのをやめたほうがいいですよ。体に良くないです」と医者は彼に言ったそうだ。彼は今でも怒りで心中穏やかではないが、殺人を犯すまでのことはしない、と私に言った。「彼と彼の父親を殺すために誰かを雇うことは簡単にできるけど、私の金は返してもらえない。私は金を返してもらいたいんですよ！」

私の気に入っている、パキスタン人が経営する小さな食堂が一時的に閉まっている時に私が聞いた別の出来事は、最終的な結末においてもっと調和がとれている。数人のパキスタン人の男たちが数日前にやってきて、食事を注文し、支払いを拒否した。香港警察が呼ばれ、犯人を逮捕すると脅したので、男たちは最後には支払った。しかし、数時間後に彼らは戻ってきて、食事をし、また支払いを拒絶した。私の友人であるコックが文句を言うと、ビール瓶で彼の頭を殴りつけ、さらにレストランの客引きをも襲った。私の友人は、彼の客引きが不法に働いていることを警察が発見することを恐れて、警察を巻き込むことを拒絶した。代わりに、彼は親族関係に基づく方法を選んだ。彼は、知り合いが、彼を襲った男たちの一人の叔父であることを発見した。その後、男たちは叔父に伴われてレストランに戻り、私の友人に二度と彼の邪魔はしないと言った。この解決策は、法的な調停よりもずっと確実であると彼は感じたし、事実、この男たちはこの後二度と彼を邪魔することはなかった。(しかしながら、数か月後このレストランは隣接するレストランに買収され、その後、私は再び彼を見ることはなかった。)

パンジャビ・インド人のシーク教徒である別の友人は、彼自身の店から通路を挟んである、パキスタン人のムスリムたちが経営する競合の携帯電話販売店についての話を語った。ムスリムたちは決まって彼の店の客に声をかけた「いらっしゃい！　こっちの方がお買い得だよ！」これに反応して、彼は値段を下げた――五〇〇香港ドルの卸売電話に、たった五一〇香港ドルだけ請求し始めた、と彼は私に言った。その後、彼らは彼を脅し、彼の店で働いていたキリスト教徒の妻も脅した。彼らはわざとらしく彼女に近づいて、彼女の写真を撮った。彼はそこで彼らにナイフで決闘を挑んだそうだ。彼らは警察を呼び、彼は警察の尋問を受けた。彼は、パキスタン人の店に不法労働者がいることを知っていて、そのことを警察に話したが、警察がかけつけたとき、それらの不法労働者は店にはいなかった。パキスタン人たちは、彼がそのようなやり方で復讐するかもしれないと知っていて、彼らの労働者たちに休みを与えていたのだった。

数か月後、パキスタン人の店のオーナーが、明らかに仲直りがしたくて、彼にお菓子を持ってきたが、彼はそれを受け取るのを拒否した――「中に何が入っているか分からなかったですからね。もしかしたら私に毒を盛ろうとしていたかもしれないですよ！」このシーク教徒の男性は最後に、彼から一〇フィート離れたところにいる競争相手にこう言った。「警察は呼ぶな。これは宗教的に方を付けよう。私たちはあんたのイスラムの寺院と私のシークの寺院に行って、そこの権威者に話して彼らの判断を仰ごう。それがこの問題を解決する道だよ。あんたが私の一番下の息子を連れていき、私があんたの一番下の息子を連れていく。私たちはお互いの寺院へ行くんだ。」この提案は採用されなかったものの、大いに状況を緩和した。この緊張関係が宗教的なものなのか、宗教を言い訳に使った商売上のものなのかは、未解決である（私は後者ではないかと疑っている）。いずれにしても、警察や裁判所ではなく、宗教がこの問題を解く鍵と見なされた。

法律が実際に適用されても、助けを求めている人にとっては効果がないかもしれない。私の知っている南アジア人の商店主は、チョンキンマンションの裏の路地で、フィールドホッケーのスティックを振り回す南アジア人の数人の男たちに襲われた。彼は入院を余儀なくされるほどひどく殴打された。彼を殴った男たちを逮捕するように警察に助けを求め、警察は彼らを拘束したが、彼自身の言葉以外に証拠がなく、目撃者たちは声をあげることを拒絶したので、警察はこれらの加害者たちを釈放した。彼は激怒した。

いったい全体、どうしてあいつらを釈放することができるんだ。あいつらは私を殺そうとしたんですよ！　また戻ってくるかもしれない！　香港の法律は有効じゃないんだ。警察が言いましたよ、私の証言はあてにならない、って。「防犯カメラの証言、CCTVの証拠が必要です」と。誰かが罪を犯した。私を殴った男たちを私は指摘できる――それが誰なのか私には分かる。でも警察は私を助けてはくれないんだ。

個人的な意味で、彼が怒るのはもっともなことだが、法律的な意味では、彼には彼自身の証言と傷以外に証拠はなく、警察がこの事件を裁判所に持ち込むためできることは何もない。彼に対する暴行の主犯は、結果的にはネパールへ追放になったと聞いた。しかし、この男性は法律にもとづいて彼を襲った男たち全員を罰することができなかった、という事実について深く悲しんでいた。

貿易業者たちの間で、商取引に法律を持ち込もうとしたケースを私はほとんど知らない。これは、部分的には、これらの貿易業者たちは往々にして香港にごく短期間しかいないので、裁判所に行くのは不可能だからだ。この他に、これらの貿易業者たちは、もしコピー商品を購入しているのなら、すでに合法性の怪しい分野にいるからだ。さらに、貿易業者たちは時々、彼らが買った安物の商品を顧客に回しても、ほとんど影響を受けない。したがって、彼らがだまされても、彼ら自身はその経済的影響を避けることができるのだ。最後に、これらの貿易業者たちの多くは自分がだまされたことに気づかない。

概して言えば、文字通り現金が盗まれない限り、警察が呼ばれることはない。ある貿易業者は私に、彼が多額の金を失った事情を話した。彼は注文した六〇〇台の携帯電話のうち、三〇〇台を返品し、彼が受領した電話の山から数フィート離れたところに別の山にして置いた。何らかの方法で、店の従業員が欠陥のある電話六〇台を彼が受け入れた電話の山に滑り込ませた。彼は支払いを済ませてから発見したのだが、これらの電話は使用不可能なものだった。しかし、彼は全くどうすることもできなかった――自分が騙されたのかどうかさえ、彼にははっきりしなかった、なぜなら彼自身が注意散漫だったかもしれないからだ。

しかしながら、貿易業者でさえ警察に巻き込まれるかもしれないときもある。ナイジェリア人の貿易業者は非公式な送金制度に依存している。それにより、指名された人々が、ナイジェリア人の商人からの数十万USドルを現金で香港に持ち込み、香港の受取人に金を再分配し、代金を受け取る。「ドル・マン」というあだ名のある人物がこの制度の親方である。二〇〇八年に彼の香港の事務所は、顔を隠すためにフードをかぶり、おもちゃの銃を持った二人のアフリカ人の男による強盗の被害にあった。事件の後すぐに、香港にいるナイジェリア人貿易業者たちの集団が、犯人を捜すための捜索隊を結成した。彼らは、この事件が香港におけるナイジェリア人のイメージを傷つけ、その結果、査証の規則が厳しくなることを心配したのだ。数日以内に、彼らは盗まれた金を突き止め、金が正しい受取人に分配されるように、ドル・マンの事務所に返し、犯人を警察に突き出した。この場合は、香港におけるナイジェリア人の無法というイメージを払拭するために、これらの人々は香港の警察と協力したのだ――もっとも、私はまた後に警察官から、犯人を警察に突き出した男性たちは、実際、自分たち自身の違反を見逃してもらえるよう求めていたと聞いた。

私は第3章で、多くの貿易業者が直面している最大の法的試練は、中国と香港内のコピー商品の搬送と、彼ら自身の国の困難な税関通過であると論じた。大規模な実業家——完全に順法であると主張しながら、多くの場合、疑いもなく、単に高度なレベルの腐敗に従事している——は別にして、これは常に私の知る貿易業者たちに付きまとっている。彼らは腐敗していようとなかろうと、法律や役人のせいで、瞬時にして彼らの商品や稼ぎを失い得る。繰り返すが、これがいたるところにある法律の影であり、ほとんどの貿易業者たちの頭からこのことが離れることはない。もっとも、そのような影は主にチョンキンマンション自体では、貿易業者たちの心配事ではないようだ。

私はこの節を、法律が持ち出された、あるいは避けられた、ヘロインが関わるもう二つの出来事に触れて、終わらせることにしよう。香港移民局のアフリカ人通訳が、チョンキンマンション近くのセブン・イレブンで私にこう言った。コンドームを飲み込んで胃の中に入れたヘロインを香港に持ち込もうとして捕まった、東アフリカ人の女性の通訳として彼は空港に呼び出された。これは彼のふだんの仕事であるが、この場合は、それがちょうど二ヶ月前にこの同じセブン・イレブンで、ビールを飲みながら気さくに言葉を交わした女性であることに彼は気づいた。彼女のために正式に通訳を始める前に、彼は密かにできる範囲で彼女に助言を与えた。彼女は結局一六年の懲役判決を受けた。

チョンキンマンションで不法に働いている私のパキスタン人の友人が、ある日の午後、狂乱して電話をかけてきて、警察が彼を逮捕したという。私は建物の中にいて、彼の電話の五分後に彼のところに到着すると、二〇人前後の人たちが警察官の前に並んでいた。警察官が地面に落ちていたへロインの包みを見つけて、付近にいた人たちを全員集めたのだ。友人は私を見るなり、一万二〇〇〇香港ドルを私のポケットに滑り込ませた。幸い警察官には見られなかった。彼が恐れたのは、警察が彼を調べて、不法労働者として彼が所持してはならない金を発見し、没収してしまうことだった。私は、彼の行動を警察が目撃し、私の写真が地元のあらゆるマスコミに載ることを恐れた。「教授がヘロインの手入れで逮捕される」。警察が帰った後、私は彼を一分間怒鳴りつけ、彼に金を返した。その後、私たち二人はほっとして、また数分間談笑した。彼は違法で働いているが、ヘロインとは一切関わりがないことを私は確信している。しかしながら、これらの二つの事例が明らかにするように、ヘロインや他の犯罪行為を通して容易く得られる金の誘惑は、常にチョンキンマンションの周辺に潜んでいる。

警察の役割

チョンキンマンションには、建物の警備員と警察という、二層の権威がある。チョンキンマンションは独自の警備隊を持ち、建物の入り口近くの持ち場に配置されている。混雑する時間帯にはエレベーターのところで、長い列を整理し、建物を歩き回る。これらの警備員は武器を持たず、彼らの役目はむしろエレベーター付近の秩序を維持し、建物の中を歩き回って、何も問題がないことを確認することにある。時には、彼らが犯罪を阻止することもある（ある警備員は二〇〇七年に、泥棒を試みた人が、撮影されないようにCCTVのケーブルを切断しようとしていたところを捕まえて賞賛された。

警備員は警察を呼ばずにこれを成し遂げた）が、ほとんどいつも、何か深刻なことが起きると彼らは警察を呼ぶ。

こうした警備員の一つの役目は、それによりチョンキンマンションの廊下や階段を、大きなＣＣＴＶの画面が並ぶ保安室を監視することだ。これらのカメラの映像は犯罪が起こった場合には有用で、しばしば被害者や警察がそのような映像を検証することを求める。私が聞いた話では、犯罪、あるいは潜在的犯罪を調べるために、警察が月に四、五回保安室にやってくるという。チョンキンマンションの一部の住人たちも、そうするようだ。これはミシェル・フーコーのパノプティコンの描写をほうふつとさせる。すなわち、ジェレミー・ベンサムによって想像された建築物の中での囚人の常時監視で、そこでは「すべてが観察されている」[1]。しかしながら、私自身は、映像が人々の行動にあまり影響を与えていないように見えることに驚いている。カメラは、強盗や凶暴な犯罪の映像を回収できるので——建物内のほとんどの商人たちはその存在をありがたいと感じているようだ——チョンキンマンションにある程度の秩序をもたらしているが、たいていカメラの存在は無視されている。時々階段や他の場所で、彼らを撮影しているかもしれないカメラを気にすることなく、注射をしているヘロイン中毒者が通り過ぎるが、カメラは彼らの生活になんの影響ももたらさない。

より直接的に法律を実行することに関わっているのは警察である。警察もまた、おそらく驚くべきことに、チョンキンマンションのほとんどの人々に尊敬されている。これは部分的には、警察の専門家としての態度のせいであろう。私の知っている亡命希望者が理由もなく警察に殴られたと主張した時、他の亡命希望者たちはゲラゲラ笑って、彼を信じようとはしなかった。「香港の警察はそんなことはしないよ。あんたが先に警察官を殴ったんでしょう」。これはまた、警察の賄賂が日常茶飯事である、貿易業者や商人たちの祖国と香港の警察とが対比されるせいである。香港に来たばかりのコンゴ人貿易業者は、もし彼が困難な目にあっても、香港の警察に賄賂は通じないと私が言っても、最初は信じなかった。賄賂は彼にとって第二の天性のようだった。

この根底にあるのは、第1章のインタビューでアンディー・モックが主張したように、警察はチョンキンマンションに関わりたくないという明白な事実である。これについてもっと知るために、二〇〇七年に数時間にわたって警察官にインタビューした。以下は彼が私に語ったことである。

ビリー・ツァン

長い間、警察はチョンキンマンションに対して悪いイメージを持っていました。他の場所に比べて非常に多くの苦情が寄せられていたからなんです。実際、過去数年間で評判はずっと良くなりました。でも、若い警官たちはまだ、チョンキンマンションは危険だと考えています。これは、訓練をするのが先輩の警察官たちで、彼らがまだ古いイメージに固執しているからなんです。警察にとってチョンキンマンションの最大の問題は、査証の滞在期限を超過している人たち、査証が期限切れになった人たちなんです。しかし、それは単に彼らが査証の期限を超えて滞在しているからではないんです——悪人たちが彼らを売春や麻薬のために利用しているからなんです。超過滞在者たちにこういうことをさせるのはとても簡単なんです。なぜかと言うと、彼らはもうすでに法律の外側にいるからなんです。彼らは警察には行きませんよ。

ええ、麻薬を売っている人たちの何人かはネパール人ですが、しょっちゅう超過滞在者を使っています。香港の身分証明書を持っているネパール人は、超過滞在者の中からセックスワーカーを雇うかもしれませんね——こういう人たちの中からセックスワーカーを見つけるのはずっと簡単なんです。ネパール人みたいなヘロイン中毒者にとって、問題は麻薬そのものじゃないんです。もしこの人たちが月に四〇〇〇香港ドルの福祉給付金をもらっても、彼らの常用癖を維持するには十分じゃないんです。だから金を手に入れるためには何でもするんです。先月、チョンキンマンションで中毒者たちによる強盗が、一日に四件も起こりました。

売春に関しては、一つの基本的事実は、香港の警察はただその辺りに立っている人を逮捕できないことなのです。それができるのは苦情があったときだけです。でも、苦情に基づいたときでさえ、警察にできるのは、身分証明書を調べて、こういう女性たちが合法的に香港にいるかを見ることだけです。偽物の商品についても同じなんです。税関および物品税局は苦情が出ない限り行動はしません。詐欺行為がチョンキンマンションではなく、アフリカだけで起こるなら、警察は何もしないかもしれません——心配すべき、もっと切迫した問題がありますから。

喧嘩に巻き込まれるグループは、他の誰にも増してネパール人であることが多いです。その理由は、ネパールの社会では、喧嘩が自分が本当に男であることを見せる方法だからなんですよ。チョンキンマンションで起こる多くの騒動には、彼らの人数以上に、ネパール人が関わっています。パキスタン人も喧嘩をしますが、彼らは名誉のためと言うより、私利私欲から喧嘩をしますね。

チョンキンマンションにはかつて、パキスタン人暴力団がいました。このグループは、数年の間、自分の暴力団と中国の三合会を結び付けた男に率いられていました。何年か前に、彼はゆすりの罪で逮捕され、パキスタンに強制送還されました――彼がいなくなって、もう暴力団はありません。チョンキンマンションには今警備装置が整っているので、もう誰も飛び上がって、数年前までのように、「俺がチョンキンマンションの親玉だ」なんて言えませんよ。その当時ですら、彼らはたいてい、給付金を要求せず、麻薬のような、他の方法で金を稼いでいました。

ええ、若い警察官は亡命希望者のような人たちを連行しますよ。年上の警察官は言いますよ、「どうして私たちの手を煩わせるんだ」って。若い警察官の多くは規則通りにやりたがるんです。年上の警察官は、主要な犯罪は殺人とか、強姦、強盗の類のものだと言います。公共の秩序に対す

＊　ビリー・ツァンの言う滞在期限を超過している人たちとは、主に亡命希望者たちのことである。このインタビューを行った二〇〇七年時点で、亡命希望者たちは法的保護を受けていなかったが、一年後、各個人に、亡命希望者としての彼らの法的地位を証明する薄片の書類が発行された。現在、チョンキンマンションには、滞在期限を超過している人たちが引き続きいるものの、間もなく私が論じる、チョンキンマンションにいる数百人の亡命希望者はその中には含まれていない――彼らは合法的に香港にいる。ただし、彼らは働くことは許されていない。

る本当の犯罪です。超過滞在のようなことは、優先順位がずっと低いんですよ。本当に公共の秩序に対する犯罪というわけではありませんからね。

チョンキンマンションの所有者組合の会長、ラム夫人は非常にいい仕事をしています。一つには、彼女はチョンキンマンションの外の、より大きな近隣の地域社会と非常にいいつながりを持っているからなんです。彼女は、必要なさまざまなあらゆる言語――ウルドゥ語、ヒンディー語、フランス語、ネパール語――で書かれたチラシを通して、「あなたも香港の一部です。ですから、どんな犯罪でも、どうぞ報告してください」というメッセージを配信する上で大きな助けになっています。警備員の持ち場に、無名で記入できる犯罪情報用紙（ＣＩＦ）が用意してあります。例えば、もし超過滞在者が彼女の雇い主に強姦されるというような場合、彼女はこの用紙を提出することができます。彼女は名前を明かしたくないかもしれませんが、その情報はそれでも警察に行きます。匿名なので、警察は何の行動もとれませんが、警察はこれを記録に残せます。彼女は、自分の身を危険にさらさずに、この用紙を提出――匿名で郵送――できるのです。

警察はチョンキンマンションに関して、週に一五件ほどの電話を受けます。ほとんどは小さなこと――騒音に関する苦情のような――ですが、超過滞在者に関する苦情もあります。「このレストランでは超過滞在者に違いない人が皿洗いをしている！」この類の電話の多くは偽物です――ある客が悪い取り扱いを受けたと感じるとか、勘定をめぐって揉め事があるとか――少なくとも五〇％は偽物です。強盗に関する電話も時々あるし、それから喧嘩も、週に一、二度ですね。

もし亡命希望者、あるいは他の誰でも、警察を見て逃げるなら、彼らは必ず逮捕されます。絶対、走らないで！　もしあなたがただ平静にしていたら、警察はおそらくあなたの身分証を要求しないでしょう。もう一つの問題は、チョンキンマンションの前でレストランのチラシを配っている客引きたちは、インド式ではなく、香港式で振る舞うことを学ぶ必要があることですよ。もしあなたがチラシを手渡しても、その合法性は曖昧だし、ほとんどの場合、警察は無視します。でもあなたが攻撃的になって、通行人の服をつかんだりしたら、それは問題です。

警察は苦情に基づいてのみ行動するという原則は、麻薬の売人にはあてはまりません――警察が彼らを取り調べるのに苦情は必要ありません。麻薬売人の多くは、お互いに競争しているから逮捕されるのです――他の地域の麻薬売人が、競争をなくすために、チョンキンマンション付近で働いている麻薬売人のことを匿名で通報するのです。でもあるときには、潜入捜査の警察がやってきて逮捕することもあります。

警察は、中国人でない民族の人たちと関係を築きたいと、本当に思っています。彼ら全員に対して重要なメッセージは、警察を怖がらないでということです。ＣＩＦ用紙に記入してください――警察はその用紙をただ片付けるのではないのです。それに基づいて行動を起こすのです。

このインタビューの後、私はすぐさまビリー・ツァンの言ったことが実際に起こっている現場に遭遇することになった。前に言及したように、レストランのパキスタン人料理人が、臨時雇いの従業員と共に襲われた。私は警備員の持ち場からＣＩＦ用紙を彼のために持ってきたが、用紙に名前と住所を書く必要があったので、彼はそれを使うことを拒否した。暴行の間警察に三度電話をしたが、警察はついに現れなかったそうだ。チョンキンマンションの警備員も助けてはくれなかった。彼は警察へ行くことについて、かなり懐疑的だった。何故なら、そうすることは、不法に働いたために投獄されるかもしれず、彼の従業員を（そして、付け加えるならば、雇い主として彼自身をも）危険にさらすからだ。

この後私はビリー・ツァンに電話をかけた。こういう状況下では警察は助けることはできない、と彼はしぶしぶ言った。彼の理想主義にもかかわらず、この小さなパキスタン料理店が愚連隊に脅かされている時、香港の警察は役に立たなかった。私たちが見たように、問題を解決するために、このパキスタン人料理人が警察ではなく、むしろ親族関係や友人関係——彼の友人が攻撃者たちの一人の叔父であるという事実——を利用することにしたのは、このためである。

チョンキンマンションに来る警察官にはいくつかタイプがある。まず、ひさしの付いた帽子をかぶった通常の警察官がいる。彼らは一般に、強盗や襲撃のような犯罪や、公共の秩序を維持することを気にかけていて、不法移民たちにはほとんど関心がない。ビリー・ツァンはこの中に入る。そして、他の職務の中でも、特に移民法違反者を発見する任務を負った警察官がいる。彼らはブルーのベレー帽をかぶり、チョンキンマンションの中にさらなる恐怖と慎重さを起こさせるようだ。また、潜入捜査の警察官、ＣＩＤもいる。彼らは主に麻薬売人を捜査しているが、また時には彌敦道（ネーザンロード）で商売に励んでいるコピー腕時計のセールスマンや不法労働者を逮捕することもある。

コピーの時計を売っている私の友人たちは、潜入捜査の警官をどう見分けるかを私に教えてくれた。数人はまた、付近にいる潜入捜査官は顔で見分けがつくと言った。彼らの指導で、私もかなりに簡単に潜入捜査官を見分けられるようになった。一度ならず、私は彼らに挨拶し、彼らも気弱そうに微笑みを返した。明らかに、これらの潜入捜査の警察官は、あまり熱心に潜入しようとしていない。チョンキンマンションの性格を考慮すれば、それはおそらく当然のことであろう。[*]

違法な労働市場に対する異なる立場に基づいて、チョンキンマンション内のさまざまな企業や商店には、警察と違法性に対して異なる見方がある。上の階にある五、六軒の（チョンキンマンション基準では）高級インド料理店の多くは、主に地元の香港系中国人の客を持つ。彼らの商売は、チョンキンマンションが足を踏み入れるには危険な建物と見られるか、あるいは「異国情緒たっぷりで魅力的な」場所と見られるかに大きく依存している。

これらのレストランのいくつかは、経営者は一般に否定するが、臨時雇いの労働者や亡命希望者を客引きや皿洗い、あるいはウェイターとして雇っている。ある料理店主はこう話す。「私たちは旅行者として来ている人なんて雇いませんよ。もし捕まったら、経営者は罰金二〇万香港ドルと禁固六ヶ月ですよ。リスクが大きすぎます。私たちは地元の香港人だけを雇っています。」しかし、このレストランは実際不法労働者を使っている。にもかかわらず、彼のような料理店主は、商売に

＊　二〇〇九年一一月に、一階のレストランで違法に働いていたために、二人の亡命希望者である従業員が逮捕された。逮捕する前に、二人の潜入捜査官が三日間続けて、このレストランで食事をしたと聞いた。このことは、この種の逮捕のために、十分な法的証拠を集めるにはかなりの労力を要することがわかる。

とって警察の存在は非常に有益だとみている。別のレストランの経営者が私に言ったように、「私は警察を友人と思っていますよ。彼らはこの建物のイメージづくりに手を貸してくれますよ。私たちは地元の市場を引きつける必要があるんです。地元市場はチョンキンマンションを怖がっています。警察がやっていることは良いことなんですよ。」

宿泊所のオーナーや支配人はいくらか違う見方をしているかもしれない。彼らもまた——特に、顧客基盤として、アフリカの実業家たちよりも、中国、日本、ヨーロッパからの旅行客に依存しているもっと値段の高い宿泊所では——チョンキンマンションがその多文化的混乱さの中で安全で、清潔で、魅力的だと見なされることは、彼らの商売にとって不可欠であると考えている。しかし、彼らの商売は香港を基盤としているわけではないので、チョンキンマンションに対する未だに大部分否定的な地元の認識を、あまり懸念する必要はない。

このほかに、多くの宿泊所は何かしら警察から隠しているものがある。何軒かの宿泊所は、主要な宿泊所が満員の場合に客を受け入れることができる、無許可の部屋をいくつか持っている。いくつかの宿は、「家政婦」として雇われていて、したがって技術的には、家庭（それは、香港系中国人の雇い主が所有する、チョンキンマンション内の同じブロックのアパートかもしれない）以外で働くことを許されていないフィリピン人女性に経営されている。そして、数軒の宿泊所——特にアフリカ人の客を求めている宿泊所——は、そうした客を引きつけるために、アフリカ人の亡命希望者を手伝いや支配人として雇っている。これらの宿泊所のオーナーや支配人は、チョンキンマンションをより整然と保とうとする警察の存在を歓迎しているが、彼らはまた警察が自分の宿泊所に現れることに対しては、かなり神経過敏である。

数週間あるいは数ヶ月ごとに、警察はチョンキンマンションの手入れを実施し、上の階に行って身分証明書やパスポートを要求する。時に、警察は認可された宿泊所ばかりでなく、建物内のすべてのアパートを訪ねる。時々これには特別な理由がある。一度は、明らかに――路上の噂から私はそう判断したのだが――数人のパキスタン人が国境を越えて、特にモンゴルから、売春のために女性を連れてきて人身売買をしており、それが地元のマスコミの注目するところになったからだ。別の時には、インド系のカナダ人女性が失踪し、知られている彼女の最後の居場所がチョンキンマンションの宿泊所であったからだ。[2] もっと頻繁には、警察の手入れは、単に超過滞在者を捜索する定期的な活動の一つに過ぎない。

宿泊所のオーナーや支配人は、こうした手入れが彼らの客にもたらす不便さについて、不満を口にするかもしれないが、より明らかなのは、彼らが自分たち自身の不法従業員の運命を懸念していることである（最も多くの場合、彼らは期限切れの査証を持った従業員ではなく、香港で働けないが、滞在を許可する書類を持つ亡命希望者や臨時雇いの労働者である）。しかしながら、チョンキンマンションでは噂はあっという間に広がる。ある宿泊所の支配人は私にこう話した。

もしフィリピン人の家政婦が私たちのために働いていたとしたら、誰も私たちに電話をかけてきて、移民警察がチョンキンマンションで手入れを行っているなんて知らせてくれませんよ。でも、私たちは上の階にいるので、警察がここに来るずっと前に分かります、だって彼らは一階ずつ上がってきますから。警察は宿泊所のフィリッピン人女性を逮捕できません――いつだって「彼女は今一〇分ほどここにいただけですよ」って言いますから――でも、面倒なことにはなりますね。

亡命希望者を雇うことに関しては、ある宿泊所の支配人はこう言った。「もし彼らが宿泊所のフロントのあたりで眠っていて、警察が来たら支配人は、この人たちは寝る場所が必要で、部屋代が払えないというからフロントで眠らせてやったんですよ、と言います。入境事務所はそうではないとは証明できませんよ。」私がなぜ宿泊所がこのような不法労働者を雇うのかと聞くと、非常にざっくばらんに、こんな答えが帰ってきた。「彼らを雇わなかったら、私たちの商売は生き延びられません。」彼らが姿を消すことで導かれるのが、破産という問題であれ、単なる利益の縮小という問題であれ、チョンキンマンションの宿泊所の多くが実際これらの労働者に依存していることは明らかなようだ。

第2章のジョニー・シンとファハド・アリの話にあったように、香港の警察は中国人をひいきしていて人種差別的だと、時折チョンキンマンションでは表現される。ある地上階の商店主から聞いたように、「外で新聞の売店をやっている中国人の男が、二、三日前、ネパール人を鉄の棒で殴ったんだ。警察はこの中国人に何もしなかったよ。彼は警察署に連れていかれ、そして二時間後には釈放されて、仕事に戻った。こんなのは正しくない！」他の人たちは、香港の警察は、言葉の壁にもかかわらず、その態度は決して人種差別的ではないと言った。しかし、この人種差別という非難は、チョンキンマンションにおいて、警察に対してなされる唯一の最も一貫した批判である。

チョンキンマンションで違法に働いている人たちは、もし捕まれば、厳しい制裁を受けることになる。右に述べた、潜在捜査の警察官を見張っているコピー時計のセールスマンには、警戒を怠らないもっともな理由がある。というのは、もし捕まれば、彼らは罰金、刑罰の可能性、強制送還、そしてパスポート没収に直面する。しかしほとんどの労働者たちは、この可能性に対して比較的悠長に構えている。宿泊所の不法労働者は、ある晩一二時ごろに、客を求めて、チョンキンマンションの入り口へ降りて行った。私がどうしてこんなことができるのかと彼に尋ねると、彼は微笑んでこう言った。自分は違法で働いているけれど、私のような誰かが、彼について入境事務所に電話をしない限り絶対捕まらない、と。労働者は時には捕まることがあるが、それはたまにしか起こらない。一般に、チョンキンマンションの警察は、無干渉の新自由主義の原則の下で機能している。商売は香港の最優先事項であるので、香港の公衆が傷つかない限り、妨害せずに商売を続けさせる。この態度がチョンキンマンションを可能にしているものである。

査証と住民権

チョンキンマンションに滞在する人々のほとんどを結び付ける心配事は、香港と中国の両方における査証と住民権に関するものである。チョンキンマンションで出会うかなりの数の貿易業者たちは中国を拠点にしていて、香港には査証の更新のためにやってくる。私たちが第3章でみたように、これはオリンピックを前に、中国が査証政策を厳しくした二〇〇八年に最も明らかであった。しかしこの問題は、彼らの将来は中国と香港の役人が彼らに査証を発行する意思があるかどうかにかかっているので、ほとんどの貿易業者の頭から遠く離れることはない。

中国の外で働いている貿易業者たちは、往々にして、可能な限りに最長の査証をいかにして手に入れるか、その手法を作りあげている。あるケニア人の貿易業者は、中国の査証を提供するチョンキンマンションや他の場所にある多くの旅行代理店を無視し、彼自身が香港にある中国領事館へ行くことで、可能な限りに最善の取引ができるものと確信していた。彼はそこの中国人の役人に遠慮はしない、と私に言った。「私は彼らに言うんです、私は旅行者査証が必要だが、私は旅行者ではありません。私は商売のためにそれが必要なんです……あまりたくさんは要求しませんよ。もし二週間要求したら、彼らはあなたに二ヶ月間くれます。でも三週間要求したら、三日間ですよ。」

貿易業者がいったん中国に入れば、警察に届け出なければならない。これを多くの人は忘れ、警察への賄賂を払うことになる。ある貿易業者は私にこう話す。「彼らは何でも自分たちで決めるんですよ。あなたはすぐそこで彼らに賄賂を払います。一〇〇元、二〇〇元、あるいは五〇〇元を。」もしアフリカ人の貿易業者が中国人女性と結婚していたとしても、彼は中国に留まることはできない。取り乱したアフリカ人の配偶者たちから、私は何度も何度も聞いた。最高三ヶ月のビジネス査証を手に入れられたからと言って、永久に住めるという保証はない。

多くの貿易業者たちは、香港政府のますます厳しくなる査証規則によって、苦しめられていると感じている。ガーナ人の貿易業者は、単に香港の空港に現れるだけでよかった以前と違って、ガーナで香港の査証を取ることがいかに難しいかを語った。今は香港の査証を取るために、彼はアクラの中国大使館を通さなければならず、そこからすべてが香港の入境事務所にファックスされる。彼は毎日中国大使館に行かねばならず、全行程に一ヶ月を要したという。中国大使館は、「香港の役人がまだ決論を出していない」と、決まって香港のせいにすると彼は言った。あるチョンキンマンションの商店主は、私にこう言った。「香港政府は、あんなに厳しい査証政策を設ける前に、私みたいな商人のことも考慮に入れなければなりませんよ。そうじゃないと、私は破産して福祉援助が必要になりますからね。」

パキスタン人の電話商人は、三人のパキスタン人顧客のために、彼らの入境査証の申請が許可されたかどうかを尋ねて、いかに繰り返し香港の入境事務所に行ったかを話した。公的な返答は、「未だ順番待ち」。彼らの不在はこの電話商の商売に影響し、彼は怒りと無力さを感じるばかりだった。中国人の時計商人は、ガーナに足止めされ彼と商売ができずにいる、長年のガーナ人顧客たちのために、入境事務所に電話をかけた。中国への査証は手に入る一方で、香港に来るための査証はもはや手に入らなくなったそうだ。二〇〇八年と二〇〇九年に、ますますこの手の苦情が、チョンキンマンションの多くの商人から聞かれるようになったが、香港の入境事務所は彼らの問い合わせに対して、決まって、何も語らない。

空港で香港での長期滞在を許可してもらうための能力は、チョンキンマンションで最も圧倒的に目にする多くの諸国民の説明となる。ひとつだけ例をあげるなら、しばしば、建物の中でおよそ三〇人のケニアとタンザニア出身のセックスワーカーが働いている。彼女たちがこの仕事に従事できるのは、ほとんどの他のアフリカ諸国の女性と違って、彼女たちが空港で受けとる九〇日間のビザなし入境がそのような仕事を可能にし、また儲かるものにしているからである。セックスワーカーになりたいと思う女性などほとんどいないだろうが、この職業に従事する人々にとって、長期滞在はそれを著しくより実用的なものにしている。幾人かはまた亡命希望者になり、香港に滞在するさらに長い期間を得る。亡命希望者たち——彼らについてはこの後詳しく論じる——は、一、二ヶ月に一度帰国する臨時雇いの労働者と違って、自分の国には戻れない。さもなければ彼らの主張は終わってしまい、彼らは香港に永久に残ることになる。

査証なしで香港に入れない諸国民は、香港へのビジネス査証を取ることができ、特に、一部のナイジェリア人はその技を磨いた。ビジネス査証は、たいていは、香港の企業からの紹介状を通して入手するもので、香港への最初の旅のためにそれを取得するのは難しいかもしれない。一部のナイジェリア人貿易業者はこの困難を、保証してくれる会社と既に個人的なコネを持つ、経験のある貿易業者を代理人として雇うことで回避している。代理人は、この新しい貿易業者が代理人とどれほど近しいかによって、五〇USドルから四〇〇USドルほどで、香港の会社からの紹介状を提供する。彼らはいったん香港に入ると、香港の貿易会社に彼らを保障してくれるように頼むが、これらの会社は一般に、顧客層を拡大するためにそうした依頼を喜んで引き受ける。これはまた中国に入る場合にもあてはまる。南中国の工場は三〇〇USドルから四〇〇USドルで「招待状」を提供できる。工場はこれらを非常に限定された数しか発行できないので——私が聞いたのは、月に一通——特にナイジェリアの貿易業者たちはそれを取ろうと躍起になり、ある場合にはそれらを偽造するそうだ。香港に入ることを許可されない問題を解決するもう一つの、よくあるナイジェリア的手段は、もっと自由に香港に入ることを許されている他の国——ザンビアと南アフリカが一般的な選択——からパスポートを手に入れることである。いくつかの記事によれば、これは数百USドルで簡単にできるという。

査証について常に心配しなければならない、チョンキンマンションにいるもう一つの部類の人々の圧倒的多くはインドから来ている臨時雇いの労働者である。明らかに近年、臨時雇いの労働者が査証を延長するのが、前よりも少し難しくなった。私の知っている労働者は、以前は四二日間香港にいることができたものだが、二〇〇七年にはたった二五日間だけだった、と話した。その後、彼はまた四二日間の許可を得たが、香港に何日間滞在を許されるのか分からない恣意性は、彼の立場を難しいものにしている。

これらの労働者の何人かもまた、自分は亡命希望者であると主張し始めた。私は一人の新しい労働者／亡命希望者に、「でも亡命希望者になったら、祖国には帰れなくなるんだよ」と言うと、彼はうつろな目で私を見て、こう言った。「そんなことはどうでもいいんです。重要なのは金なんです。私の家族は私に会うことよりも、私が家に送る金の方をもっと気にかけてますから。」亡命希望者になること選択した人たちは、臨時雇いの労働者として稼いでいたのと同じか、少し少なめの賃金を得るが、祖国に帰る航空券の代金を、それが彼が往復で運ぶ商品でほとんど賄われるにしても、支払わなくともいい。

香港に滞在する追加戦略は、香港の永住民と結婚することである。コルカタで結婚し、幸せな家庭を持っていると話す労働者を私は知っているが――私に小学生の二人の息子の写真を見せた――、彼は香港の住民権を得るために、彼の友人である香港系中国人の女性と書類上の結婚をしようとしているところだった。私が知っている独身の南アジア人の臨時雇い労働者たち数人には、結婚したいと望んでいる香港系中国人のガールフレンドがいる。彼らはそれによって、香港の居住権ではないとしても、少なくとも、香港に永久に滞在できる暗黙の保証を手に入れたいのだ。

すでに香港の住民権を持つ南アジア人や大陸系中国人にとって、彼らの懸念は家族を香港に連れて来られるかどうかという点かもしれない。私はしばしば、パキスタンに残した子どもや兄弟姉妹を香港に連れて来ようとしている、チョンキンマンションの経営者たちについて耳にした。ある年配の男性が私に言った。「私はパキスタンに息子四人がいます。二人はカラチ、二人はラホールです。彼らが香港に来られるように申請しました。二人は来ると思います。でも書類の審査には非常に長い時間がかかるんです。」私はまた、パキスタン人兄弟のうち、一人は香港の住民権を持ち、もう一人は持たない事例を知っている。住民権を持つ一人は月七〇〇〇香港ドルを稼ぎ、住民権のない一人は三〇〇〇香港ドルしか稼げない。非常に大きな賃金の差である。

また査証期限を超過して滞在する人もいる。これらの人々は働くかどうかにかかわらず、彼らの存在そのものが公的に違法である。チョンキンマンションで不法労働者を捕らえるのは難しい。何故なら、彼らはいつでも「ちょっと友だちを手伝っていただけだ」と主張することができるからだ。しかしながら、超過滞在者を捕らえるのは比較的にもっと容易い。何故なら、彼らのパスポートが、あるいは、ある場合にはパスポートを不携帯であることが、彼らが違法であることをさらしてしまうからだ。

一定の時間に、チョンキンマンションにいる超過滞在者はおそらく一〇〇人以内だ、と私は言われた。超過滞在者の一つのグループはナイジェリア人である。彼らは合法的に実業家として働くために香港に来るかもしれない。そして、数ヶ月後、パスポートが盗まれたと主張して、ナイジェリア大使館に行く。時折実践されているのは、アフリカ人は、これは南アジア人にも言えるが、ある程度顔つきが似ているので、彼らは共同で一つのパスポートを異なる帰国の旅に使用することである。「中国人にはほとんどのアフリカ人は同じに見える」そうで、明らかに、それがこの策が成功する絶好の機会を与えている。ごまかしは数ヶ月ごとに変わるが、一般的に言って、これらの敏捷な実業家たちは、何とか警察と法律の一歩も二歩も先にいるようだ。

広州には、香港やチョンキンマンションよりもずっと多くの、ナイジェリアや他のアフリカ諸国出身の超過滞在者がいる。これは、そこにはもっと多くのアフリカ人がいて、したがって数が多くて安全であることと、警察の法律の施行があまり徹底しておらずより恣意的であることによる。何年間も超過滞在者として暮らしていくのは、明らかに香港よりも広州での方がもっと可能であるようだ。しかし、これは逮捕されて強制送還になり、すべてを失ってしまい、何年にもわたる海外での努力に対して何も見せるものがなく、恥じて帰郷することになるかもしれないという意味で、危険に満ちている。

二〇〇九年の七月に、広州で超過滞在していたナイジェリア人が、査証の検査を逃れようと窓から飛び降りて、殺されたと噂された。数百人の怒りに燃えたアフリカ人が警察署を取り囲み、公平さを要求して抗議を行った[3]。これに関して中国と香港の一つの重要な相違点は、香港では自分は亡命希望者であると主張できるが、中国では不可能であることだ。宿泊所で働いていて警察に逮捕され、数週間拘束されたチョンキンマンションの超過滞在者のことを私は知っている。彼は自分は亡命希望者であると宣言し、また捕まることはないだろうと賭けて、それからもう一度宿泊所の仕事に戻った。最後に私が聞いた話では、彼はまだそこで働いていて、毎月ネパールの家族に金を送っていた。

亡命希望者と法律

ここで亡命希望者たちに目を向けよう。この章の残りを彼らにあてるのは、彼らが単にチョンキンマンションの人口の重要な部分を占めているからばかりでなく、また最も明白に法律によって閉じ込められた――国々の間に閉じ込められ、一般に脱出できない――人々でもあるからだ。亡命希望者とは、政治的、民族的、宗教的迫害の故に自国を逃げ出し、他の社会での新しい人生を求めている人々である。一部の亡命希望者は、公には認められないが、主に経済的理由から新しい人生を求めている。亡命希望者たちは香港で彼らの申し立てが決定されるまでしばしば何年も待っている。その間、彼らは貧しくいくぶん隠れた存在の中で、自分自身のためにできる限りの人生を作り出している。

アメリカ合衆国、西ヨーロッパ、オーストラリアの亡命希望者と難民の処遇を描写している、読者を震撼させる最近の書籍[4]など、世界中の亡命希望者に関する莫大な文献がある。これらの描写は、香港も、自国の海岸にやってくる亡命希望者の数を減らそうと、これらの国々の多くと同様の戦略を使っていることを明らかにしている。香港は、事実上、亡命希望者の誰も永久に香港に留まることを許可せず、第三国へ再定住することに固執するという点で、これらの社会とは異なっている。香港はまた、こうしたほとんどの国々に比べて、比較的より開放された査証制度を持つ点でも異なっている。

チョンキンマンションには明らかにかなりの数の亡命希望者がいるが、正確な数字を把握するのは不可能である。少数の亡命希望者だけがクリスチャン・アクションのようなNGOに行く。チョンキンマンションの一六階と一七階（Eブロック）にあるクリスチャン・アクションは、特に亡命希望者たちのために設立された。もっと多くは地上階や一階、あるいはチョンキンマンションのいたるところで働いているが、自分が亡命希望者であることを知らせてはいない。

私はときどき商店主に、チョンキンマンションの中を通りすぎる人のうち、何人が亡命希望者だろうかと聞く。私が耳した一つの概算はこうだ。「チョンキンマンションを通り過ぎる一万人の内、二〇〇〇人は亡命希望者、四〇〇〇人は旅行者許可証で違法に働いていて、残りの四〇〇〇人は貿易業者や合法的な労働者。」これらの数字は誇張されているが、亡命希望者はいたるところにいると一般に持たれている確信をまさに反映している。私がチョンキンマンションで知っているすべての人たちを基にした、私自身の大雑把な推定では、日中のある一定の時間に建物の中や周りには、三〇〇人の亡命希望者と五〇〇人の旅行者許可証の労働者がいる。無視できない数ではあるが、私が話した幾人かが推測した数よりはずっと少ない。貿易業者と旅行者がチョンキンマンションで見かける人々の大半であり、もし旅行者として入境を許された貿易業者は厳密には商売に従事すべきではないとしても、圧倒的多数の人々は合法的に香港にいる。地上階と一階にいる店員や上の階の宿泊所や他の店で働いている人たちの何人かは、実際、旅行者許可証で働いているか、あるいは亡命希望者であるが、より多くは、おそらく大多数は香港の合法的住民である。

前に指摘したように、亡命希望者は香港の滞在許可を更新するために帰国する必要はないという利点がある。したがって、彼らを、特に目立たずに溶け込める南アジア人の亡命希望者を雇うという無視できない誘惑がある。しかしながら、多くの亡命希望者は、香港では働くことを許可されていないという法律の規定に従って、働かない。いったん入境事務所当局に降参し、拘束を解かれると、亡命希望者は毎月家賃の補助として直接大家に支払われる一〇〇〇香港ドルと月九〇〇香港ドル相当の食料品を、香港政府に委託されたＮＧＯ、国際社会福祉を通して受け取ることができる。この金額で香港で生き延びることは、かろうじてできる。

亡命希望者の目的は難民として受け入れられ、カナダやアメリカ合衆国などの第三国で暮らすことを認められることである。しかしながら、この目的を達成できるのはほんの少数の――もっとも頻繁には、ソマリアなどの混沌とした状況にある国からの――亡命希望者だけである。一部の亡命希望者は、本当に、難民の地位を獲得する。幾人かは、何とか香港人や他の外国人と結婚し、そのようなやり方で住民権を手にする。何人かは祖国に帰り、何人かは強制送還される。しかし、私の知り合いのほとんどは、香港の外に旅行はできず、彼らの申し立てが決定されるのを無期限に待ちながら、香港で毎年何とか細々と生計を立てている。

一部の亡命希望者たち――必ずしもいつもというわけではないが、往々にして正当な申し立てを持たない人たち――は、働いて家に送金している。ほとんどが非常に低い賃金に苦労しているが、少数はしばしば自国に商品を輸出することや、貿易業者と商店の、あるいは商品の卸売業者と小売業者の仲介人として働くことで、自分自身の商売に適した居場所を何とか作りあげ、どうにかして自国に家族のために新しい家を建てたりする。

他の亡命希望者たち――理想主義者、遵法者、ある場合には単なる怠け者――は、時々、彼らに支払いはしない慈善団体の手伝いをする以外、働かない。働かない人たちの何人かは、逆説的に、もし働けば、香港に最も利益をもたらすことのできる人たちである――彼らは自国で政治指導者や反体制派であり、著しく知的で洞察力がある。しかし、彼らはまた最も頑固に法律の規定に従おうとする人たちでもある。何故なら、もし働いて逮捕されれば、彼らは自国に送り返され、投獄され、拷問され、そしてともすると死に直面するかもしれないからだ。

ほとんどの亡命希望者はチョンキンマンションに住んではいないが、時折、建物にやってくる。ただし、チョンキンマンションとその付近は、多くの人にとっては社交の中心であり続けている。[*] 二〇〇六年五月、香港には自分たちの亡命申請に対する結論を待っている約一六〇〇人の亡命希望者がいた。二〇〇七年までに、この数は二六〇〇人に跳ね上がった。[5] 現在、この数は大幅に増えている。これは後に説明するように、非常に多くの亡命希望者たちが、現在、自分たちの主張を拷問等禁止条約（CAT）を通して香港政府に要求しているからだ。二〇〇九年八月の終わりまでに、香港の入境事務所が受け取った五六三八件の未解決の拷問の主張があり、[6] またUNHCRによって処理されている数千件の未解決の主張もある。ほとんどの主張者は両方の手続きを経る。現在、香港にはおそらく六〇〇〇人を超す亡命希望者がいる。ほとんどは南アジア出身で、少数だが無視できない数はアフリカから、他の国からはほんの少しである——香港そのものが中国の一部なので、中国からの亡命希望者はいない。

香港の人口は主に、過去六〇年のある時点で中国から逃れて来た人々で成り立っている。彼らは精神面において、今日の亡命希望者とある程度似通っている。[7] しかしながら、アフリカ人と南アジア人の亡命希望者は香港では極めて新しい。香港は不法移民をめぐる恐怖で、長い間苦しんできた。一九八〇年代一九九〇年代にベトナム人漂流難民に対して激しい反対の声が上がったし、[8] もっと最近では、香港で赤ん坊を産んで、子どもを香港住民にしようとする中国大陸の女性たちに対する懸念があった。[9]

南アジア人とアフリカ人の亡命希望者の現在の波は、ほんのつい最近、二〇〇〇年の初めになって香港に押し寄せ始めた。亡命希望者たちが私に語ったところでは、彼らが香港に来始めた最大の理由は、9・11の結果、他の国が査証政策を厳格化して香港を魅力的な目的地にしたからだそうだ。[10] アフリカ人と南アジア人の貿易業者は査証なしで入ることができるという噂が広がるにつれ、潜在的な亡命希望者が香港に注目した。

一部の亡命希望者は、彼らが経験した激しい苦しみにもかかわらず、チョンキンマンションのほかの住人たちのように、経歴は中流階級であり、彼らが香港に来ることができたという事実が示すように、自国では富裕層に含まれる傾向がある。一部は中国を経由して陸路を旅し、ほかは船で到着するが、大多数は自国からの航空券の代金を支払うことができた。私の知るソマリア人の亡命希望者たちは、彼らがモガディシュでそうであった教師や会計士の穏やかな、気難しくさえあるような態度を持つ傾向がある。ソマリアの暴力を逃れて、アデン灣でボートが転覆しておぼれ死んだ同胞の男女と違って、彼らを営利本位の飛行機に乗せ香港に連れてきた斡旋人の助けを彼らは買うことができた。第2章で書いたように、私は数年間にわたって、亡命希望者たちのための時事問題や他の問題を話し合うクラスを毎週開いている。それは活発な大学のセミナーのようで、アフリカの植民地主義、同性愛と異性愛、他の惑星に生命が存在する可能性、インターネットの未来、そして神の本質についての活発な議論で満ちている。**

＊　二〇〇九年に国際社会福祉は、チョンキンマンションに住んでいる亡命希望者たちに対する毎月の家賃援助を打ち切る政策を始め、おそらく不法労働者を防止するために、彼らが他へ移ることを主張した。

亡命希望者たちは、もしＵＮＨＣＲ［国連難民高等弁務官事務所］を通して難民の地位を求めるなら、自分が民族的に、宗教的に、あるいは政治的に迫害されてきたことを、あるいはＣＡＴ［拷問等禁止条約］を通して保護を求めるなら、拷問を受けたこと、あるいは拷問の脅威に直面していることを、納得のいくように主張しなければならない。彼らが訴える組織は、彼らの申し入れが正当なものかどうかを決定しなければならないが、往々にしてこれは法外に難しいことである。開発途上国の拷問者や迫害者は、彼らの行動を記録した書類上の痕跡を残さないかもしれない。これらはグーグルが照らすかもしれない明かりがはるかに及ばない範囲である。

面接官はしたがって、亡命希望者の物語内部の一貫性を探ることになる。しかし、拷問や迫害を受けた人は、もはや、面接官の基準に合う論理的、あるいは説明能力を持たないかもしれない。誰が正当であり誰がそうでないかは、わずか数時間あるいは数分間のインタビューの評価次第の、亡命希望者の命を懸けたゲームとなる。[11] 驚くべきことには、このゲームに勝つ者はほとんどいない。二〇〇八年にＵＮＨＣＲが審査した一五四七件の難民申請のうち、正当と認められたのはたった四六件、たった三％弱だけであった。[12] 香港政府はこれまでにたった一人の拷問申請者を認めただけで、増え続ける数千人の他の申請者はまだ審査を待っている。

「本物」と「偽物」の亡命希望者たち

亡命希望者たちについて話している際、時折「本物」と「偽物」という言葉が、しばしば亡命希望者自身によって、しばしば揶揄的にチョンキンマンションの店主たちによって使われることがある。彼自身はその主張において明白に本物である、ある亡命希望者は、おそらく八〇%の亡命希望者の主張は偽物だと私に言った。

それは巨大な割合である。しかしながら、(言わば、第3章で論じた「本物」と「偽物」の商品のように)「本物」と「偽物」の亡命希望者の論争を見れば見るほど、問題は複雑になる[13]――「本物」と「偽物」の間の境界線はあまりはっきりしないので、区別出来ないのも同然である。* 明白に本物の亡命希望者が何人かいる。脅迫されたり迫害されたりしたからではなく、むしろ経済的利益のために自国を離れた人たちもいる。彼らは香港で金を稼げるように、亡命希望者の地位を主張している。多くの亡命希望者はどちらの型にもはまらず、その中間にいる。

UNHCRあるいはCATの必要条件を満たすのは、暴力を経験したり、あるいは暴力で脅かされたりしたことがある人であるが、往々にして非常に難しい。ガーナ人の亡命希望者は、隣の家族が彼の家族の土地を狙っていたと私に言った。辛辣な口論の後、この家族の一員が彼を殺すと脅迫

** これらの亡命希望者たちの何人かは、私の香港中文大学での学部生の授業にやってくる。私は彼らと、帝国主義から魔術に至るさまざまな問題について、熱のこもったクラス討議を行っている。私たちが討論している間、中文大学の学生の多くは、そのような活発な討論に慣れておらず、怯えて見ている。

* この章を読んだある亡命希望者は、両者を分ける線は非常にあいまいなので、これらの用語を使わないように強く助言した。「ある人たちは全く本物で、他の人たちは全くそうではないと言っているわけだけど、そういうもんじゃないですよ。」彼の指摘は妥当なものだ。しかしながら、これらの用語がチョンキンマンションで頻繁に使われているという理由で、私は引用符付きとはいえ、これらを保留する。

したそうだ。セネガル人の亡命希望者が言うには、彼はボートを操縦していて、それが衝突して人々が溺れた――死亡した女性の夫が彼を殺すと誓った。彼の話を後に聞くが、パキスタン人男性は私にいかに彼の結婚が大失敗だったかを話した。しかし、彼の親戚は、もし彼が離婚を求めたら、それは家族に恥をもたらすことになるので、彼を殺すと脅した。インド人男性が私にこう言った。「私はTシャツを売る商売を失いました……債権者が言ったんです「私の金を返さないなら、お前を殺すぞ！」って。私の母が言いました「お前は私のたった一人の息子だ。どこか他へ行きなさい、どこへでも！」」

これらの人々が逃げ出すのはもっともだ――彼らの命は危険にさらされていたようだ。しかしながら、これらの申し立てには死の脅威は伴っているが、拷問やその脅威、あるいは政治的、宗教的、民族的迫害は伴っていない。むしろ、それらは個人的な争いである。開発世界の場合には、そのような脅威にさらされた人はそうした状況から逃れるために、接近禁止命令を求めるか、あるいは他の法的手段を用いるだろうが、こうしたことはこれらの人々が来ている開発途上国では利用できない。彼らの申し立ては、異なる物語を作り上げなければ、おそらく失敗するだろう。なぜなら、それらは難民認定の基準を満たさないからだ。

彼らの主張を直接身につけている亡命希望者を、私は何人か知っている。一人は、大腿骨に弾丸が撃ち込まれた南アジア人の男性である。彼は、いつも持ち歩いているレントゲン写真を私に見せてくれた――政府軍に撃たれ、今もかなり重篤な状況にあると彼は主張した。第1章で述べた別の一人はいつもサングラスをかけている。刑務所にいた時に彼は盲目になったそうだ。彼の話では、看守が彼の瞼をテープで開けたままにして、何時間も太陽を凝視することを彼に強いた結果だと言う。しかしながら、こうした主張はそれを裏付ける証拠なしには、とりあってもらえない。最初の男性は、どうすれば事故ではなく、政府軍に撃たれたと証明できるだろうか。二番目の男性は、どうすれば刑務所で失明させられたと証明できるだろうか。これら亡命希望者たちの主張は彼らの身体に傷として残っているが、これだけでは不十分である。彼らの身体の主張を裏付ける（うまくいって、グーグルを通して入手可能な）何らかの公的な記録があることを、彼らはただ期待するだけである。

一部の亡命希望者は華麗に嘘をついている。ある西アフリカ人は私にこのような話をした。彼は幼少期に、ある宗派に入ることを強いられた。彼が二〇歳の時、この宗派が彼の二一歳の誕生日に、彼が女性に引かれることなく無条件で神を愛するように、彼を去勢することを計画しているのに気づいた。彼は大急ぎで逃走し、ジャングル奥深くへと逃げた。隠れているときに、二人のオーストラリア人に出会った。彼らは、他界した母親が彼にくれたダイヤモンドの入った瓶を見せると、彼を助けてくれることに同意した。彼らは彼に薬物の入った飲み物を与え、彼は意識を失った。漠然と長い期間、彼は暗い閉鎖された空間の中で――おそらく船倉だろうと彼は見当をつけた――意識と無意識の間を漂っていた。男たちは彼に飲み物を与え続けた。最後に、頭がはっきりし、彼は目が覚めた。彼は香港の空き地にいて、ダイヤモンドも、金も、パスポートもなくなっていて、どうやってそこにたどり着いたのかも分からなかった。誰もこの話を信じることはないだろう、と私は彼に言った。彼はあまりにも多くの悪い冒険映画を見すぎたのだろう。しかし、彼は頑固だった。

この話を聞いた時、私は笑いを抑えるのに苦労した。そして実に、UNHCRの職員が私に言ったのだが、彼らが直面する問題の一つは、亡命希望者が語るかもしれない奇妙な話の前で無表情な顔であり続ける面接者のそれだそうだ。ナイジェリア人や他の西アフリカ人が語る標準的物語がある、とUNHCRの事務官が私に言った。「私の父は王でした。そして父が死んだ後、彼の衣を相続できるように、彼の心臓を食べることになっていました。私の母はキリスト教徒で、私が父の心臓を食べることを拒絶しました。このために地域社会だけではなく、精霊たちも私を憎んでいます。私の命が脅かされているのです。だから私は帰れないのです。」この話は何度も何度も語られているると、この事務官は私に言った。「そういう話をもう一つ聞く時は、大声で笑いださないよう努力しなければなりません。」

しかしながら、このような物語に関してさえ、何が本当のことなのか誰もはっきりとは分からない。西アフリカ人の亡命希望者は、酋長の息子たちと彼らが耐えている圧力について、そして彼らのうちの何人かが、特に、もしキリスト教を受け入れるならば、いかに迫害されるかに関するインターネットで見つけた詳しい記事を私に見せた。――このインターネットの記事は彼自身の個人的な物語にそっくりである。彼の申し立てはUNHCRに却下され――おそらく彼らの押し殺した笑い声とともに?――彼はCATに彼の主張を訴え、まだその判決を待っている。最近彼は、彼の主張が本当である可能性を証言する、英国等の学術専門家から彼が受け取った数通の手紙を私に見せた。彼は他の人たちが語る偽りの物語に近すぎる本物の物語を持っている、UNHCRでの被害者だったのかもしれない。

私が知る亡命希望者たちは、時折、いつＵＮＨＣＲあるいは香港当局に嘘をつくのが適当かと討論する。私が首尾一貫して耳にするのは、真実のかけらもない物語をでっちあげるのは間違っているが、往々にして、単に明らかなわかりやすい物語の筋のためには現実をある程度ゆがめなければならないということだ。「状況は実際とても複雑なので、彼らのためにもっと明白に、簡単にしなければならないのです。」ＵＮＨＣＲの人員はしばしば経験が乏しく、無知であると見られているので、こうすることが特に必要だと感じられている。「彼女は私の国がどこにあるかも知らなかったんですよ！　どうやって彼女が私の申し立てを判断できるんですか？」より大きな手続き上の意味では、香港政府と違って、ＵＮＨＣＲは社会福祉士が書き上げたインタビューの原稿を、亡命希望者が訂正する、あるいは見ることすら許さないので、間違いが起こる可能性がある――一部の亡命希望者の考えでは、だから嘘をつくのがもっと必要になる。

しかしながら、自分の物語を脚色したり単純化したりすること自体にも危険が伴う。ＵＮＨＣＲと香港当局は、亡命希望者の説明の一貫性を大きく重視する。嘘をつくことの危険は、つまずいて、以前の説明とつじつまの合わないことを言ってしまい、難民になる機会を逸するかもしれないことだ[14]。このことで、私の知る何人かの亡命希望者の信頼性は、激しく傷ついた。

前に私は、ときどき「偽物の」亡命希望者は働いている人たちで、「本物の」亡命希望者たちは、もし働いていて逮捕されれば、国に送り返され、投獄されたり殺されたりするかもしれないということから、働いていない人たちであると思われていることを指摘した。これには無視できない真実が含まれているが、ここにもまた微妙な違いがある。一部の亡命希望者たちは家族のことを身もやつれるほどに心配して、家に送金できるように大きなリスクを冒すことをいとわない。

ある種の仕事──例えば、国にいる信頼できる共謀者に商品を送り、それに対する支払いの手はずを整えること──は、友人の名前で送金するなど、何らかの予防手段を取るかぎり、当局が追跡するのは難しい。しかしながら、そのような仕事に従事するためには、信頼できるアフリカのコネが必要であり、亡命希望者が無期限に香港に立ち往生している事実を考えると、それは難しいかもしれない。アフリカにいる人たちは、しばしば、香港にいる亡命希望者たちは金持ちだと信じているそうだ（「彼らは生活のためだけに、亡命希望者にたくさん金をやっている！」）。だから、亡命希望者が投資のために家に送った金は、自分自身のもっと切羽詰まった必要がある家族や友人たちに、消費されてしまうだけかもしれない。

うまく商売に従事できない亡命希望者たちは、手数料を期待して、香港に着いたばかりのアフリカ人貿易業者を案内するなどの、他の種類のリスクが少ない仕事を試してみるかもしれない。亡命希望者たちのクラスのある授業で、働いているある亡命希望者は、いかに亡命希望者たちは「怠けていないで、働く」べきか、について長々と語った。彼はどのようにして廃車置き場に行って携帯電話で車の部品を写真に撮り、次にチョンキンマンションに行って利益の分け前と引き換えに、アフリカ人貿易業者に何が入手可能かを見せて説明した。「こんなことは誰にだってできるよ」と彼は言った。クラスの何人かの亡命希望者たちの反応は、「それは違法だ！　私はそんなことはやらない！　私は法律に従うことを信じている」と宣言することだった。他の人たちは彼が帰った後、こう言った。「あいつを信じないよ──あいつは香港政府のために働いていて、僕たちを罠にかけようとしてるんだと思うね。」

何人かの亡命希望者たちは、絶望して、チョンキンマンションの周りの歩道でコピーの時計を売るような、彼らを目立たせ、潜在的に逮捕の対象にする仕事に従事するかもしれない。そのような仕事に従事している人々の一部は、私が判断する限り、実際、多かれ少なかれ「本物」である。他方、働かず、むしろ彼らの魅力を使って、くつろいで、チョンキンマンションの非常に安い酒を毎月飲んでいる亡命希望者もいる。前の節の、仕事をしている亡命希望者は後に私に大声でこう言った。「ほとんどの亡命希望者は怠け者ですよ。あの人たちは働きたくないんです！　あの人たちは自分で働くより、施し物をもらう方がいいんです。だからアフリカはこんなに貧しくて、白人に支配されているんですよ！」（しかし、私たちが見たように、香港の亡命希望者のほとんどは、アフリカ人ではなく南アジア人で、多くは実際に働いている。）

面白いことに、「本物の」亡命希望者たちの間では、「偽物の」亡命希望者は経済的理由で香港にいるという理由で軽蔑されているかもしれないが、チョンキンマンションの商人や貿易業者の間では、侮辱されているのは働かない亡命希望者たちである。東アフリカ人貿易業者が、チョンキンマンションには亡命希望者がいるのかと私に聞いた。私がいると答えると、彼女は嘲笑ってこう言った。「そういう人たちはみんな偽物よ！　ただ怠けているだけなのよ！　政府を食い物にしたいだけよ！　あの人たちは私よりもっといい暮らしをしているのよ、だってゆったりくつろげるんだから。でも私は働かなくちゃならないのよ。」他の人たちはもっと広範な反感を示した。ある商店主は私に言った。「亡命希望者があまりにもたくさんいるから、政府はアフリカ諸国の査証を制限して、アフリカの人たちがここで商売ができないようにしているんです*。あの人たちのせいで、私たちは金を失っています。みんな追放されるべきですよ！」

主に経済的理由で香港に来ている、疑いもなく「偽物の」亡命希望者何人かを私はよく知っている。彼の話をほどなくして聞くことになるが、あるパキスタン人男性は、長年香港に在住の叔父の商売を手助けするように家族に頼まれた。もし彼の香港の親戚が父親であったなら、彼も香港の在留許可を得ることができただろうが、叔父はもっと遠い親戚なので、そのような可能性はなかった。したがって、自分自身を亡命希望者と宣言し、主張をでっち上げる以外に選択の余地はないと彼は感じた。この型は特に南アジア人の間では効力を有する。彼らはチョンキンマンションにいる親戚の商売に加わるために香港にやってきて、もし香港で法的に働けないとしても、香港に合法的に滞

在できるようにするために、自分自身を亡命希望者と宣言するかもしれない。

ある亡命希望者が一度私に言ったことがある、人は一度でも拷問を受けたことがあれば、あるいは家族の誰かが殺されるのを見たことがあれば、いつもそのことが、少なくとも心の隅にある。それは決して消えはしない。彼自身がソマリアで見た恐ろしい出来事を悪夢で繰り返している、と彼

は認めた。西アフリカや南アジア出身の亡命希望者たちは、「偽物の」亡命希望者、経済移民に違いない、と彼は主張した。なぜならば、彼らはあまりにも幸福そうだから。

私にはこれがどれほど真実であるのかは分からない。ある亡命希望者は、私のクラスで驚くほど陽気に拷問について語り、彼が実際自分の人生において激しい苦痛を経験したことがあったのだろうか、と私はいぶかった。だがその後、私は彼が最近、香港の精神病院を退院したことを知った――彼もまた悪魔と闘っている、とは言うものの、それは彼が私に見せようと選んだ悪魔ではない。私の知っている亡命希望者たちの内の何人が、実際に恐ろしいことを経験し、それを彼らの公の顔に隠しているのか、何人がそのような体験を一度もしたことがないのだろうか。私には分からないし、おそらく質問するのさえ卑猥である。だが、疑問に思わずにはいられない。私はある驚くべき夜を覚えている。真夜中もかなり更けて、たった一人、中央アフリカ出身の亡命希望者が私に打ち明けた。彼が彼の兄の名前を自分につけたのは、彼自身が兄の死に責任があるからだと。権威筋が彼を探していて、彼は身を隠した。代わりに彼らは彼の兄を殺したのだ。彼は半時間もの間、慰めようもないほどにすすり泣いた。その夜以降、私は二度と彼に会ってはいない。

＊　私はこのことを証明できないが、香港で亡命希望者の数が急速に拡大していることを考えると、彼の主張はおそらく正しいだろう。

亡命希望者たちの生活

香港における亡命希望者たちの生活で最も大きな困難の一つは、不確実性、退屈、成り行きまかせの強力な組み合わせ——自分の人生は止まっているという感覚——である。私は時折、私の知っている亡命希望者たちに、ちょっとした訓戒的な説教をすることがある。「その通りだ、君たちは苦しんできた。でも、君たちは時間を与えられているじゃないか。働くのは良くないと思うなら、働かなくてもいい。でも少なくとも勉強しろよ。毎日図書館に行って、読むんだ！」何人かは多かれ少なかれ私の忠告に従ったが、いつどうなるとも分からない生活を送っているほとんどの人にとってこれは難しいことだった。

多くの亡命希望者は、主として、思いがけずに香港にたどり着いた。私の知っている一人の亡命希望者は、世界中で彼が査証なしで行って暮らせるかもしれない場所をインターネットで調べたそうだ。彼が見つけたのはサモアだった。しかし、彼が香港に着いた時に、実はサモアに行くためには査証が必要であることが分かり、無期限に香港に立ち往生している自分を発見した。多くの亡命希望者たちの間でよく聞かれる冗談は、香港はとても不思議な所である、なぜなら入るのはそんなに簡単なのに、出て行くのは（亡命希望者が自国へ帰ることに同意しない限り）こんなにも難しい、というものだ。

亡命希望者が避難所や家賃援助の支給に必要な書類を受け取るまでに、数ヶ月間かかるかもしれず、何人かはしばしば、香港観光の偶像の一つ、スターフェリーのターミナル付近で、長期間に渡って野宿を経験することがある。ある場合には何度も電話をかけ、繰り返し懇願することになるかもしれないが、書類が整うと、生活していく上での基本的な物質的必要品は、多かれ少なかれ世話してもらえる。だが、他の心配事は残る。一部の亡命希望者は、自国の秘密警察が彼らを追跡していると信じている。こうした恐怖は、ある場合には誇張されたものかもしれないが、他の場合にはそうではない。チョンキンマンションには、ほとんどすべての亡命希望者の出身国から来ている貿易業者がいて、一部の亡命希望者は、これらの貿易業者が彼らを認識し、政府に報告し、代わりに家族が拷問されるのではと恐れている。

私の知る亡命希望者たちの何人かは、自分の人生がこの不思議な現在の状態に至ったことを、理解しかねている。私はバングラデシュ人の男性と長い会話を行った。彼は最近まで富裕な実業家だったが、彼は間違った政党を支持してしまった――違う政党の支持者が彼のところにやってきて、彼を打ちのめしたそうだ。彼は最後には妻と娘を残して、バングラデシュを去った。彼は私に一年も経たない前に失効した、彼のグローバル・ビザのクレジットカードを見せた。それは、以前は彼にとって世界中へのチケットだったが、今は単に彼がかつて誰であったかを思い出さるだけで、何の価値もない。

チョンキンマンションで、昼食や夕食の時間に、Eブロックのエレベーターを待つのを恥に感じている、数人の亡命希望者たちを私は知っている。この時間帯に、このブロックにある二つのキリスト教慈善組織が、亡命希望者たちに食事を提供しているのだ。誰も彼らが無料の食事を受け取りに行くのを見ないように、エレベーターではなく、彼らは長い階段を歩いて登っていく。私の知る別の亡命希望者は、香港政府から与えられるわずかな手当てでさえ、隣に住む中国人の家族よりも良い生活ができることで、後ろめたさを感じている。「南京虫がひどいんですよ。あの人たちが外に干している洗濯物でわかります。」ほとんどの香港の水準に照らして、彼は全くもって貧しいが、彼が政府の援助を受けていることを、そうではない隣人が発見しないことを彼は望んでいる。

そして、これらの亡命希望者たちはどうなるのだろうか。一方で、難民として認められる幸運な人がいる。私の知る何人かのソマリア人は難民認定された。一人は私に、ソマリアはどんなにひどいところか、でも彼自身は、逆説的には、そんなに混沌とした国の出身で何と運がいいことか、と感慨を込めて言った。私は彼に家族のこと、よく電話をするのかと聞いた。彼は、いや、家族に電話はしない、と説明した――家族は消えてしまった。恐怖のために誰もが逃げ出した。家族がどこにいるかおおよその考えはあるが、彼には連絡する方法はなく、そのような混沌としたところに戻ることは、彼には死刑を意味するので、また家族に会えるかどうかは分からない。これに反して、彼は間もなく新しい国で、新しい人間として、新しい人生を生きる。

他方で、申請を却下されるより大勢の人たちがいる。私は一度、私の二人の亡命希望者の学生に、難民資格が得られなかったらどうするかと聞いたことがある。二人は自殺すると言った。ひとりは、「私が持っている最後の金でフェリーの切符を買い、誰も見ていない時に海に飛び込む」と話す。もう一人は「自分の部屋に行って、死ぬ」と言った。亡命希望者の中で実際に自殺した人を私は知らないが、こういう意見は、彼らの申し立てが却下されることがもたらすであろう絶望の深さをまぎれもなく示している。もし、ほとんどの場合はそうであるように、強制送還されないとしても、彼らの人生は忘れられたままだ。

亡命希望者たちが難民資格を得るために、可能なことはどんなことでもするのは、驚くにはあたらない。一度、キリスト教徒であるネパール人の亡命希望者が、激怒して私のところにきた。「牧師が今日、何人ものネパール人に洗礼を受けさせたんですよ、みんな香港に来て五日しか経っていないのに。みんな、聖書のことなんて何も分かっていないですよ。みんなキリスト教について何も知りません。どこかで難民の資格がもらえるように、キリスト教徒になりたいだけですよ！」西洋の国々はキリスト教徒でない人より、キリスト教徒に対してより寛容であると一般に信じられている。彼自身いつも聖書を勉強してきたので、不快に感じたし、ご都合主義で信仰を受け入れる人たち――そして牧師のように、それをけしかける人たち――に反感を持ったのだ。

亡命希望者であるという忘れられた存在を逃れるもう一つの方法は、香港の住民資格を持つガールフレンドを見つけ、結婚することである。結婚が続く限り、これらの亡命希望者たちが強制退去させられることはない。亡命希望者のガールフレンドの多くは、フィリピン人やインドネシア人の家政婦で、彼女たちは契約条件によって結婚を禁じられている。他の関係は築くのがもっと難しい、なぜならそういう関係は典型的に金銭を必要とするが、それはほとんどの亡命希望者がもっていないものだからだ。知り合いの亡命希望者は実際、非常に多くの人たちにとっては聖杯である、香港人のガールフレンドをもっているが、彼女と結婚することを拒否している。「もし結婚して、関係がうまくいかなくなったらどうするんですか。最初の四年間、妻は週に一度、入境事務所に自分たちはまだ結婚していると、書かなければならないのです。私はむしろ自分で難民の地位を獲得するように試したいですよ。」亡命希望者たちは、時々ガールフレンドに、自分たちが誰なのかについて嘘を言う。一つの事例は、明らかに心臓発作で突然亡くなった亡命希望者に関わっている。きちんとした身なりのフィリピン人のガールフレンドが泣き叫んでいるのが見られた、「彼はこれまでずっと私に嘘をついてたんだ！　事業をやってるって、言ってたのに！」

香港にいる亡命希望者たちの生活において、他の多くのことの基礎となるのは、働いている人たちと働かない人たちの非常に隔離された二つの道である。私自身の観察によれば、働いている人たちは、毎日彼らを忙殺させるものがあるという点で、亡命希望者であるという精神的困難にもっとよく対処できる傾向がある。幸運な立場にいる、あるパキスタン人の亡命希望者はこう言った。「香港政府が私に何をしようと、問題はありません。なぜかと言うと、私はもう十分金を稼いだんですよ、満足です。パキスタンに帰れます。」彼はほんのわずかな賃金で仕事を始め、注意深く金を貯め、数千香港ドルを事業に投機し、運よくそれが、彼が引き続き拡張するのに十分な成果をもたらした。

しかしながら、商売を始めるのには危険が伴う。私の知っているある亡命希望者は何ヶ月にもわたって注意深く金を貯め、ちょうど二〇〇九年一月に、すべてのオートバイの乗り手にヘルメット着用を要求する新しい法律が発効したのに合わせて、オートバイ用ヘルメット八個をナイジェリアで売るために送った。彼は次の取引に投資するに十分な一〇〇USドルの利益があるものと期待していたが、かなり頻繁に起こるように、政府の規則に関して誤算があり、彼のナイジェリアの仲間は金を持って逃げてしまった——彼の骨折りに対して得たものは何もないまま、終わってしまった。

金を稼ぐことを求めていない亡命希望者たちには、まったく異なる懸念がある。ある亡命希望者が私に言ったように、「他のほとんどの亡命希望者たちと違って、私は本物なんです。それなのに、UNHCRは私を彼らの言うとおりにさせようとするんです」——彼らが正当性を証明しようとする彼の努力を、ただ嘲笑っているように感じて、彼は際限なくこの状況に気をもんでいる。「あの人たちはなぜ私の話に耳を貸さないんですか？　なぜ私は本物だということを理解しないんですか？」ある亡命希望者は一度、チョンキンマンションの裏通りにいるネパール人の麻薬中毒者を指さして、こう言った。「私にはわからないですよ。この人たちは香港政府から月四五〇〇香港ドルの福祉手当をもらっていて、その気にならないから働かない。私は香港政府からはほとんど何ももらっていません。香港政府が働かせてくれさえすれば、私は働きたいですよ。」

しかしもちろん、ネパール人の麻薬中毒者は、香港に駐留していたグルカ兵の息子たちで、欠くことのできない香港の身分証明書を持っている。亡命希望者たちは、そのような身分証明書を入手できる機会からは、締め出されている。彼らは香港政府によって、ある程度の限られた親切心を持って扱われてはいるが、絶対に近づくことはできない——香港人と結婚しない限り、香港は決して彼らの家にはならないだろう。

これは政府の観点からは完全に理解できる——香港は難民の洪水を受け入れる余裕はない——が、個人的な意味では大変悲劇的である。これらの亡命希望者たちの間には膨大な才能が、香港が認めて利用しない余裕はない才能がある。これら亡命希望者たちのうち何人かは、さまざまな種類のボランティアの仕事を通して、ある程度忙しくしており、他の人たちは図書館へ行き、他はただいらいらしている。こうした亡命希望者の多くは、冷笑されているかもしれないが、チョンキンマンションの知識人階級を形成しているのだ。
以下は数人の亡命希望者たちの話である。

ジョン・ムカサ

私は中央アフリカで、七人家族に生まれました（あなたに国名を言うのは、私にとって危険すぎます）――私は末っ子です。母は政治家でした。一九七〇年代に、私の種族の人々が政府に殺されていました。私の母は良く知られていました。母は秘密裡に反政府グループを支持しており、それを政府がかぎつけたのです。友人が私たちの家に来て、母に逃げるようにしきりに勧めたのですが、母は拒絶して、自分は国のために死ぬと言いました。数日して、母は逮捕されました。彼らが母を捕まえて、オープンカーに乗せ、みんなの目に触れるように町中を運転して回りました。私は幼過ぎて理解できませんでした。なぜ人々がうちに来たのか、私は知りませんでした。でも、私の兄弟姉妹が泣いているのを見て……彼らは母を連れ去って、殺しました。二度と母を見ることはありませんでした。

あの後、祖母が私たちを彼女の村へ連れて行ったんです。私の父は何も貢献していませんが、私の母には二人の兄弟と二人の姉妹がいて、みんなが私たちの養育に貢献してくれました。私の一番上の兄は母に起こったことすべてを知っていました――彼は勉強することができず、たくさん酒を飲むようになり、そして死にました……。

私の母方かそれとも父方か、どちらが私たちの面倒を見るべきかをめぐって、家族で大きな論争がありました。それは、実は、誰が母の土地を受け継ぐかを巡る争いだったのです――警察を呼ばなければなりませんでした。私は父方に、かなり田舎の地方に送られました。私はそれが自分の家ではないことに気が付いたんです。毎日昼も夜も私は泣いて、彼らは私を母方の家族に連れて帰らざるを得ませんでした。

私は母が殺されたことを知らずに成長しました。本当のことを知ったのはずっと後になってからです。私は村の学校に行きました。朝早く起きて、ヤギの世話をし、外に連れ出して、つないで、それから、家から三、四キロ離れたところにある学校に走っていったものです。試験でうまくやったとき、叔父が私を街に連れていって、そこの中学校の生徒たちと競争させました。でも政府を転覆させようとしている別の反逆者集団がやってきて、私たちを家から追い出しました。とても多くの人が死にました。とても多くの人が殺されたんです。私の叔母がその夜、私たちを車で彼女の家に連れて行ってくれました、私たちを車に押し込んで……。

私の上の兄は、アメリカで航空工学を勉強する奨学金をもらいました。兄が、「お前も私みたいにパイロットになって欲しいよ」と言ったんです。それで南アフリカの飛行学校に志願して、許可されたのですが、その後、交通事故に巻き込まれました。姉がエイズで、「姉さんを失ってしまう」と考えながら自転車に乗っていて、車にひかれたんです。私は生き延びるはずではなかったんですよ。気が付いたのは、その時なんです、みんなが私のことを愛してるんだって。私は鎖骨とそのほかの骨をたくさん折りました。あの後、私はもうパイロットにはなれないと知りました。私は失格したんです。

この頃に、さらに多くの反逆者が現れました。もしあなたが私の国の私の種族の一員だったら、家も、金も、何もありません。もし政府の支持者があなたを街頭で見つけたら、あなたの首にタイヤをはめて、灯油をかけて、あなたを生きたまま焼き殺します。今現在、私の種族の何十万人もの人たちが、難民キャンプにいます。

私が初めて政治に関わるようになったのは二〇〇一年です。私は政治とは悪いものだと理解して、成長しましたが、私は政治に参加しました。なぜならば……そうですね、政府を変えるために私たちは懸命に働かなければならないと信じているからです！　私は地元の言葉も話せなかった地域で選挙運動の委員長に選ばれました。私は大統領候補の事務所に行って、そこで人々を動員しました。今でも人々は私を「委員長」と呼びます。政府の手先が私を探しに来たんです。なぜかと言うと、私のやり方は違っていたからです――私は人々の心をよく動かすことができました。彼らは私を威嚇したかったのです。私を彼らの側に付かせたかったのです。私の直接の上司だった人は逮捕されました。今でも、彼がどこにいるのか私たちは知りません……。

私の親戚は私に言っていました、「お願い。こんなことはしないで。政治から身を引いて。あんたはこのせいでお母さんを失ったのよ。政府からは逃れられないのよ」って。私の選挙区では、野党が勝ちました。そしてその後、彼らは夜に私を探しに来るようになりました。一度パブに行って、彼らがピストルを取り出して、それをテーブルの上に置くのを見ました。なぜ私が政治から身を引かなかったのかですか？　人々の力で、私たちは政治を変えることができるんです。新しい政府ができれば、難民キャンプにいる私たちの種族は家に帰ることを許されるだろう、と私は知っていました……。あの後、私の叔父が電話をしてきて、静かにこう言いました、「お前の命は危険にさらされている。この場所を離れたほうがいい」って。叔父は、彼自身のポケットから金を取り出して、私が滞在していたところからかなり離れて、私のための居場所に支払い、車を迎えによこし、私をそこに連れて行くように手配してくれました。ＵＮＨＣＲはこのことをきちんと理解できないのです！　彼らは適切な予備知識を持たないのです――彼らは私の国の政治は、先進世界の政治と同じだと思っているんです。でも、全くそうではないんです。

私は離れた方がいいと気が付きました。私はアメリカへの会議の招待状を受け取りました。これは亡命を求める私のチャンスだったのですが、期間内に査証を取ることができませんでした。旅行代理店に行って、聞いたんです、「ここから離れて、私が一番簡単に行けるところはどこだろう」って。中国だと言われました。香港で飛行機を降りて、空港で黒人と話したんです。彼はチョンキンマンションに行けと言いました。そこで香港にはＵＮＨＣＲの事務所があると言われたんです――私は行って、私自身亡命希望者であることを表明しました。二〇〇六年のことです。

香港は悪い場所ではありません――ここは安全です、それが一番大切ですよ。肩越しに振り返って見たりせずに、どこでも歩けます。私が最初に着いた時、アフリカ人に対する中国人の差別がありましたが、なくなってきているように思います。香港には法の支配があります――あなたが香港人であろうとなかろうと、あなたは法に従って処遇される。ええ、私は香港で公正な扱いを受けていると感じています。もし香港が亡命希望者たちに働くことを許可したら、香港の人たちの仕事が減ってしまうことを、私は理解しています。

私が香港に来てから最も失望したのはUNHCRです。なぜならその手続きが透明ではないからです。彼らは前回の面談を引き合いに出して「お前はこう言った」と言います。そして、彼らが完全に間違っているかもしれない。でも、あなたにできるることは何もないのです。香港はジュネーブ条約に署名していないので、UNHCRは独立しているのです。彼らに触れることはできません。弁護士と一緒に行って、彼らに挑戦することはできないのです。最優先事項は、私は保護を求めているということです。私は命を脅かされて、自分の国を逃げ出して来たのです。でも今、私を守ってくれるはずの国際組織が、私を守ることができないと言っているのです。私は一体どうすればいいのですか？　UNHCRは信用できません。彼らはエアコンの利いた事務所に座っていて、アフリカについては何も知りません。あの香港事務所で働いている人たち自身が、亡命希望者になることを望みますよ。そしたら、彼らも理解するでしょう！

時々、兄と電話で話します。そして彼が私を妻と子供たちにつなげてくれます。いいえ、彼らとはあまり直接話しません。海外からかかってくる電話はすべて盗聴されています——危険が伴います。子どもと妻を愛しています。毎日家族を恋しく思っています。祖国の人たちも愛しています。でも私は帰れません。あの政府がやりそうなことは、私には分かります。

いいえ、香港で働いたことはありません——それは違法です。中国大陸に工場を持っている人が、アフリカ人の相棒を探していました——彼は私にその仕事を提供しましたよ。でも私は彼に自分が亡命希望者であることを話しました。私自身はだめだけれど、その仕事ができる、別の東アフリカ人の名前を彼に伝えました。今あなたに話しながらでさえ、政府は私がここにいるのに気づいていることを、私は知っています。カナダで亡命希望者が、私の国の政府から派遣された潜在捜査官であることが発見された、と二日前に聞きました。私は非常に用心しています――私に毒を盛ろうとするかもしれません。私はよく知らない人たちとは、食べたり飲んだりはしません。

一〇年して国に帰ることができたら、まだ政治に加わるかですか？　人々が苦しんでいるのを見たら、また参加するでしょうね。いいえ、後悔はありません。うまくは行きませんでした。でも人々は毎日苦しんでいます――もし何かをやってみて、それがうまく行かなかったら、何ができますか？

ムハメッド・ハサン

私が子どもの頃は、パキスタンを離れたいとは思いませんでした。パキスタンは私の母国です。私は大学で勉強しましたが、クリケットが大好きでした。私はすごいクリケット選手だったんですよ――パキスタンのナショナルチームに名前を載せることだってできたはずです。父は私に勉強だけして欲しかったんです。彼は古い考えの持ち主でした――勉強さえすれば、私の人生はうまく行くと彼は信じていました。もし父がいくらかでも私に金をかけてくれたら、ほんのひとシーズンだけでも、私は他の人をしのぐことができたはずです。でも、パキスタンでは、あなたは家族の願いをかなえなければなりません。私は大学を卒業して、私の街でスポーツ用品の店を運営し始めました。

大学にいる時、私は毎日叔父の家に行ったもので、そこで私のいとこに会いました。私は彼女に別に興味はありませんでした。でも、叔母はいつも私に、「彼女と結婚しなさいよ。今日彼女に会った？　彼女はとても綺麗よ」と言っていました。もしあなたが四六時中、女性の美しさについて男に話したら、男が彼女に興味を持ち始める日がきます。それが私に起こったことです。

私のいとこは欺こうとしていたんです。彼女は私を愛していると言いましたが、実は他の誰かを愛していたんです。彼女は自分の弟のために道を拓こうとしていたんです。彼女はとても貧しい家族に生まれました。彼らにとって香港は大きな夢でした。パキスタンにいる私のいとこは、私が彼女と結婚するように仕向けていたんです。そうすれば、彼女の弟が、香港の身分証明書を持つ、別の叔父の娘と結婚できますから。そうでなければ、私がその叔父の娘と結婚し、私自身が香港に行ったでしょう。そこにいる叔父は娘と私を結婚させるつもりでした——彼はパキスタンに帰ってきて、そう言い張りました。でもそうはならず、代わりに私はその別のいとこと結婚しました。私は彼女と恋に落ちたんです。私は本当に愚かでした。

すぐに、私は自分が間違いを犯したことに気づきました。結婚前に彼女には別のボーイフレンドがいました。そして、彼女がまだそのボーイフレンドを愛していることを、私は発見したんです。彼女は私に言いました、「私は、弟の人生がうまくいくように、あんたと結婚したのよ。だから、私には二度と触らないで」って。唖然としましたよ。私は彼女にこう言ったんです、「お前は今私に「私の身体には触るな」と言っている。お前はきっとみんなに「この男は男ではない」と言いふらすだろう。だから、どっちみち俺はそうする。」だから私はやりました。今六歳の娘がいるのはそういうわけなんです。娘は二〇〇二年に生まれました。

私は妻と離婚していません――できないんです。なぜかと言うと、私の親戚が彼女と離婚したら私を殺すと脅しているのです。彼女も離婚したがっていますが、親戚が彼女にそうしないように圧力をかけているのです、家族に不名誉をもたらしますから。私は法廷では戦えません――こういう親戚はそこの地主たちですから！ パキスタンでは、もし私に子どもがなければ、私の家族は死に絶えます。パキスタン的な考えでは、私は息子を持つべきなんです。私はあの娘を愛していました。でも彼女は私と遊んでいただけなんです……。

この後、私はすっかり落ち込んで商売どころではありませんでした。父が二〇〇四年に死にました。私は土地を離れて海外に行くことに決めたのです。私はパキスタンでは生き残れません――私の叔父たち、地主たちは、もし私が大都市に行ったとしても、そこで私に問題をもたらすでしょう。結婚して家族を持ちたいから、海外に行きたかったのです。私はパキスタンからバスに乗り継ぎ、陸軍が国境を護衛していたので、国境付近に近づくといつも歩いて、イランを通ってトルコへ、ギリシャへと旅をしました。

捕まるまでに、全部で四ヶ月かかりました。ギリシャでは国境警察が、トルコに戻るのに「走れ！」と言いました。私は何とかヒマワリ畑に隠れて、イスタンブールまで行きましたが、誰かが警察を呼んで、私は拘留されました。それから、警察は私たちをイランに送って、私たちは泥棒や誘拐犯――クルド人――に襲われて、闘いましたよ。そして私たちのうち二人が殺されました。

銃で撃たれたんです。でも私たちは八〇人で、向こうは一〇人。私たちが突撃して、彼らを捕まえて、彼らの骨を折って、山の上から突き落としました。その後、クルド人の部族が私たちを探しに来るだろうから、私たちは非常に危険な状態にありました——私たちは、降伏する陸軍の駐屯地を探して、一晩中走りましたよ。

パキスタンに戻って、私は肉体的にひどい状態でした——私が母の目の前に立っていたのに、母は私が誰かわからなかったですよ。私は回復して働きましたが、私の家族——母親と、障害のある弟——に対する責任の一切が、私の肩にかかっていました。それでいて、私はパキスタンでは金を稼ぐことができなかったのです。それで、二〇〇六年九月に働くために香港に来ました。叔父が私に電話をかけて来て言ったんです、「中国の査証を申請して、深圳（シェンジェン）に来い。そしたら私がお前に香港の査証を取ってやろう」って。でもそれから、深圳で叔父が「お前が私の甥だということは誰にも言うな。みんなにはお前は私の弟だと言え。こうしておけば、店で働いても、誰もお前の邪魔はできない」と言いました。叔父は私をUNHCRの事務所に連れて行きました——私は亡命希望者にならなければなりませんでした。

それから、叔父はパキスタンの私の前妻の——妻とは正式には離婚していませんが——弟を店に連れて来ました。彼らは私の前妻の弟に香港の身分証明書をやって、私をパキスタンに送り返す計画を立てていたんです。そこで私は香港の警察に行って降伏しました。私が警察に訴えたのは、それが私がパキスタンに戻らず香港に残れる唯一の方法だったからです。こういう人たちと闘うために十分な金を貯めたときだけ、私はパキスタンに戻ります！

私は香港で留置されました。一つの独房に四人です。トイレは一つで、みんなの前で使わなければなりません。香港で最も恥ずかしいことはこれです。肉体的な拷問はありませんが、何度も何度もみんなの前で服を脱がせるのです。こうやって彼らは国境を越えたことを恥ずかしく思うように仕向けるのです。彼らにはこれをする権利があります、だって私は違法に彼らの家に入ってきたのですから。

私が拘留を解かれた時、叔父は私の電話と私の金の半分――八〇〇香港ドルのうち四〇〇香港ドル――そして、私が彼から借りていたジャージーまで取り上げました。でも、私は心の中でこれは神の恵みだと思いました。少なくとも、今は私自身の仕事ができます、闘って死ねるんです――店では私は闘えませんでした。一ヶ月間、私は非常に苦しい状況にありました――私は無一文でした。それから、少しずつ金を稼ぎ始めました。どこに金を隠しておくかについては非常に用心していいます――数人の人たちと住んでいて、彼らを完全に信頼してはいません。私は金を家に、母の所へ送っています。過去二ヶ月の間に、毎月家に一五〇〇香港ドルを何とか送ることができました。家族に金を送っていることを、私は誇りに思っています。アラーの思し召しがあれば、私は成功します！　私はUNHCRにタリバンが私を殺そうとしている、と話しました。これは本当です。

私はまだあまり稼げません。時間がかかるんです。私の家族を食べさせるのは私なんです。全力を尽くしていますよ……ええ、私がいま後悔していることは、香港の叔父の娘と結婚しなかったことですね――私は騙されたんです。彼らはみんな一五年も前から、誰が誰と結婚すべきか計画していたんですよ。彼らは私の結婚をずっと前から計画していたんです。もちろん私の前妻もこの計画を知っていました。彼女はその重要な部分でした。彼女は毎日二時間も三時間も電話をかけてきたものです——それは全部偽物だったんです。私は彼女を愛していたんです！　彼女の観点からは、彼女の以前の愛を犠牲にして、私を愛している振りをしていたんです。彼女は弟の香港身分証明書のために、そうしたんです。彼女は愛を犠牲にした。でも私と一緒に行かなければならないことには、彼女は我慢ができなかったんですね。

もし彼女がその犠牲を受け入れていたら、彼女自身にとっても、私にとっても、もっといい事態だったでしょうね。そうしたら、私はパキスタンで幸せに暮らしていたかもしれません。ここ香港にいることはなかったかもしれない。でもいろいろ起こった後で、私はもうあそこでは暮らせませんん。私は私の親戚につぶされたんです——海外に行って暮らさなければならないと、私は悟ったんです。

ハシド・アダン

私は一九八一年に生まれました。二〇〇六年三月二八日にソマリアのモガディシュを出ました——いつも氏族間の争いがありました。ええ、私の家族もたくさん殺されました。一九九一年以降ソマリアにいた人は誰でも、家族の少なくとも一人や二人は殺されています、それも多分彼らの目の前で。今ソマリアにいる人々——彼らは何の理由もなく殺します。この人たちは最も強大な力を持つ氏族に属しているので、あなたには何もできません。もしあなたが抵抗して、殺人者を殺そうものなら、彼らはあなたの残りの家族全員を殺します。私の兄と母はまだモガディシュにいます。

彼らに神の恵みがありますように。泣きたいですよ。でも彼らが今日死んだとしても、あまり悲しくは感じられません、なぜなら私の心の中では彼らはもうすでに死んだも同然ですから。あそこでは、今すぐにでも何が起こってもおかしくないからです。彼らのために私が何かするのを助けてくれるように神に祈ります。私の母、私が外に出るのを手助けしてくれたのは母なんです。

一九九四年、私は子どもでした——私の父と姉の一人が死んだ日をよく覚えています。彼らは父を殺しました、なぜなら父が密告者だったからだ、と彼らは言いました。姉もそうだと。父を殺した三人の男たちを知っています——その後、そのうちの二人は殺されました。私は銃を手にしたことはありません——銃には触りません。私の家族には力がありませんでした。私たちはただの実業家でした。目にしたことのいくつか、ただ誰にも言いたくはないのです——ただ自分の心の中にしまっておくのです。あそこにいる一部の人たちは、もしあなたが祈らなければ、あなたを殺します。もし女性がヒジャブをかぶらなければ、彼らは殺します。もしあなたがコーランを暗唱して間違ったら、あなたを殺します。彼らは本物のムスリムではありません、なぜなら彼らは殺しますから。

私の姉妹のもう二人は一九九六年に殺されました。バズーカ砲の砲弾が彼女たちの家を爆破したのです。私の兄は麻薬をやっていて、当てにはなりませんでした。私の叔父が母に言ったんです、「ハシドを海外にやればいい」って。海外に行く時に、面倒を見てくれる人たちがいるんです——彼らに六〇〇〇USドル、七〇〇〇USドルを支払います。彼らは母に私をアメリカに連れていくと言ったんですが、代わりに香港に連れてきました。彼らは私にUNHCRについて説明して、政府がお前の家賃を払うし、亡命資格がもらえればアメリカに行けると言いました。直接アメリカに行ったソマリア人たちを知っています――今まで、彼らはまだ働けずにいます。私は一ヶ月と六日間、移民留置所に居ました。私はとても幸せでしたね――私は死なないとわかっていました！　それに、そこでは誰もあなたを殴ったりしません。あなたは尊敬されています――「はい、そうですとも。ええ、おっしゃる通りです」――入境事務所はあなたを親切に扱ってくれます。ソマリアとは全然違います。あそこでは一一歳の子供が、あなたを殺すかもしれないのですから。

それとは別に、ここ香港で、私は二度拘置所に入れられました。一度目は――ええと、私は国で酒を飲んだことはありませんでした。香港に来て一か月後、ある晩にウィスキーを初めて飲みました。私が何をしたのかわかりません――私は正気を失ったんです――私は警察署で目を覚ましました。私は、「神さま、どうぞこれを夢にしてください」と言いましたけど、それは真実でした。私はネパール人と喧嘩をしたのだと、警察は説明してくれました。明らかに、私は瓶を割って、誰かの頭を殴ったようです。私は何も覚えていませんが、目撃者がいました。七ヶ月間の入獄でした。ええ、ソマリアに送り返されずに、私は本当に幸運ですよ――UNHCRが、それから入境事務所も、ソマリアに状況を知っているので、私を助けてくれました。もしあなたが帰ったら、彼らはあなたを殺します。

UNHCRは私に難民資格を与えてくれて、私を大変助けてくれました。ソマリアの人々はアメリカ、カナダ、ヨーロッパへ行って、働くことができます。でも香港では働けません、ということが移民の書類に書かれています。でも私は働いたことがあります。刑務所でパキスタン人、インド人、バングラデシュ人に会いました――彼らはチョンキンマンションや他の場所にある店やレストランの手伝いをして、働いています。一部の人たちは、月に五〇〇〇香港ドル、他の人たちは九〇〇〇香港ドルも稼いでいます！　刑務所を出た後、私は理解したんです、もしそれが香港の人たちのやる仕事だったら、警察は外国人を逮捕するだろうって。でも中国人はチョンキンマンションでは働かないから、警察は気にしない、と私は思います。

刑務所を出た後、私が最初にやったのは、チョンキンマンションの宿泊所で働き始めたことです。あまり給料はよくなかったです――月二二〇〇香港ドルと一日四〇香港ドルの食費。そこでは一ヶ月と二〇日間働いただけです。客の何人かが文句を言ったんです。白人の男が財布を失くしたと言いました。でもこの男は朝六時に帰ってきたんですよ。多分彼は外で財布を失くしたんですよ。でも彼は苦情を言って、警察を呼びました――私は逃げ出しましたよ。二週間後、ネパール人が部屋で携帯電話を失くしたと文句を言いました。私は取っていません。電話を失くした男はネパール人、そして雇用主はネパール人。だから私は立ち去りました。多分、二人で打ち合わせていたのかもしれません！

その後、一階のマリ人たち数人と一緒に働き始め、アフリカに携帯電話を送る仕事をしました。電話を箱に詰めると、二〇香港ドル、五〇香港ドルと払ってくれました。電話の売買人と顔見知りになりました。私が顧客を連れて行くと、電話一台につき一香港ドルくれるかもしれない――もし客が電話を五〇台買えば、私は五〇香港ドルもらいました。もっともらえるようになりましたよ――一台に付き三香港ドル。もし顧客が三〇〇台欲しければ、私は九〇〇香港ドル貰える。いったん人々があなたのことを知って、信頼されるようになれば、これをするのは簡単です。

それから、私はソマリア人たちと友達になりました――ナイロビに行く実業家たちです。彼らはケニアのパスポートを持っていて、ケニアで商売をしています――ソマリアでは誰も商売なんてできません、一月か二月ごとに、五〇人の銃を持った護衛が付いてくるコンテナは別ですが。ソマリア人はとても商売がうまいんです――何人かは、アメリカで五年、七年働いて、五万USドルを貯め、そしてナイロビで貿易を始めました。私は香港でこういう類の人の手助けをしています。これで稼いだ最高額は一万八〇〇〇USドルで、マダガスカル出身の貿易業者に車を売ったのです。私は彼らのために何でもやりました。彼らは英語が話せませんでしたから。私は金をソマリアの母のところへ送っています――私はこの金を英国にいる誰かに送り、彼らが非公式の手段を使ってその金をソマリアに送り返します。

それから、私は何人かのナミビア人に会いました。彼らは言いました、「私たちは黒い兄弟だ。あんたの助けが必要なんだ。私たちはダイヤモンドを持っているが、その鑑定書がない。だから、それを闇取引で売りたいんだ」って。友達と私はオーケーと言いました。この商売に関して、私たちは何も知りませんでしたが、たぶんかなりいい手数料がもらえるでしょう。私たちは喫茶店で会って、彼らは私たちにダイヤモンドの見本を見せました。私にはそれらが本物なのか偽物なのかは分かりませんでしたが、香港で鑑定をせずにダイヤモンドを買う人は誰もいないだろう、ということは私にははっきりしていました。

私の仕事は買い手を見つけることでした。私がこの商売を知っているアフリカ人の友人たちに電話をすると、彼らは、もしそれが本物なら、誰もそういう種類のダイヤモンドを七〇個も持ってこないだろう、と言いました。私たちは中国人の買い手を見つけました。私は彼らに言いましたよ、「いいですか、私はこういう類の宝石には経験がないんですよ。この人たちを私は信じていません。ほんとに確信があるんですか？」って。彼らは、ダイヤモンドは本物だと言いました。手数料は一五万USドルになるだろうって。次の日、私たちはこの中国人を、黒人たちに会わせるために連れて行きました。中国人はすでに警察に電話をしていたのです。五分後、五〇人の警察官が私たちを襲ってきました。

私はただの連絡係だったんです。ダイヤモンドに関しては何も知りませんでした。でも私も警察に逮捕されました。怖かったです。最後に、私は高等裁判所に行って、そこにとてもいい裁判官がいて、私に話させてくれました。これは二〇〇八年の一〇月です。香港の裁判所は私の件を取り下げ、私を自由にしてくれました。彼らはこう言いました、「もし苦情を提出したければ、そうしなさい。もし警察が無実の人を逮捕したら、彼らは自分たちがしたことに対して金を支払います」。私は、いいえ、私は何もいりません、と言いました。私は自分が悪いのを知っていましたから。私は言いましたよ、「私を自由にしてくれたら、私は警察と香港の法律に対して感謝の言葉を述べます」って。彼らは私に自由を返してくれたんです！

こういうことがあった後、私は働くのを止めました。私はアメリカに行きたいです。ここのアメリカ大使館との二回目の面談の後、私は香港で前科があると彼らに説明しました。それでも私はアメリカに行けるかもしれない、と彼らは言いましたが、問題は私はいつも何かをしていたいのに、香港での私たちの時間は八〇%空っぽだということです。だから、今は言語を勉強しています、北京語か広東語を習いたいし、スペイン語かイタリア語もやりたいです。私はかつて自分のすべてのエネルギーを仕事に注いできました。でも今は、規則に従いたいです。ご承知の通り、香港で神様が二度私を助けてくれました。もし三度もしくじるなら、それは私がおかしいか、愚か者だっていうことですよ！

変化する亡命希望者たちの扱い

過去数年間に、香港で亡命希望者たちがどのように扱われているかに関して、重大な変化があった。二〇〇五年以前、亡命希望者たちは、第一に、UNHCRとその香港事務所を通して取り扱われた。香港政府は亡命希望者の問題をUNHCRに任せようとしていたが、UNHCRには十分な人員がおらず、二〇〇五年以降に到着し始めた亡命希望者の殺到に対処できなくなっていた。

二〇〇六年から二〇〇七年の一時期、UNHCRは正式の書状ではなく、法的保護を与えるには不十分な、単なる面会の通知書を提供し始めた。この期間、亡命希望者たちは決まって、香港警察による逮捕の対象だった。私の知る亡命希望者たちは警察官を見ると、あわてて走り去った。これは特に亡命希望者たちは一ヶ月間、六ヶ月間、あるいはそれ以上と、恣意的かつ不明瞭な期間拘束されたからだ。アジアやアフリカからの亡命希望者は香港では比較的新しく、香港政府にはもっと多くがやってくるのを思い留まらせるために、永久に監禁する以外正規の政策がなかったは明らかなようだ。私の知る亡命希望者たちの多く、特に香港では部外者として目立ってしまうアフリカ人たちは、逮捕を恐れて毎日自分の部屋に籠っていた。

香港のマスコミ、特に英語のマスコミが、こうした状況の不正について討論を始めた。サウスチャイナ・モーニングポスト紙［南華早報］が社説に書いたように、「亡命希望者に対する香港の待遇は恥ずかしい。」[15] 亡命希望者たち自身も抗議に参加し、UNHCRの本部へデモ行進した。何ヶ月も拘留監禁されていた三十数人のアフリカ人亡命希望者たちが、彼らの状況に抗議する一環としてハンストを行った。[16] さまざまな香港立法府の議員たちが彼らを訪ねてきたし、香港入境事務所の所長もそうした。

明らかにこうした抗議の結果、香港政府は亡命希望者の拘束期間を、一般に一ヶ月以内、頻繁には一週間を少し超えるくらいと、より限定的なものにした。香港の移民法に違反し拘留された後、亡命希望者は身元を証明する書類を与えられる――パスポートや香港の身分証明書の代わりに、亡命希望者が携帯する薄片のプラスチック紙。これにより、少なくともそれぞれの申し立てが決定されるまで、彼らが再び移民法違反で投獄されることは防げる。

二〇〇七年から、亡命希望者たちは、香港の人権問題専門の弁護士の助言により、難民資格を獲得する手段としてUNHCRの代わりに、あるいはそれと共に、CAT［拷問等禁止条約］に頼り始めた。香港政府は国連の難民の地位に関する条約には署名していないが、CATには署名している。UNHCRは滞っている申し立てを扱うのに苦労していることと、多くの亡命希望者たちの苦境に無関心であると感知されていることを考えれば、香港政府を通すことが、ますます理にかなうように思われた――たとえ、香港政府を通して第三国で難民の資格を取ることは不可能だったし、香港政府はその領土内で亡命希望者のほとんど誰にも、住民の資格を与えていなかったとしてもである。

ジョン・ムカサの話に見たように、香港政府と違って、ＵＮＨＣＲを訴えることはできない。ＵＮＨＣＲが責任を負わなければならない人は香港には誰もいない。明らかに、これは香港だけでなく、世界中で真実であるようだ。「ある……ＵＮＨＣＲの経営顧問が認めたように、「これは、我々が働いている政治的、政府的、あるいは商業的世界のさまざまな組織の中で、そのように市民や消費者の満足を測定する仕組みが欠けている唯一の組織である」と、ハレル‐ボンドは書いている。[17]

私が亡命希望者たちに関わってきたすべての年月を通して、ＵＮＨＣＲをほめる言葉はほとんど聞かれず、多くの亡命希望者たちに、無能で恣意的な判断を下すと見なされていた。他方、香港の警察と政府は、一般に好感を持って見られていた。私が話したＵＮＨＣＲの役人は、ＵＮＨＣＲがそのように低く評価されている一つの理由は、亡命希望者たちは国連を非常に理想化した見地から見がちで、したがってその間違いは許せないものに見えるのだ、と話した。しかし、香港の警察は、亡命希望者たちの自国の警察と比べれば、賄賂を取らないことと比較的公正であることが、驚くべきことだと見られるのだと言う。

二〇〇九年現在、亡命申請者は、彼らの申し立てが決定されるまで、法的に香港に滞在することを可能にする書類を手に入れるために、そして、香港政府に委託された慈善組織、国際社会福祉から家賃補助と食料品を受け取るために、まだ刑務所に行かねばならない。多くの亡命希望者たちは、拘留を身の毛をよだたせる経験と見ているので、そして明らかに過去においてはそうだったらしく、これに抵抗してきた。しかしながら、二〇〇八年に私が数人の亡命希望者たちに彼らの拘留経験を話して欲しいと頼むと、彼らはこう言った。「かなりいいですよ。トイレは別々に仕切られているし、新聞も配られます。テレビもあります。」拘留中、異なる国出身の移民法違反者は同じ施設に収容される――例外は、香港において最多の移民法違反者である中国人で、彼らは建物の別棟に収容される。私は何度かチョンキンマンションで、アフリカ人と南アジア人の男性が抱擁し合うのを見た。彼らは拘留中に友達になって、今、外の世界で自由の身で再会したのだ。

現在、亡命希望者の申し立てを判断する二つの機関――UNHCRと香港政府――の下で、第三国に再定住することを可能にする難民の資格を得るチャンスは、私たちが見てきたように、非常に低い。しかし、却下された結果は一般に強制送還ではない。亡命希望者たちの間に、却下された申請者は彼らの意思に反して国へ送り返される、という噂が広まった。「もしあなたが訴えて失敗したら、彼らはその場であなたを連れていく。鎮静剤を飲まされ、誰も知らないうちにあなたは国へ送り返される。」しかしながら、私が聞いたことすべてから判断して、香港政府は、その主張を拒否された亡命希望者を力ずくで追放することはなく、彼らが本国送還に同意することを求めている。そして、送還の費用は明らかに香港政府が負担している。ある亡命希望者が言ったように、「警察はあなたを独房に入れて、何ヶ月もずっと放って置くかもしれませんが、あなた自身が要求しない限り、警察が入境事務所にあなたを送還することはありませんよ。」

この規則に対する唯一の例外は、明白な犯罪行為で有罪判決を受けた人たちだが、その場合でさえ、強制送還は一見して稀である。難民資格を獲得する申請者の数は非常に少なく、強制送還される人も非常に少ないので、亡命希望者の数は増え続け、解決策は見えない。この状況――部分的には、人権問題専門の弁護士たちによって法廷に持ち込まれる、続々続く申し立てによって形作られている――は維持できないし、最終的に、何かが変わらなければならない。

だとすれば、何が起こるのだろうか。香港は亡命希望者の状況を慈悲深く、かつ何とか耐えられる程度に保つことで、彼らの数を最小限にしようとしている。チョンキンマンションで私が知っている亡命希望者たちは、何よりも、香港で合法的に働けることを求めているが、これは何千人もの新たな亡命希望者が香港に押し寄せることにつながるだろう。

実際、まさにこれが、雇用者は依然として裁判所に起訴されるものの[18]、亡命希望者が法的に働くこと許した二〇〇九年三月と、亡命希望者が働くことが再び違法で、三年間の禁固刑をもって罰することができるようになった二〇〇九年一一月の間に起こったことである。この数ヶ月の間に、その多くは夜の闇に紛れて中国から小舟で香港に入った南アジア人であるが、大量の新しい亡命希望者が殺到し、政府は急いで法律を改定することになった[19]。その後、五〇〇人の亡命希望者が香港政府に対する抗議を行った[20]。新しく到着したパキスタン人の亡命希望者が私に言ったように、「香港で盗んだり、麻薬をやったりする人はたった数ヶ月刑務所に入れられるだけだ。でも正式な書類無しで働いた人は三年も投獄される。不公平だ！」彼は抗議に参加したが、もちろん、まったく無駄だった――彼は捕まって、起訴されるのを恐れて、最後には働くのを止めた。

香港政府は、亡命希望者たちについて深く心配しており、古参の役人は身分証明書を持たない申請者の数が増え続けていることを、「カチカチ音を立てている時限爆弾」と呼んだ[21]。香港は政府の役人が認めているより、さらに数千人多い亡命希望者を、特に多くの人たちの高い知的レベルを考えれば（彼らは中学校で素晴らしい英語の教師や文化大使になるだろう）吸収できることは疑いがない。香港において急速に変化している亡命希望者の状況に対する解決策として、起こり得ると考えられるかもしれないのは、政府がすでにここにいる人たちが働くことを許可し、一方で香港への入境を徹底的に引き締めることだろう。これで亡命希望者の問題は解決するだろうが、それは将来の亡命申請者に扉を閉ざすことになるだろう。そしてそれはまた、チョンキンマンションの性格をすっかり変えてしまうことになるだろう。なぜなら、チョンキンマンションが存在するのは、少なからず、香港が喜んで第三世界の多くの国の人々に査証なしの入境を許し、これらの人々が商売に従事したり雇われたりすることを無視していることによるのだから。

もし亡命希望者の問題を解決しようとして、香港政府が事実上チョンキンマンションを破壊することになったら、皮肉であろう。これを書いている時点で、香港政府は、亡命希望者を審査する過程を統合し迅速化する計画を立てている。[22] 香港政府はこれから数年以内に、一九五一年の国際連盟難民の地位に関する条約に署名すると広く推測されている。それによって、香港はUNHCRから引き継いで、亡命希望者に対してすべての責任を負うことになる。これは明らかに、香港のUNHCR事務所の所長が望んでいたことである。[23]

もしこれが実行されれば、香港にいる亡命希望者たちの状況は、劇的に変わるだろう。もし香港政府の審査官が、適切な訓練の後、亡命希望者の運命に関して、その意思決定の過程を早めることが出来るなら、香港はもはや経済的亡命希望者の停泊所ではなくなる可能性が高い。他方、香港政府の調査官は、政治亡命者の内の誰が正当であり、誰が正当でないかを決定する上で、UNHCR

の事務官よりも優れているとはかぎらない——そして、もし亡命希望者が自国へ送り返され、その後殺害されたら、マスコミの激しい反対の声は、香港政府には耐え難いものだろう。この事態に対する解答はまだ見えない。

私たちが見てきたように、チョンキンマンションは、人権の点から見ると、そしてより大きな意味で、開発世界全体がそうであるように、矛盾に満ちた場所である。[24] 一つの鍵となる矛盾は、政治的人権と法的・経済的権利の間にある格差で、前者は亡命を求める理由として認められており、後者はそうではないということだ。なぜこの線はそんなに顕著であるべきなのか。もう一つの矛盾は、最も雄弁で、最も機知に富んで、あるいは面接官の同情を最も喚起することができる亡命希望者が、もっとも亡命希望者資格を勝ち取ることができる人たちだということだ。雄弁な人も訥弁の人も、どちらも、拷問を受けたかもしれない。しかし知的に、かつ感情的に雄弁な人は、彼らの経験の現実性に関して、他人を説得できるという偉大な長所を持つ。

三つ目の矛盾は、ほとんど決まって、規則を破って働いている亡命希望者は、規則に従って働いていない人たちよりもはるかに幸せであることだ。もし亡命希望者が非合法で働くなら、その人は香港でより良い暮らしができ、また、国に送金し、家族を支え、将来のために金を貯えることもできるだろう。その人はまた自分の新しい事業に忙しくしているだろう。この機会は、働くことを拒絶している節義のある（あるいは、怠け者の）人たちには存在しない。概して言えば、規則に従順な亡命希望者であることは、厳しい宿命である。規則を破ることが——特に、仲介者や実業家として、個人企業に参入するための十分な見識があるのならば——相応に良い暮らしに導くかもしれない。

そしてもちろん、亡命希望者にとってそうであれば、チョンキンマンションの誰にとってもそうである。法律は曲げるように作られており、法をあざける上で、人があまりに欲張ったり、あからさまだったりしない限り、捕まることはありそうにない。この章で見てきたように、これがチョンキンマンションの規則である。私の知る一部の亡命希望者たちの悲劇は、不法移民として拘留されたことがあるにもかかわらず、彼らはチョンキンマンションにおいて、法律には完全に従うべきであると信じている、ごく少数の人々の中に入っている。

これが最後の矛盾である。法律に従うことで、これらの亡命希望者たちは、単にチョンキンマンションの知識人であるだけではなく、そこから追放された人々でもあるのだ。

第5章

未来

私たちは、チョンキンマンションという場所について、そしてその中にいる人々、それを定義している商品と交易、さらにそれらを取り囲む法律について考察してきた。ここでは、この本の最後の数ページで、チョンキンマンションの変わりゆくイメージ、そこで生活し働く人々に対するこの建物の究極的な効果、そしてこの建物のグローバルな意義とありうべき未来について検討する。

チョンキンマンションの変わりゆくイメージ

本書のいたるところで見られるように、チョンキンマンションは、この建物に関わっている異なるグループの人々によって、かなり異なった見方をされている。多くの香港系中国人たちからは、そこは引き続き暗く邪悪な場所と想像されている。チョンキンマンションにやってくる旅行者たちは、インターネットで価格だけを参考に宿を決め、到着しておそらくショックを受けるまで、自分たちが行く場所がどんなところか知らない。他の旅行者たちはチョンキンマンションについて、前に見たように、「安全な第一世界の都市にある異国情緒あふれる第三世界」という、彼らを身震いさせ、興味をそそらせ、かつ怖がらせるかもしれないイメージを抱いている。

他方、チョンキンマンションは、南アジアやアフリカの開発途上世界の多くの人々からは、邪悪に満ちた地獄のような場所、あるいは異国情緒豊かな他者性の手本としてではなく、むしろ、夢の道標であり、財産を築き、二度と貧しい思いをしなくても済むようになる場所として想像されている――少数の人々はそれを実現するが、ほとんどの人にとってそれは夢のままであり続ける。インド人臨時雇いの労働者にとって、チョンキンマンションは、コルカタにいるサラリーマンの同胞よりもかなり多くの金を稼いで、中産階級になる試みを意味している。多くの若いアフリカ人貿易業者にとっては、チョンキンマンションで、もっと広くには、南中国で成功することは、彼らが大人になったことを意味する。もし失敗すれば、彼らは侮辱され、面目を失うが、成功すれば、彼らの家族と地域社会の尊敬される一員になる。多くの亡命希望者たちにとって、チョンキンマンションは生まれ故郷の魅力と危険を象徴する――そこは彼らの祖国の食べ物を楽しみ、友人と出会える場所であるだけでなく、一部の人たちにとって、自分の居場所を政府当局に知らされるかもしれない、貿易業者の中にまぎれ込んだ潜在的スパイから自分を守らなければならないと感じている場所でもある。

チョンキンマンションのこのようなイメージは、ある程度変わってきている。多くのアフリカ人貿易業者にとって、彼らの夢があふれる器としてのチョンキンマンションは中国大陸に取って代わられた。チョンキンマンションはそれに代わって、彼らを慰めてくれる途中駅のようなものになっている。そこでは彼らは中国の査証を更新しなければならないが、その他の点ではくつろぐことができる。そこで働き生活することに伴う緊張感を考えれば、中国大陸でくつろぐことはもっと難しいだろう。これらの貿易業者の多くにとって、チョンキンマンションは基本的に命令された休暇の場所である。過去数年間に香港の人種的偏見が明らかに減ってきたのに対して、多くの記事によれば中国ではそうではないという事実が、一部の人たちにとって、商売をする場所というよりくつろぐ場所として、香港の魅力を向上させた。中国大陸を拠点にしているアフリカ人貿易業者の一部にとって、チョンキンマンションは発展途上世界版の紳士クラブになった。

旅行者の間でも意見は変わってきているようだ。二〇〇九年、私はチョンキンマンションについて失望感を表明した数名の旅行者に会った。あるフランス人旅行者の言葉を借りれば、「私が一九九〇年代初期にここにいた頃、ここはとんでもなくイカレていましたよ。今では、ここはいたって普通、とても中産階級的ですね。」二〇年ぶりにチョンキンマンションに戻ったアメリカ人はこう言った。「チョンキンマンションは前よりもっとよく見えるね。エレベーターもずっとよくなった……だけどね、前の方が良かったよ！　今は中産階級だ！」建物は近年きれいになったとはいえ、誰もチョンキンマンションと二階にある、まるで別世界のショッピングモール、チョンキンエクスプレスの鮮やかで高級なデザインとを混同する人はいないだろう。とは言うものの、チョンキンマンションは確かに数年前よりもさらにこぎれいになったし、建物の地上階のあちこちにあるテレビの画面は活気にあふれるメッセージを放送している。チョンキンマンションは世界中の人々の「異国情緒豊かな」交じり合いであり続けている。しかし、地球上の異なる文化や宗教の人々の間の通常の交流において、世界全体がだんだんもっと「異国情緒豊かに」なるにつれ、おそらくそれは少しずつ、実に、「普通」になってきているのだろう。

ここ数年にわたってチョンキンマンションのイメージに起こった最大の変化は、香港の人々の側にある。私がチョンキンマンションを研究し始めてからの数年間、マスコミはこの場所について否定的なことはほとんど何も伝えていない。これに対して、それまでのマスコミの報道は概して圧倒的に否定的だった。マスコミは不法労働者やコピー商品の存在を知っているかもしれないが、もはやこうしたことを強調しない傾向にある。圧倒的なメッセージは、チョンキンマンションは概して友好的な場所である、というものだ。香港の中国語のマスコミに載るレストランのレビューは、チョンキンマンションは家族を食事に連れて行くのに適した場所である、という印象を与えている。地上階にいる中国人警備員の存在が、この見方を確固たるものにしている。したがって、数年前までは想像するのも難しかったやり方で、若い香港系中国人が建物の中を歩き回り、ときには、そこにいる南アジア人やアフリカ人たちと気さくに話しているのを見かけるようになった。

二〇〇九年初めごろの二つの例が、このことを説明している。日曜日の朝、私は二〇人ほどの学生を引き連れた香港系中国人の中学校の教員に出くわした。彼女は学生たちに、できるだけ多くの異なる国の人々にインタビューするようにと伝えていた。そこで、学生たちはチョンキンマンションの地上階に散らばり、彼らの疑問に答えてくれそうな人には誰にでも質問した。はつらつとした真摯な香港の一〇代の若者たちが質問をしている。「あなたの国では朝食に何を食べますか？　昼食はどうですか？　夕食には何を食べますか？」これらの質問がいかにばかげたものであっても、チョンキンマンションというかつての邪悪の巣において、こんなに優しい異文化交流がなされていることは私を仰天させた。その後も、私は時折、ほかの教員たち何人かとがやがやと騒がしい学生たちが同じことをしているのを目にした。

私が見かけた二つ目の例はもっと驚きである。バレンタインデーの午後の早い時間に、西アフリカ人の宿泊所の事務員が自分の目の前に立っている、恥ずかしそうにした若い、おそらく一〇代後半の香港系中国人の男女を発見したのを私は目撃した。「何でここにいるの?」と彼は尋ねた。「レストランを探しているの?」若い男性は勇気を奮い起こして、どもりながら言った、「私たち、部屋が欲しいんです。」すぐに部屋が提供され、彼らはそそくさと中に入り、ドアを閉めた。その後、私はさまざまな宿泊所に問い合わせて、こうしたことがますます一般的になっていることを知った。香港の若い未婚の男女は両親と同居していてプライバシーがなく、高価なホテルには手が出ず、したがって、彼らはますますチョンキンマンションに来ることになる。数年前には、若い香港系中国人の恋人たちが情交のためにチョンキンマンションを使うなどという考えは、思いつきもしなかったであろう。良識のある若い女性なら誰でも、ボーイフレンドがそのような目的のために、彼女に打ち捨てられた暗闇の場所へ行こうと提案したら怒り狂ったことだろう。しかし、今日、少なくとも一部の若い香港人にとってもはやそうではないようだ。

もっと冒険好きの若者たちの間で、そしてまた、おそらく香港系中国人全体の間でも、チョンキンマンションに対する見方は変化しているようだ。三年余の調査はあまりにも短く、私の観察結果は一時的なものだ。チョンキンマンションや世界における劇的な出来事——衝撃的な犯罪、グローバルな経済不況、あるいは不動産業者の計画——が、すべてを変えてしまうことがありうる。実際、これは少なくとも小さな規模で、もうすでに起こっているかもしれない。犯罪小説家のマイケル・

コナリーは、彼の最近のベストセラーの中でチョンキンマンションを暗く非現実的に描写しているが、これがチョンキンマンションの理解に影響しているかもしれない。[1] 香港に来ていた三一歳のカナダ人旅行者アニ・アシェキアンが、ある程度コネリーの小説を反響する事件で、二〇〇八年一一月に姿を消した。[2] しかし、彼女の謎に満ちた失踪と、彼女が滞在していたチョンキンマンションを結び付ける証拠は何も発見されていない。彼女の姿が最後に目撃されたのは、建物から何マイルも離れたショッピング街であった。しかし、いずれにしても、今のところ、一般に普及しているチョンキンマンション像は、私が描写してきた通りである。

チョンキンマンションはどのように人々を変えるか

チョンキンマンションのイメージが変化しているとしたら、その建物に滞在する人々に対するイメージも変化している。チョンキンマンションは、そこに滞在する人々をどのように変えるのだろうか。もちろん、気まぐれな旅行者のように、そこに数日間滞在する人と、そこに何十年も住んでいる人の間には、チョンキンマンションの影響力に関してかなり大きな違いがある。しかし、こうした相違を横断しているのは、チョンキンマンションの文化的多様性によって変わる人と、一見こうした多様性には影響されない人である。

一部の人たちは少しもチョンキンマンションの影響を受けていない。ナイジェリア人貿易業者に、チョンキンマンション、香港、中国での体験は、何らかの意味で彼に変化をもたらしたかと私が質問すると、こう答えた。「いいえ、もちろん、ありませんよ。私が世界のこの地域にやってくる目的は金を稼ぐことで、友だちを作ることではないですからね」——彼が貿易業者としての人生について、実際、私のような外国人と数時間話すことに同意したとしても、である。海外のさまざまな場所で経験した新しいことは、何ひとつとして、彼が根底で深く理解している世界とは関連がない、と彼は主張した。私は第1章で、この建物の中で生活したり働いたりしているが、そこにはほとんど友人も知り合いもなく、生涯で一度も南アジア料理を食べたことのない香港系中国人のことを述べた。彼らは単に非常に多くの異なる国々の人々と狭い物理的空間を共有しているという点で、ほとんどすべての香港系中国人同胞よりも、民族的多様性に対してもっと寛大かもしれない。彼らはある意味で、彼らの香港人同胞が経験しないやり方で、物理的に世界と遭遇している。しかし、彼らは往々にして、そうしたことは心理的には彼らの生活にまったく何の影響もないと主張する。

こうした人々の多くにとって、チョンキンマンションや香港、中国の環境においても何ら変化はなかったという主張は、イボ族、パキスタン人、あるいは中国人という彼ら自身の根付いた文化的アイデンティティは、海外で目にしたものによって変えられるものではないという、単なる断言である。しかしながら、他の人たちにとっては、香港と中国の意識的拒絶がある。チョンキンマンション付近の民族的背景は、もちろん、香港系中国人であり、私たちが見てきたように、そこにいる南アジア人やアフリカ人の間に、彼らに対する反感を見つけるのは難しいことではない。[3] 西アフリカ出身の若い貿易業者は、少し酔っぱらうと怒って私に言った、「香港の連中、あいつらは人種差別のせいで、みんな地獄に落ちるぞ！」と。二〇〇八年に、インド人ムスリムの男性は、臨時雇いの労働者として一定期間働いた後、チョンキンマンションを離れて二度と帰ってこないと私に言った。そのかわり、もし彼がまた海外で暮らすことがあるなら、それは香港を腐敗させたと彼が感じる官能性から自由な場所、サウジアラビアだと言う。あれ以降、私は彼に会っていない。このような男性にとって、香港は単に彼らの生活に影響を及ぼさない中立的な世界ではなく、非難され避けられるべき邪悪な世界である。

しかしながら、似たような経歴を持ちながら、香港や中国で目にする新しい世界に反発することなく、むしろそれに魅惑される（あるいは、前の節で引用した人たちの見方では、悩殺される）他の人たちも多くいる。一人は中国、もう一人は香港を拠点にしている、二人の東アフリカ人貿易業者が、チョンキンマンション路地裏で、この二つの社会について酔っ払いながら激論しているのを私は目撃した。チョンキンマンションに滞在していた一人は、「香港には中国よりもっと人権があるぞ。香港人は中国人を軽蔑してるぞ！」と叫び、広東で暮らしているもう一人は「香港にあるものは全部中国から来ているんだ。中国がなかったら、香港は存在しないんだぞ！」と宣言した。これは、香港人と中国人が、よりフランクに交わすかもしれない類の口論だが、この場合は、二人のアフリカ人がそれぞれ一時的に選択した祖国を大声で擁護していた。私は完全に中国に魅惑されてしまったアフリカ人貿易業者たち数人のことを知っている。広州に行くときは、彼が商品を仕入れる工場のオーナーとその家族のところに滞在するガーナ人貿易業者と話をした。「その人はあなたの友達なのですか？」と聞くと、彼は「そうですね、いや、彼は、私の本当の父親みたいです」と答えた。

香港や中国に対する好き嫌いの他に、チョンキンマンションがしばしば育てるかもしれない、より広範な世界主義の意識がある。二〇〇六年の夏、香港に着いたばかりの若いインド人ムスリムの男性が、私がよく夕食を取った小さな食堂で働いていた。ある晩、彼は、たった数フィート先を通り過ぎる、二人の若い東ヨーロッパ人のセックスワーカーのむき出しの背中とふさふさとした金髪を見た。*私がぽかんとして眺めているのを見ると、彼は「ミスター、あの人たちは悪い女です。見てはいけません！」と、その景色から私を守るために、彼の手で私の目を覆った。しかし、私が横目で見ると、彼自身はこっそりとだが、長いことその女性をじろじろと見ていた。一ヶ月後、この女性たちが戻ってきた。それまでの間に、彼はこうした光景にはすっかり慣れていた。私がなぜ今回は私の目を覆わないのかと聞くと、彼は肩をすくめてこう言った、「あの人たちは生きて行かなきゃならないんです、ちょうど私と同じですよ」。チョンキンマンションでのひと月が彼を変え、彼は道徳的にもっと寛容になった、あるいは、保守的なムスリムの基準によれば、道徳的に弛緩した。

チョンキンマンションでは、ときどき、敵対心に燃える国々——例えば、エリトリアとエチオピア、あるいはルワンダとコンゴ・キンシャサ——出身の貿易業者や亡命希望者が、国家間や民族間の敵意を超越する個人的な友情関係を築いている自分自身に気づく。これは、とりわけインドやパキスタン出身の南アジア人にあてはまる。私の知る何人かはお互いを嫌い続けている。パキスタン人オーナーの事業に勤めている中年のインド人に、パキスタン人に対して何らかの嫌悪を感じるか、と聞いてみたことがある。しばらく考えた後、彼はこう答えた。「パキスタン人を嫌ったりしていませんよ。私が嫌いなのは、単に彼らの態度ですよ！」そして、彼はパキスタン人にまつわる一連の態度の悪さをまくしたてた。二年後の二〇〇八年後半にムンバイでテロ襲撃事件が起こった後、現地調査のため、間もなくパキスタンに飛ぶことになっていた香港系中国人の大学院生が、チョンキンマンションの外にいる客引きから助言を得ようとしていた。インド人のレストラン従業員はいくらか陽気に彼女に言った。「あそこに行っちゃだめだよ。あそこにはテロリスト以外何もない。あいつら、あんたを殺すよ！」と。近くにいたパキスタン人の客引きは、烈火のごとく怒って彼をにらみつけた。殴り合いを避けるために私にできることは、そのインド人に対して、パキスタン人に謝るように頼むことだけだった。インド人は謝り、私も謝った。

しかしながら、他の人たちは彼らの国粋主義的な反感を、チョンキンマンションで改めることになった。ある夜、私のインド人とパキスタン人の知り合い数人が、冗談を言い合っているのを見て、「どうやってそんなに仲良くしていられるのか」と私は尋ねた。彼らの答えは、「インドとパキスタンで私たちは憎み合っていますよ。でもここでは、インドとパキスタンの外では、私たちは友達なんです！」ムンバイのテロ襲撃事件の後、インドとパキスタン間の戦争の可能性は、チョンキンマンションにいる多くの人々が心配したことだったそうだ。しかし、何人かの人は、このことはチョンキンマンションと香港の人間関係に何の影響もないだろう、と私に話した。あるインド人の経営

＊　あの当時、東ヨーロッパのセックスワーカーがチョンキンマンションで働いていたとは思わない。ただし何人かはミラドーマンションで働いていた。この女性たちがチョンキンマンションにいたのは、一見してテレホンカードを買うためと、おそらく、大騒ぎを引き起こすためだろう。彼女たちが建物の中のどこに行こうと、一二、三人のいやらしい目つきの男たちがついてまわり、彼女たちもそれによく気づいており、笑みを浮かべていた。

者にしてみれば「戦争なんて政治家のためのものさ。」パキスタンから来た彼の助手は、（私には探知できなかったが、おそらくある程度脅迫されて）「戦争があっても、私たちはまだ友達ですよ。香港では何も変わりませんよ」と言った。実際にそうなのかは、戦争になって初めて明らかになるだろう。いずれにしても、自国では深まるインドとパキスタンの間の衝突が、香港においてはあまり起こらないようだ。これは、香港が、そして特にチョンキンマンションがある程度寛容であり、実際、そうあることを要求するからである。

二〇〇八年のある晩、ラマダン月の間、一日の断食の終わりを示す食事のため九龍のモスクへ行った。いつもなら、私はモスクの中には入らなかっただろう。しかし私は入り口の外に立っていて、どうやら私を知っているらしい男性に、入るように促され、引きずり込まれて中に入った。私は彼の後について沐浴のための浴室に入り、彼の身振りをまねて、手、顔、そして特に足を洗った。実際、モスクに行った二時間前に、私はチョンキンマンションからあまり離れてはいないバーで、パソコンで仕事をしながらビールを飲んでいた。もしモスクの誰かが前にバーにいた私を見ていたなら——通りに開かれたバーである——ひどく困ったことになるのではないかと心配したが、そのようなことは起こらなかった。代わりに、レンズマメと果物などを食べている間、私は不機嫌な見知らぬパキスタン人のテーブルに座っているかたわらで、数人のパキスタン人やアフリカ人の知り合いたちが近づいてきて、感情豊かに私を歓迎してくれた。

後に、私はパキスタン人の友人に聞いてみた。「モスクでなぜみんなはあんなに私に良くしてくれたのだろう？」と。彼の答えは、「ここではみんな心が広いんです。パキスタンでは、彼らは純粋なムスリムです。香港にいる時は心が広くなければだめなんです。パキスタンでは、あなたがやったことに対して、あなたは殺されたかもしれませんよ。」二〇〇九年九月、私は、全行程の一歩一歩、感情豊かに私を受け入れてくれたチョンキンマンションのパキスタン人の友人数人と一緒に、ラマダンの断食を終わらせるためにモスクへ行った。

私はチョンキンマンションで、ムスリムたちからの宗教的不寛容に遭遇したことはない。ある日、私は建物の地上階にあるイスラム教書店の経営者と、長い閒話をした。私は彼に、私の経験では、チョンキンマンションのムスリムは、キリスト教徒や無信仰者よりももっと寛容であり、もっと高度な道徳水準を持っているようだと話した。彼と友達になろうとして、私は愚かしくも、「酒を飲んだり、セックスワーカーに連れ添っているのは、だいたいキリスト教徒でムスリムじゃないですね」と、言った。* 彼はぞっとしたように、こう言った。「失礼ですが、あなたは間違っています。イスラム教の第一の法則は、他のいかなる宗教をも非難しないことです。あらゆる宗教は、それぞれのやり方で神聖なのです。」打ちのめされて、私は謝った。彼の言う通りだった。私がチョンキンマンションで体験した、キリスト教徒よりもムスリムたちのより大きな包容力（アフリカ人キリス

＊　これは私に限った見方ではない。ある中国人の商店主は、他の人たちと同じように、キリスト教徒の顧客よりムスリムの顧客の方が望ましいと言った。なぜならば、ムスリムは彼らの宗教の教義に従って、人を騙してはならないと信じているが、キリスト教徒は支払いを遅らせることで悪名高いからだそうだ。しかしながら、チョンキンマンションには、酒を飲んだり、セックスワーカーを買ったり、他のさまざまな悪徳行為に従事するムスリムも多くいる。明らかに、すべてがイスラム教の道徳的秩序に従ってなされているわけではない。

ト教徒たちは、時折、もし私の人生に神を受け入れなかった場合の地獄の危険について警告し、私を改宗させようとした）は、白人として、私は「当然」キリスト教徒であると推測されたという事実によるのかもしれない。

概して言えば、チョンキンマンション、そして香港全体は、事実、世界中の相違に対してより大きな寛容の力として機能している。チョンキンマンションがそうであるのは、とても狭い範囲内に、非常に多くの国籍と宗教が存在しているので、不寛容でいることは不可能も同然だからだ。少なくとも、大きく異なるさまざまな文化、信条、道徳律を黙って受け入れなければ、誰もチョンキンマンションで生き残り、商売をすることはできない。社会としての香港は、後に検討するように、何にも増して富の追求を強調する、その新自由主義のイデオロギーを通して、それを行っている。この寛容さがチョンキンマンションを越えて、これらの人々の暮らしにまで広がっているかどうかは別の問題だが、少なくとも、チョンキンマンション内部では、このような態度が圧倒的によく見受けられる。

文化的アイデンティティ

一部のチョンキンマンションの住人たちに見られる態度の変化は、究極的には、文化的同一性に対する彼らの認識――自分は文化的に誰であり、自分はどこに所属すると考えているか――に関わっているのかもしれない。私はしばしばインタビューした貿易業者たちにこう質問をした。「あなたは自分の国に住みたいですか、それとも香港のほうがいいですか？」と。私はさまざまに異なる答えを受け取った。

例えば、私は西アフリカ出身の二〇代の貿易業者二人と話をした。一人は「私は自分の国が好きです、だって自分の家族がそこにいますから。でも私は香港が好きです、とても安全な所なので。ここでは自分のお金を使えるし、心配することもないです。ええ、それが可能なら、自分の国を出て、香港に引っ越しますよ」と言った。もう一人はこう答えた。「私には、それはできないですね。私は自分の国を愛しています！ 自分の国に住みたいですよ。もしかすると、安全ではないときもあるかもしれないけれど、それでも私の祖国ですから！」香港のようなより豊かな社会のために自分の国を喜んで離れる人々と、祖国への愛着から自分の国に残る人々の間のこの類の意見の不一致を、さまざまな形で私は何度も耳にしている。前者の多くにとっては、チョンキンマンションはその世界主義の点で素晴らしく、後者のほとんどにとっては、それは必要悪であった。右の語りでは、このことは安全という観点から言い表された。自分の利益が取り上げられることを恐れずに、どこで安心して暮らせるだ

ろうか？　しかしまた、自分が属すると感じられる家はどこなのだろうか？

何人かの貿易業者は、純粋に実践的な考慮、つまり商売に基づいて答えを出した。中央アフリカ出身の貿易業者は、チョンキンマンションのどこでも聞かれる言葉で、こう言った。「私は自分の国を愛しています。でも実際のところ、それがどこであれ、金儲けができるところが私の家です」と。パキスタン人の実業家はもう一つの典型的な答えをくれた。何もかもすべてが仕事で、とてもめまぐるしいので、彼は香港が嫌いだった。しかしパキスタンよりも、香港での方がより多く稼ぐことができるので、香港で働く方が理にかなっていたと彼は話した。この戦略は、海外で金を稼ぐが、最後には祖国に帰るというものだ。そこは、祖国であるから生活がより気楽でなじみ深い――しかし、もちろん何十年も留守にした後、祖国がまだ祖国のままであるかは、また別の問題である。最後には祖国に帰ることを夢見ている相当数の南アジア人たちは、帰郷して、祖国が分からないほどに変わってしまい、もはや祖国ではないのを発見するのではないかと私は推測する。

私が話した多くの人々は、彼らが世界中を旅しているにもかかわらず、彼らを結び付ける祖国に対して愛情を感じていた。この態度は、しばしば迫害され、自分の国を追われた亡命希望者たちと話したとき、最も意外であった。あるパキスタン人女性の言葉では、「ええ、一部のパキスタン人は、私のようなアフマディーヤ・ムスリム*を嫌悪しています。それでも、私は自分の国をとても愛しています――私たちを憎んでいる人は、私の国のほんの一部の人たちだけで、私の国全体ではありません。」おそらく、多くの人が自分の国を離れることを強要され、二度と戻らないかもしれないという事実が、その代償として、彼らの高度な自国愛の感覚へとつながるのであろう。少なくとも、一部の人にとっては、自分を殺そうとしたのは自国の政府であるにもかかわらず、彼らは自身の国を愛している。

他の人々にとって国への愛は、それほど高尚でもない感情から生じているようだ。私が長いこと話をした、あるアフリカ人の貿易業者が自分の国を愛するのは、そこで彼が享受する富と権力が、他の特権に加えて、明らかに罰を受けることなく女性を襲い、彼の金がもたらす権力を楽しむことを可能にしているからのようだ。

私：できることなら香港で暮らしたいですか？

B：どうして香港に滞在できるって言うんですか。私の国には家族がいるし、家もあるし、車も、すべてがそこにあるんです――どうしてそれを手放せますか。

私：家族全員を連れてくることができる査証をあなたにあげる、としたらどうでしょう。

B：ダメ、ダメ、私はやりませんよ。私はここには住めません――ここはとても金がかかります……自分の国にいる方がいいですよ。自分の言葉を話せますしね……私の国には自由があります。香港と違って、私の国では女性を叩いてもいいんです。女性を殺してもいいんです。

＊　アフマディーヤ・ムスリムは一九世紀の宗教運動の信徒である。広い意味で、アフマディーヤとイスラム教の関係は、モルモン教とキリスト教の関係に類似している。パキスタンはアフマディーヤの信者を非ムスリムと宣言し、彼らを迫害してきた。

誰も気にしませんよ。ここではできない！　もし家で女の子が私を叩いたら、警察がその子を殴ります*！　ええ、私の国にいる方がずっといいです、私がやりたいことができる……私は家族を愛しているし、国も愛しています。誰も私には触れられません。私には力があります。いいえ、警察は私のことを知りません。でも、警察は金を知っています！　金を持っていれば、力を持てるんです！　ええ、私の国では私は金持ちですから、そこで暮らしたいですよ、そこが私の祖国です。

私は第3章でいかに多くのアフリカ人貿易業者が、自国では上流階級に属するかを論じた。上記の言葉は、少なくとも一部の貿易業者にとって、もしかすると「人を殺しても罰せられない」かもしれないこの特権的地位と能力が、いかに自分の国をたいそう魅力的であるかのように見せているものの大部分であるかを示している。

アフリカや南アジア出身の他の貿易業者たちは、自分の国にそれほど縛られてはいない。最後の節で触れたように、彼らは国際人である。数年間にわたって香港を行き来している、インド人臨時雇いの労働者は、彼の雇い主が、中華の鍋料理店や日本の寿司屋へ彼を連れて行ってくれたことを楽しそうに話した。「香港に住めたらなって思います。いつも新しいことを試せるのに」と、彼はため息をついた。「チョンキンマンションが大好きです！　こんなにもたくさんの違った種類の人たち！　インドにいるときはいつも、香港とチョンキンマンションに帰りたくなるんです。新しいことをずっと習っていたいんですよ。」

私がチョンキンマンションで出会ったナイジェリア人貿易業者は、「私は一つの場所にずっと滞在したくないです」と話した。若いガーナ人貿易業者はこう言った。「私は旅をして、いろんな場所を訪ねるのが大好きです。スペイン、イタリア、アメリカ、インドに行きました、いくつかは、商売のためですけど……金を持っているということではないんです。世界中を旅行する人たちは、人生に対して異なる見方をしているんですよ。」第3章でその話を聞いたナイジェリア人貿易業者のアブラハム・イドウは、自分自身を、この先二〇年間喜んで中国で暮らすであろう「黒い中国人」と宣言した。「私はどこにでも順応できます！」このような人々——チョンキンマンションではかなりの少数派だと私には思える——は、自分の文化的アイデンティティを世界市民であることに見出している。

世界主義は必ずしも選択ではない。スウェーデンで暮らすために自国を離れ、現在中国に住んでいる四〇代後半のソマリア人貿易業者は、私にこう話した。「私のアイデンティティは、五〇％中国人、二五％はスウェーデン人、二五％はソマリア人です……場所から場所へ移るたびに、古いアイデンティティを失うのです。ソマリアを離れてもう二六年になります。私は根無し草ですよ。自分がどこに属しているのか、私にはわかりません。」彼は、どのようにして一九八二年にソマリア

＊　彼がこの話をしたのは、チョンキンマンションの角を曲がったところにあるセブン・イレブンの外で、フィリピン人女性がアフリカ人男性を叩くのを目撃したすぐ後であった。これは数年間で私が目撃した何件かの平手打ち事件の一つであったが、彼をとても驚かせた出来事だった。

を離れ、中国の大学へと進学したか、順を追って話してくれた。

私が中国にいる時に、私の国で内戦が始まりました。学位を取った後、スウェーデンの難民キャンプに登録しました。スウェーデンは私の中国の学位を認めませんでした。それで、結局は、そこを去って中国に戻ってきたのです……中国の一番いいところは、誰もが金儲けをしたがっていることです。私の姉がミネアポリスに住んでいます。ですから、そうですね、望めば、私もそこに行けたかもしれません。でも、彼女も根無し草ですよ！　つながりがないのはいいことではありません。私はつながりを持ちたいですよ。私は自分の国で友達に囲まれて、国の人たちを助けて暮らす方がいいですね。でも、私は帰れません。一九八二年以来、私は帰っていません。あの頃は大混乱で、希望のない状況でした。

私が話したほとんどの貿易業者と違って、彼にとっては、世界主義や根無し草のような存在は、厄介な人生の状態である――現在、彼は帰ることのできる祖国を持っていないと感じている。

この強制された根無し草のような感覚は、それほど悲劇的感覚ではないものの、香港の永住民でありながら香港を祖国とは感じられない人たちのような、チョンキンマンションにいる多くの南アジア人にとっても、また真実かもしれない。これまでの数章で述べたように、何人かの南アジア人はマスコミを通して、とりわけチョンキンマンションや、その休日のお祭り騒ぎ、そしてテレビのチャンネルを通して、自分の生まれた祖国に浸ったままである。私は一度、パンジャブ出身の商店主が、もう数十年住んでいない彼の故郷で起きた爆撃を知らせるテレビ報道の前で泣いているのを見かけた。香港は物理的には彼の家であっても、彼の心は、彼が選んだマスコミにけしかけられて、インドに属しているのだ。

他の南アジア人たちは、インドやパキスタンの家に戻って暮らすことはできず、今や彼らは香港に属していると感じている。私の知っている若いパキスタン人の商人は、香港系中国人の恋人と結婚することを望んでいて、恋人の父親がとても頑固に彼の宗教を認めないので、彼女のためにイスラム教をあきらめるべきかどうか苦悶している。彼がいつ、香港での愛のために、彼の文化的アイデンティティの最も重要な部分を犠牲にしてもよいと思わないとも限らない。

チョンキンマンションにいるさらに多くの南アジア人たちは、第2章で見たように、香港に永住地があるにもかかわらず、多かれ少なかれ、香港は自分たちの一時的な住みかと見ている。なぜなら、彼らの視点からは、香港は中国であり、したがって祖国ではないからだ。彼らは自分たちの南アジアの国に帰ることではなく、新しい国に移住することを夢見ているのかもしれない。これもまたある種の強制された世界主義である。これらの人々は、世界主義的選択ではなく、困難な文化的な必要性の問題として、自身を地球市民であると感じているのかもしれない。

チョンキンマンションの住民の多くが抱く世界主義は、彼らが香港の人々に感じているかもしれない世界主義の欠落とは、明らかな対照をなす。皮肉なことに、最近の数十年間、香港の人々自身が自分たちはどこにも属するところを持たないこと、中国にも「西洋」にも属せず、祖国がない、としばしば不平を漏らしていた。[4] チョンキンマンションにいる南アジア人のほとんどは、自分たちが香港系中国人から受ける差別にだけ焦点を合わせていて、自分たちと香港系中国人一般が、強制された世界主義というきわめて類似した感覚に苦しめられているかもしれないことを、認識していない。

したがって、私たちが総体的にチョンキンマンションで目にしているのは、世界主義に関するさまざまな考え方である。自分の文化的祖国に対する愛を主張し、世界主義を避けようとする人々がいる。「地球市民」として世界主義を歓迎し、できるかぎり世界中を経験することを求めている人々がいる。そして、ほとんど自分の意思とは関係なくグローバルな世界に突き出されてしまったために、世界主義を採択する人がいる。

チョンキンマンションで私が知り合になった多くの人々にとって、世界主義に対する彼らの立場は、私が前著において「グローバル文化のスーパーマーケット」[5]と名づけたもの――自分の人生を形作っていく上で、個々人が選りすぐることができる、食べ物から音楽、宗教にいたる、世界中のおびただしい数のさまざまな文化的要素の陳列――に対して、どのように感じているかを反映している。文化のスーパーマーケットは、自分が体験した、あるいは想像する自分を育てた文化――自分の根――に対峙するものと考えられるかもしれない。世界中で、一部の人たちは文化のスーパーマーケットを歓迎し、他の人たちはそれを拒絶するが、これはチョンキンマンションにおいても、他のどこにも違わぬ真実である。グローバルな文化のスーパーマーケットの中で快適に過ごす人は、その国際的な文化の混じり合いもすべてひっくるめて、チョンキンマンションを歓迎する。居心地の悪い人はその不道徳さの故に建物を嫌い、チョンキンマンションを離れることで、あるいは建物内部の文化的相違から自分たちを封印することで、自分たちの宗教的かつ文化的ルーツに逃げ帰ることを求めるかもしれない。

チョンキンマンションは、グローバルな文化のスーパーマーケットが、必ずしも開発世界の豊かな消費者によって十分に享受されているわけではなく、発展途上世界にも広がっていることを具体的に説明している——建物にいる一部の貿易業者や臨時雇いの労働者は、彼らが目にする文化の宝庫に大喜びし、この文化的な豊かさによって彼らの自己認識を形作らせているが、より多くの人たちは、ちょうど世界の他の場所でもそうであるように、これに抵抗している。チョンキンマンションは、グローバルな文化のスーパーマーケットが、どのように高級なグローバリゼーションの世界から、低価格のグローバリゼーションという大きく異なった世界にまで広がっているかを説明している。それは全体としての世界の一部である——とは言うものの、建物の中のほとんどの人々は、実際、文化的アイデンティティを選択できるグローナルな文化のスーパーマーケットを、いくぶん敬遠しているようだ。

グローバルな意義

チョンキンマンションの意義は、それが変える人々だけではなく、私たちがどのように、チョンキンマンションがその中心的接点である低価格のグローバリゼーションの世界を理解するのを助けているか、ということにある。建物の商品の売り手と買い手は、新しく出現した中国の工業力と、とりわけ香港のより安全な貿易環境を通して濾過されて、中国で作られた商品がとても安く買えるという事実によって、そこに引きつけられてきた。

チョンキンマンションのグローバルな位置づけをより十分に理解するために、世界システムの分析[6]が頼りになる。世界システムの分析とは、経済力の頂点にあるアメリカ、西ヨーロッパ、日本といった世界経済の中心、中国、インド、ブラジルという半周辺国、すなわち経済的山の頂点に到達し、（そして、おそらく数十年以内に、現在頂点に位置する社会に匹敵する、あるいはそれらと入れ替わる）野心を抱いている勃興する中間、そして極端な周辺である開発途上世界のもっと貧しい社会の関係を考察するものだ。アフリカの大部分は、いくつかの南アジアや他の社会とともに、極端な周辺を代表している。それは「どんな種類の地図にも載っておらず[7]」――特に、グローバリゼーションの地図にはない。アフリカ人が彼らのアフリカ人同胞が買える製品を購入するために、中国、あるいは中国の物資集散地である香港に向かうにつれ（そして中国人もさらにより大人数でアフリカに向かうにつれ）、中国は、事実上アフリカを再び地図に載せることになる。

チョンキンマンションは、グローバルな商品が中国から広く発展途上世界へ流通するにあたって、ニューヨークのグランドセントラル駅に相当する。本書に詰め込まれた個々の話は、すべてこの世界経済を背景にして生じている。世界システムの分析が、国家を迂回するグローバリゼーションの亜国家的、または超国家的過程、すなわち、本書のいたるところで明らかになった過程[8]を除外して、グローバリゼーションの場所として国家を強調している点は、正当に批判されるべきだ。しかしながら、おおまかな一般的描写をするなら、世界システムの分析は、確かに私たちがチョンキンマンマンションに流通する商品と人の交通を効果的に分析することを可能にしている。したがって、私はここでそれを用いることにする。

第3章で、世界の商品を持ち込むことで——中心部の商品が半周辺でコピーされ、あるいは処分され、極端な周辺へ送られる——貿易業者は、彼らの顧客と国を手助けしているのだろうか、それとも傷つけているのだろうか、と議論をしてきた。証拠は混然としているが、チョンキンマンションの商品は、グローバリゼーションの果実を享受するために、その貧しい顧客にとって最も近づきやすいものであり、極端な周辺の多くの住民が経験するかもしれない唯一のグローバリゼーションである。最終的に、これらの商品の品質は重要ではあるものの、それらが存在するということそのものに比べて、それほど重要ではないのかもしれない。何億もの、低価格のグローバリゼーションの産物と象徴である。

チョンキンマンションはその経済活動において、グローバル資本主義に関する現代の理論には、ぴったりとあてはまらない。ときに現代資本主義の主要な特徴は、資本が中心から、より廉価な労働がより廉価な工場を可能にする周辺に移動することである、と議論されてきた。[9]アメリカや日本の製造業者が閉業し、メキシコ、中国、マレーシア、あるいはインドの工場に取って代わられており、これは世界全体としてみれば、確かな事実である。これはまた、広東省があのような経済的強者であることの主な理由でもある。数十年前の香港と台湾の工場が広東に移ったのだ。

しかしながら、チョンキンマンション自体ではこれと反対の傾向が見られる。生産者が中心から半周辺に移動するのではなく、貿易業者が極端な周辺から半周辺へと移動し、中心で捨てられたもの、ノックオフ、またはコピー製品を買う。文字通り製造活動が一切なされていない、極端な周辺のアフリカの貿易業者は、低価格の製造業の中心である中国で買うためにチョンキンマンションにやってくる。

「資金、貿易、投資は移動するが、人間は領土的国家の境界の内部に引き留められる、ますますグローバル化する経済」の中に私たちは生きていると、ときに議論されることもある。[10] これもまた世界中でおおよそ真実である。人々は家にいて、オフィスや居間のコンピューターの画面上で監視している間に、マウスのワンクリックの速さで金が動く。

しかしながら、チョンキンマンションが世界中から貿易業者や商人を引きつけているのは、まさにその低価格のグローバリゼーションにおいて、多くの場合、信じることができるのは直接顔を合わせる関係性だけだからだ。信頼できる資金、貿易、投資は、投資家がチョンキンマンションが物理的に存在することを要求する。これが、貿易業者がそこに行くために地球を半周する理由である。この場合もまた、低価格のグローバリゼーションは、高級なグローバリゼーションとは明らかに異なる一連の規則に従って機能している。

もしチョンキンマンションの商品が中心から半周辺へ、そして極端な周辺へ（チョンキンマンションで買って、アフリカまたは南アジアに送られる一四日電話の場合のように）、あるいは半周辺から周辺へ（この建物内で売られている商品の大部分である中国製商品の場合のように）移動しているとしたら、チョンキンマンションのほとんどの人々は反対の方向に、周辺から中心へと移動している――一人当たりの収入から判断して、中国はそうではないが、香港は中心を代表する。この周辺から中心への動きは貿易業者たちだけでなく、チョンキンマンションで目にするさまざまなグループのほとんどにとって事実である。

チョンキンマンションにやってくるアフリカ人貿易業者は、私たちが見たように、彼らの国においてはおよそ中流や上流階級の貴族である傾向にある。しかし、香港に来ることは彼らにとっては、現実の金融的負担を意味するのかもしれない。チョンキンマンションの食堂で小銭を数え、セブン・イレブンでカップヌードルの夕食を取っているアフリカ人たちがそれを明示している。香港はまた自分自身の社会をありのままに映し出す。「なぜ私の国はこんなふうにできないんだろう?」と、東アフリカ人の貿易業者が私に聞いた。「たぶん数年すれば……たぶん一世紀もすれば」と言うのが、私が彼に聞き返したときの答えだった。これら貿易業者の何人かにとっては、香港は初めて目にする開発世界であり、この都市は、自分たちがやってきた世界と比べるとき、少なくとも数人を混乱させるのかもしれない。

チョンキンマンションの数多くの中国人事業主たちは、香港にやってくることで、周辺から中心へと移動したが、香港自身の周辺のゲットーであるチョンキンマンションにたどり着いた。とはいえ、そこは長年にわたり多くの人々が多大な利益を得た場所ではある。パキスタン人やインド人の経営者たち、あるいは彼らの両親や祖父母たちもまた周辺から中心に移ってきたが、私たちが見てきたように、少なくともいくつかの場合には、現在まで続く家族の数世代にわたる移住で、彼らはより中心深く、英国あるいはアメリカ合衆国へ移動することを求めている。

インド人の臨時雇いの従業員は、主に周辺であるコルカタから中心へ労働者としてやってくる。

彼らが香港で稼ぐ賃金は、自分の国で稼げる賃金をはるかに勝っている。何人かが私に話したように、彼らのように学のあるインド人が、皿洗いや客引き、あるいは商品の運び屋として働くために香港に来なければならないのは屈辱的だが、コルカタと比べて、香港で稼ぐ比較的高い賃金とコルカタでの「大物」としての彼らの地位が、ほとんどの人にとってこの中心への旅を価値あるものにしている。

亡命希望者たちは、自国を離れることを必死で求めており、彼らが行ったかもしれない他の先進世界の行き先に比べ、比較的容易に入境できるので香港にやってくる。彼らが、世界中の典型的な亡命希望者のように、近隣の国に行くのではなく、自国から何千マイルも離れた香港にやってきたという事実が、彼らの比較的裕福な地位を証明している。彼らには「どこに行くかを知る」経済的、社会的、文化的資本があった。彼らは汚い難民キャンプではなく、香港にたどり着いた——亡命希望者にとって、そこが滞在場所としてはいかに難しいものであろうとも、それにもかかわらず、発展途上世界の亡命希望者たちがはるかに健康的とは言いがたい状況にあるのとは対照的に、質素ながら開発世界の恩恵を享受している。

そして旅行者たちがいる。より貧しい国出身の旅行者は、その開発途上世界的飛び地であるチョンキンマンションに滞在することで、できる限りわずかな額で、豊かな中心の社会を経験しようとしている。彼らは貿易業者、臨時雇いの労働者、亡命希望者と同じ道をたどっているが、中心から金を得る代わりに、その快楽を享受する一方、中心でできる限り消費しないことを求めている。他方、より豊かな国出身の旅行者は、私たちが前に検討したすべてのグループがたどる道を逆走している。彼らは周辺から中心へ、ではなく、多くの人々にとっては中心から「想像された周辺」へ、すなわち中心の安全性の中で周辺のスリルを体験できそうな場所へと移動する。長年にわたってチョンキンマンションに生じた否定的な評判にもかかわらず、香港におけるその位置が、チョンキンマンションを、適度に安全な距離と思えるところで南アジアやアフリカを体験できる、最良の場所にしている。

周辺と中心の間の異なる社会集団の往来を、その不平等さのすべてを含めて、世界システム分析と関連づけて考察することで、チョンキンマンションについてより理解しやすくなる。チョンキンマンションは、今日世界中の貧困と豊かさの領域の間で見られるかもしれない数々の移民の類型を知るための、驚くべき手段を提供している。

私たちが検討してきたこれら異なる集団にいるほとんどの人は、貧困の領域から豊かさの領域へ通り抜けるという難しい挑戦をしている。一部の人は成功するかもしれないが、今日尖沙咀（ツィムシャツイ）で彼らを取り囲む高層ビルに象徴されるような富は、おそらく永久に彼らにはありつけないものだ。チョンキンマンションは、多くの人に開発世界の富への窓と、少なくともある程度の富を手にする可能性を与えてくれるが、その壁は高く、天井は突破できない。すべてではないにしても、ほとんどの人は、香港で彼らの周りにある富を一瞥し、少しの金を稼ぎ、自分の人生に割り当てられたものを多かれ少なかれ受け入れる。これに関して彼らに選択の余地はほとんどない。

私たちが検討してきた、現代のグローバルな不平等を作り出す主要な理念は、新自由主義のそれであり、市場を究極の価値の調停者として強調し、国家による最低限の市場介入を主唱するイデオロギーである。新自由主義は、世界全体の中心的な政治経済的原理となっている[11]。最近の経済的停滞にもかかわらず、それは西洋の市場民主主義国家ばかりでなく、彼らの国家統制のイデオロギー上、一見それとは敵対的なさまざまな社会によって、具体的な状況において取り上げられてきた[12]。いくつかの複雑な理由で、新自由主義は長い間香港の中枢的なイデオロギーであった。その少なからぬ理由の一つは、植民地統制の最後の数十年において、ビジネスを強調して正当性を主張したい英国の植民地政府の願望である。ここで新自由主義がチョンキンマンションを形作る上で、どのように機能するのかを論じよう。

新自由主義は、香港にこれほど簡単に入ることができるという事実にもっとも明白に表れている。香港政府は、近年いくぶん厳しくなりつつあるとはいえ、他のほとんどの先進諸国に比べて、訪問者を入境させる上でいまだに特別な制限を課していない。チョンキンマンションにいる貿易業者や不法労働者は、旅行者として香港に入ることを許可されている。彼らのパスポートに押された複数のスタンプを見れば、入境事務所の役人には旅行者でないことは明らかだが、彼らはたいてい気づかないふりをしている。香港にやってきて、チョンキンマンションに向かう貿易業者や臨時雇いの労働者は、しばしば彼らの目的を入境事務所に正直に話しても罰せられることはない。実際のところ、彼らはおそらく罰せられるべきではない。なぜなら一般に彼らは、香港市民から仕事を奪っているわけではないからだ。アメリカ合衆国のような社会では、数々の報告書による、不法労働者の労働力を廃止したとしたら国内の多くの産業は崩壊するという事実があるにもかかわらず、移民を考慮するにあたってそれほど市場志向ではない。

　香港は一般に、中国大陸からの不法労働者の労働力を削減することにはそれなりに厳しい。私の判断するところでは、チョンキンマンションに向かうと考えられる南アジア人やアフリカ人に対する入境事務所の態度を見るにつけ、合法性に関する懸念はいくらか少ない。なぜなら、これらの人々は、香港の人々が就きそうな仕事と競合するわけではないからだ（チョンキンマンションの客引き、皿洗い、店員、宿泊所の手伝い、あるいは貿易業者）。* 明らかに過去二年間、香港入境事務所のアフリカ人貿易業者に対する規制が強化されたことによって、香港に入る査証が得られなくなり、これまでより多くのアフリカ人貿易業者が中国へ向かうようになったことは、ある程度チョンキンマンションの経済的成長を脅かしている。しかし、それでもまだ、香港はその査証制度において、ほとんどすべての開発世界社会よりも自由である。今これを書いている時点で[13]、それがもたらす問題にもかかわらず、亡命希望者が比較的自由に香港に入ることができるのは、主として開かれた境界を維持したいという香港の願望の表明である。

　このほかに、警察は不法労働者、コピー商品、売春、あるいはチョンキンマンション内で行われている無数の違法行為を、誰かが苦情を言わないかぎりあまり取り締まる気がないという事実がある。私たちはこのことを第4章の警察官ビリー・ツァンの話に見た。そこで彼は、香港を基盤にしている会社や個人からの苦情がなければ、警察はコピー電話の売買に首を突っ込んだりしないと言

＊　残念ながら、この件に関して私に話してくれる人を、香港入境事務所で見つけることができなかった。

った。もし売り手と買い手が共に携帯電話がコピーであることを知っており、取引に満足しているならば、たいてい警察が関わることはない。

さまざまな種類の不法移民に関しては、私たちが見てきたように、警察は巻き込まれることを好まない、とビリー・ツァンは言った。インド人の友人の話では、チョンキンマンションの警察官が彼に言ったそうだ、「何も悪いことはしていないだろうな？　不法で働いている以外は。何か悪いことをやっていないかぎり、君は大丈夫だ。」警察は麻薬の取引や強盗、暴力沙汰の口論に立ち向かい、ときには期限切れの査証を持った人たちを追跡したりするが、他の分野では介入することはない。合法だろうが、非合法だろうが、いつも通りである。マスコミの圧力や法律の改正が彼らに行動を起こすように強いるとき、警察は例外的に対応するが、私の一般的な印象では、彼らはチョンキンマンション内部では、概して施行できない法律は施行しないことを好み、どちらかと言えば、あるがままに任せている。

香港が新自由主義的であることを示唆する三つ目の点は、境界に商品の流通を可能にする抜け穴がとても多いことである。チョンキンマンションで私が知っている携帯電話商人の多くは、ここ数年来、中国との境界を越えて香港に持ち込まれたコピー電話を売っている。もちろん、香港にはあらゆる種類の不法商品が持ち込まれているので、麻薬や公衆の健康を害する他の商品に比べると、コピー電話の存在感は薄れる。それでも、香港政府は驚くほど寛大に見える。これはある程度必要性の問題である——香港の中国との境界は、世界で最もせわしなく、中国から香港に持ち込まれるすべての商品を厳重に監視するのは不可能も同然だ。それにもかかわらず、この緩やかな施行はまた、その哲学を体現しているともいえる。香港政府は、商売を妨害せずに続けさせようという新自由主義の本質を代表しているのだ。

文化人類学の文献は新自由主義を、典型的には、あらゆる抵抗の可能性を破壊する、猛り狂ったグローバル資本主義の権力を象徴する、はなはだしい悪として描写する。[14] マクロな視点からは、新自由主義が世界にネガティブな影響を与えていることは、疑いようもない事実である。しかし、チョンキンマンションの小さな世界では、新自由主義の効果は概して穏やかなものであるようだ。

私たちが見てきたように、世界でもっともグローバル化された建物とも言える場所は、そこに滞在するすべての人々が共通して利益追求に走るおかげで、一般に非暴力的である。チョンキンマンションにおいては、新自由主義の建設的側面は明らかだ——例えば、インドとパキスタンのように、国際的に多かれ少なかれ敵対する社会の出身者たちも、たいていの場合お互いに喧嘩することはない。これは、政府の制約にあまり邪魔されることなく、資本を追求できることの有益な副作用である。「誰かと喧嘩している暇なんてないですよ！　金を稼ぐためにここにいるんですから！」というのが、私がチョンキンマンションでしばしば耳にした発言である。こうした発言は、世界中の新自由主義経済学者を元気づけることだろう。

チョンキンマンションは単に第三世界の飛び地であるだけではなく、祖国の同胞のほとんどをはるかに超える資産と教育のある人々の、中流・上流階級的第三世界の飛び地をも体現している。チョンキンマンションが平和なのは、新自由主義のイデオロギーだけではなく、チョンキンマンションにいるほとんど誰もが、彼がその建物の中にいるというその事実によって、人生における比較的な成功者であるということからもきている。ほとんどは多かれ少なかれ、新自由主義の社会ダーウィン主義的な競争の成功者である。もちろん、ネパール人中毒者のような例外があるとはいえ、概してこれは事実である。香港で一般に、インチキっぽさの汚水溜めと見られている建物が、実際、二、三の近道をしてではあるが、商工会議所的資本主義の強固な中産階級的飛び地であるのは皮肉である。

チョンキンマンションが格安なのは、単に、貧困国の金持ちは豊かな国では貧しいからだ——これが、ほとんどすべての人が買う余裕のあるものだから。それにもかかわらず、表面的な異国情緒の下にあるチョンキンマンションの中産階級的な性格が、その顕著な特徴である。チョンキンマンションのほとんど誰もが、亡命希望者の場合のように、あるいはセックスワーカーや麻薬中毒者の場合でさえ、彼らの現行の苦しみが何であれ、多かれ少なかれ人生の勝ち組である。チョンキンマンションは、香港の残りの部分とは民族的に異質であり、ほとんどの香港系中国人に軽蔑され、あるいは恐れられていることによって、ゲットーであり続けている。このことに、チョンキンマンションのほとんどの人々は痛いほど気付いている。しかしながら、それは明確に中産階級のゲットーであり、さらには国際的なゲットーである。[15] それは、チョンキンマンションを取り囲む香港世界のほとんどの想像を超える世界主義である。

第2章の結びで、私たちはチョンキンマンションの新自由主義の一つの効果について検討した——富めるものと貧しい者の間にある大きな隔たり。これは、太鼓腹のインド人商店主と彼の臨時雇い労働者の従業員の間、宿泊所オーナーと宿泊所内を整備する家政婦の間、金持ちのアフリカ人貿易業者と、文字通り無一文の、同じ国出身の亡命希望者の間にある隔たりである。しかし、建物は階級闘争を噴出しない。なぜなら、誰もが自分がいつの日か成功して金持ちになることを望み、信じているからだ。客観的には疑わしいが、これが彼らの信念である。

この信念が、イスラム教以上に、チョンキンマンションを統合している信念である。それは、香港という新自由主義世界と、世界の中心と周辺を特徴づけるグローバルな富と貧困の巨大な落差の中で、資本主義者のゲットーであるチョンキンマンションにおいて、自分自身と家族のためにより良い暮らしを可能にする利益を絞り出せるという信念である。チョンキンマンションの稼ぎで支払われた、コルカタやイスラマバード、あるいはレゴスやモンバサに出現する新しい家々を考慮すれば、そのような夢の力は明らかだ——たとえ、建物の中の大多数の人々がおそらく決して金持ちにはならず、そのような望みさえおそらく妄想であるとしても、である。

香港の新自由主義はさらに遠くへ至るかもしれない。近ごろさまざまな論者が、雇用と富の機会を求めて、世界中の労働者が向かう場所を市場のみに決定させるため、国家の旅券取り締まりのグローバルな制度を撤廃すべきかどうかを議論している。[16] もしこの急進的な手段が取られるなら、チョンキンマンション

に匹敵するものが、世界中に発生するだろう。豊かな都市の中の貧者のための国際的安全パッド。これはまだ起こっていないので——部分的には、開発世界の中で香港だけが、誰を入れるかに関してこのように高度に柔軟性があるという理由で——チョンキンマンションは多かれ少なかれ、世界で独特な存在であり続けている。

それゆえ、これがチョンキンマンションのグローバルな意義である。これは、発展途上世界の製造業の中枢とその最も貧しい下界の中間に位置する都市、中心の都市内部にある周辺の建物である。それは、その住人を恐怖と軽蔑のまなざしで眺めながら、それでいていつもの通りを現下の法とする、より豊かな中流階級が奮闘する都市の中にあって、中流階級が奮闘するゲットーである。チョンキンマンションは、世界のより貧しい地域の野心家たちが、ほとんど確実に彼らには決して手の届かない本物の金持ちたちの高層ビルの陰で、豊かに、もっと豊かになろうとやってくるところだ。チョンキンマンションは、世界のより貧しい国々や飛び地出身の比較的豊かな人々が、扉のすぐ外にいる人々のように金持ちになれることを願って交わる場所である。本書で触れた一人ひとりの物語すべては、香港における、あるいは世界全体におけるチョンキンマンションの特殊性という、このより大きな視点の中でのみ理解することができる。この特殊な場所に、本書とその中の物語は位置づけられる。

チョンキンマンションの未来／世界の未来

だとすれば、チョンキンマンションの未来はどのようなものになるのだろうか。本書のさまざまな議論から、ひとつただちに明らかになることは、たやすく破壊されうる現代の社会的経済的状況の脆弱性である。例えば、もし中国政府が、中国大陸にいるアフリカ人に対して査証の規制を緩和し続け、すでに起きているように、より多くのアフリカ発のフライトが直接中国大陸へと行くようになれば、チョンキンマンションで商品を買うアフリカ人は減り続け、地上階と一階の商店で行われている現行の商売のほとんどはなくなるかもしれない。長い目で見るなら、もしアフリカに代理人を送り込んでいる中国の会社の数が増えれば、香港と中国にいるアフリカ人貿易業者の数はおそらく大幅に減ることだろう。中国にいるアフリカ人の数は、中国はアフリカにあると言うほどまでに減り、これは確実にチョンキンマンションに影響を及ぼすだろう。

別の面では、もし香港政府の指示の下、香港入境事務所が、香港の岸へと向かっている亡命希望者に完全にうんざりするようになったら、よりオーストラリアや日本、アメリカのそれに似た査証政策を実施することを選ぶかもしれない。それにより、発展途上世界の人たちは査証なしの出入りを認められず、査証がなければ次の便で国へ送り返されることになるだろう。香港入境事務所にとっては、亡命希望者の受け入れという負担が、明らかに発展途上世界からの旅行者がもたらす利益をますます上回っており、これが起こり始めているという何らかの兆候がある。二〇〇九年一一月、チョンキンマンションの不法労働者に対する入境事務所の手入れは、これから起こることの前兆かもしれない。

また別の異なる面では、もしチョンキンマンションの所有者法人がチョンキンマンションを大幅に改装することを決めるなら、アフリカ人貿易業者や南アジア人商店主を追い出すほどに物価が高騰するかもしれない。そして、チョンキンマンションは香港のもうひとつの二流のショッピングモールになってしまうかもしれない。もし十分な数の大陸系中国人が建物の経済的潜在力を見出すようなことがあれば、中国人のオーナーや顧客が圧倒的多数になり、他の人たちのほとんどを追い出して、建物は大陸系中国人の飛び地になるかもしれない。もし、市内でほとんど絶大な権力を持つ、建築計画の皇帝ともいえる香港の都市再生局が、不動産価値を考えれば、「チョンキンマンション」を存続させるのはあまりにもったいないと判断すれば、建物はすぐに解体され、周囲のものとほとんど見分けのつかない、もうひとつの壮麗なホテルに姿を変えてしまうかもしれない。これらの筋書きは、チョンキンマンションの不安定さを具体的に説明している。変化は避けられないので、建物は存続できない——とは言うものの、それが最終的にどうなるのかは、今のところは不明である。私たちが第1章で見たように、チョンキンマンションはその歴史を通してさまざまな時点で変化してきたし、その変化が今後も続くことは間違いがないだろう。

私は、チョンキンマンションの不動産所有者たちの多くに、建物の将来をどう見ているか、さらにはより具体的には、建物が取り壊されることについてどう思うか、と質問した。ある所有者の親戚は私にこう話した。

もしこの先二〇年の間にこの建物が壊されることになったら、ここにある文化を完全に終わらせることになりますよ。そうならなければだめですね、そのうちに、だってこの建物は古くなってきていますから。ここは最高の場所ですよ。これを取り壊して、大きなホテルを建てるかもしれませんね……もちろん、いろんな所有者全員をまとめるのは大変ですよ。でも、みんなが十分に満足できる値段で売れるなら、みんな売ると思いますよ。金を憎む人は誰もいませんよ！　最終的にはそうなるでしょうね。仕方がないことですよ。

別の所有者はこう言った。「この建物はとても古いので、たぶん誰かが建て直しますよ――私はそうなることを願っています！　チョンキンマンションを取り壊すなら、私たちにかなり支払わなければならないですからね！」

香港の新聞記事やブログはここ何年も、この建物が取り壊される願望をしばしば表現してきた。[17]しかし、所有権の構造を考慮すれば、これはかなり難しいことだった。二〇〇一年まで、法律は香港のいかなる建物も、少なくとも不動産所有者九〇％の同意がなければ取り壊すことはできないというものだった。二〇〇一年以降、この法律はもはや効力を失ない、香港の都市再生局は、もし必要とあれば、そのような同意なしにいかなる建物をも取り壊すこともありうる。

しかしながら、チョンキンマンションの巨大さが、建物の建て替えによって得られる潜在的な利益を減少させている。香港の不動産を専門とする研究者が私に話したように、「チョンキンマンションは取り壊されていません――大手の不動産業者何社かが検討したことがありました――あの建物は高層で、床面積も広大なので、取り壊すのはまったく意味をなさないのです。」典型的には、五、六階建ての建物が取り壊され、建物の売却できる床面積を大幅に増加する二〇階建ての高層ビルに立て替わる。しかし、チョンキンマンションはすでに一七階建てであり、取り壊しても、売却できる空間の大きな増加にはつながらないのだ。

また、建物は何年にもわたって、いくぶんぼろぼろの状態でありながら、驚くほどの収益を生んできたという事実がある。香港の政府高官は一九九三年に、チョンキンマンションについて、「現在の状態でさえ、この建物は所有者にとっては金山」だから、再開発されることはないだろうと語った。[18] これはほとんどの所有者たちにとって、今日、さらにより真実であるようだ。店はときどき破産するが、すぐ角を曲がったところに利益の夢があるとすれば、長く空き家のままであることはほとんどない。チョンキンマンションという金山は、とても多くの現在の所有者たちによる不平や苦労にもかかわらず、輝き続け、投資家は金を手にして並び続けるだろう。したがって、おそらく、この建物はこれまでそうだったように、少なくともしばらくの間は未来に続いていくだろう。

チョンキンマンションはおそらく少なくとも一〇年か二〇年は、低価格のグローバリゼーションの中心であり続けると私は想像するが、いずれは取り壊されるだろう――これは避けられないことだ。すでにこれは尖沙咀（ツィムシャツィ）地区で、もっとも古い建物の一つであり、定期的な修繕を重ねたとしても、遅かれ早かれ、その終わりは来るだろう。

しかしながら、もっと大きな意味で、チョンキンマンションは残り続けるだろう。将来、開発世界と発展途上世界とが出会い、世界中が混じり合うますます多くの接点ができることだろう。これは、現在、パリからニューヨーク、ナイロビに至る場所ですでに起こっており、将来、かつてないほど大きな範囲で起こることだろう。世界中で、ますます増加する人々の衝突と混じり合い、増大する開発世界における発展途上世界の存在、そしてグローバルに並行して増大する文化のスーパーマーケットを考慮すれば、今日チョンキンマンションで起こっていることは、明日は世界で起こっていることだろう、と私は予測している。

チョンキンマンションは、おそらく世界の中でも独特なものとはいえ、私たちの誰もがますますその中に生きることになる世界でもあるだろう。低価格のグローバリゼーションは世界の過去ではない。それは、少なくともいくつかの点においては、世界の未来である。チョンキンマンションは、そのあらゆる特異性を含めて、もちろん消滅するが、より大きな意味で、世界の真ん中にあるゲットーは、やがて、全世界そのものになるのかもしれない。

一〇年後のチョンキンマンション

日本語版のあとがきに代えて

今日チョンキンマンションの中を歩いてみても（少なくとも、Covid-19がマスクをつけた人々と空っぽのレストランの世界を作り出す以前は）、そこには本書が書かれた約一〇年前とほとんどまったく同じ光景が広がっている。本書を書きながら、私はチョンキンマンションが未来に生き延びるだろうかと考えたが、どうやら実際に生き延びたようだ――建物の中にある店のカウンターの奥には、何人か以前と同じ人たちがいる。しかしながら、建物の中で起こっていることは、この一〇年の間に大きく変わってしまった。いまでも、私はまだ毎週土曜日にチョンキンマンションに行って、過去一五年間そうしてきたように、亡命希望者たちのクラスを教えている（もっともCovid-19の現在は、Zoomを使ったクラスであるが）。このおかげで、私は建物の中で起こっていることに通じていることができる。

本書が出版されて以降に起こった最大の変化は、チョンキンマンションはかつて低価格のグローバリゼーションの世界の中心であったが、現代ではあまりそうではなくなったということである。なぜなら、今はアフリカや他の開発途上世界の貿易業者たちが、自分たちが求める商品を買うために直接中国に行くことができるからだ。当時は、彼らが中国への査証を手に入れることは、今よりもっと難しかった。私は本書で、あの当時サハラ砂漠以南のアフリカで使われている携帯電話の二〇％は、チョンキンマンションを経由したものであると推定した。しかし、今日それはおそらく一％にも満たないであろう――そのかわりに、貿易業者たちは南中国の広州や深圳（シェンジェン）で携帯電話を買っている（私の最新の著作『広州の中の世界』は、南中国にいるこれら貿易業者たちの暮らしと生計を描写している）。現在あなたがチョンキンマンションで見かける唯一のアフリカ人貿易業者は、宝石か中古自動車の部品を扱っている人たちだ。これは、宝石は密輸が簡単だということと、人々が比較的短期間で新車に乗り換える香港には、とても貴重な中古車部品が多くあるためである。他の種類の商品を求める貿易業者は、たいてい中国へ行く。

こうした変化にもかかわらず、チョンキンマンションの通路や店先は、かつてと同じように、開発途上世界からやってきたさまざまな人々であふれている。アフリカ人が経営するレストラン、バー、衣料品店が何軒かある。そこには、かつての亡命希望者が地元の香港人と結婚し、それにより香港住民になった人たちがいる。また、以前と同じように、南アジア人が経営するレストランや商店が数十軒ある。何人かの南アジア人臨時雇いの労働者もまた、最近では亡命希望者になっている――一〇年前、彼らは四二日ごとに査証更新のため空路インドに帰っていたが、今では祖国との通話料がかなり安くなったので、彼らは家に帰る必要を感じないのかもしれない。ある南アジア人の男性が私にこう話した。「私の携帯のワッツアップで小さい娘と毎晩二時間話しています。だからまだ娘と一緒に家にいるような感じですよ。」もう一つチョンキンマンションに起こった大きな変化は、携帯電話販売店はもはや利益を上げることができず、一〇年前と比べてずっと少ない台数しか売らなくなったことである。スマートフォン以前の時代には、ノキア6400のような携帯電話は容易に偽造でき、正規品の二〇%の値段で売れる高性能のコピーを作ることができた。しかし、スマートフォンを偽造するのはもっと難しい。中国製の携帯電話は性能がよくなってきているので、チョンキンマンションではなく、直接中国大陸で電話を買おうという気にさせられる。今日、チョンキンマンションでコピーの携帯電話を買うのは簡単ではない。

携帯電話店に代わって、少なくとも最近の抗議運動とその後のCovid-19までは、宿泊所が金を稼いでいた。本書は世界的にみれば大して売れなかった――おそらく英語版は一万部程度――が、二つの中国語版(北京語と広東語)は、およそ三万部も売れた。本書は中国大陸からの訪問者をチョンキンマンションに連れてくる上で、いくぶん影響があったかもしれないと、私は言われた。私は友人の宿泊所経営者と、彼が中国人の客を獲得するのを手伝っているのだから、「私に一〇%の手数料を払うべきだ!」と冗談を言い合っている。本書は実際には、こうした傾向にほとんど影響していないだろうが、最近では大陸からの中国人が、一〇年前よりもずっと多くチョンキンマンションに滞在していることは明らかである。彼らがチョンキンマンションにやってくるのは、たいていは単に安宿を探しているからではなく、建物がどんなところかを知っていて、それを体験したいと思っているからだ。

何年にもわたって、私はチョンキンマンションの亡命希望者たちを手助けするために、多くの時間と金銭を捧げてきた。しかし、それでも、本書はチョンキンマンションにいる亡命希望者や他の人々を助けるより、私のことを手助けしてくれたということは、疑いようのない事実である。標準的な型は、開発途上世界に滞在する、中流階級の開発世界の人類学者のそれである。結果的に人類学者はよく知られるようになるかもしれないが、貧しい人々は貧しいままである。これは私自身の仕事にも、かなりの部分事実としてあてはまる——私は五大陸へ行ってチョンキンマンションでの私の調査について講演をした。しかし、この本に描かれた人々の多くはどこへ行くこともできずにいる。私はこれに対して少し罪の意識を感じているが、私には他に何ができるだろうか。

私は本書『チョンキンマンション——世界の真ん中にあるゲットーの人類学』の中で、この調査を発表することに関わるいくつかの道徳的な問題について論じた。例えば、この調査を読んで所有者委員会がチョンキンマンションを格上げし、ビルを高級化することも可能であるように思われた。もし彼らがそうしていたなら、開発途上世界の人々は誰もここに来なくなっただろう。なぜなら彼らにとってそこは高級すぎるからだ。そしてチョンキンマンションは、知らぬ間に、香港のどこにでもある、ありふれた中国のショッピングモールになってしまっていただろう——幸運なことに、そうはならなかった。もう一つの可能性は、本書をもとに、香港政府が亡命希望者が不法労働していることに気づき——「なんてことだ！　それは知らなかった！」——そして、劇的な措置をとるかもしれないことだ。私は、香港の立法評議員数名がマスコミに載った本書の素描に言及したことを知った。一人はそれを利用してこう宣言した。「チョンキンマンションの亡命希望者たちは働いているが、彼らは労働してはいけないんだ！」と。だが、別の評議員はこう言った。「亡命希望者たちは働かざるを得ないんだ、彼らは十分な給付金をもらっていないんだから。彼らが受け取ることのできる給付金を増やそう。」そして実際、給付金はひと月に一〇〇USドル増額になった。これは少なくとも、わずかな程度ではあるが、この本にもとづき、意図せずに実現したよいことであった。この本が、もっと否定的なものではなく、この効果を生み出す一助になって私はとても運がよかった。これはまったくもって、私が管理できる範囲を超えたところにあるものなのだ。

本書の読者はきっとよくご存知だと思うが、香港は過去数年間にわたって政治的抗議の波を経験してきた。二〇一四年の雨傘運動では、チョンキンマンションにほとんど影響はなかったが、二〇一九年の抗議活動は建物に直接的な影響を及ぼした。二〇一九年一〇月一六日、香港の抗議活動を主導した「市民人権前線」の招集者、民主派の活動家ジミー・シャムが、南アジア人と思われる数人の男たちに襲われた。チョンキンマンション内の多くの人たちは、香港における南アジア人の心臓部と見なされているこの建物が、デモ隊の攻撃の対象になるのではないかと懸念した。一〇月二〇日、香港政府に対する抗議のデモ行進が彌敦道（ネーザンロード）上で行われ、チョンキンマンションの目の前を通過した。亡命希望者たちを支援しているチョンキンマンション内のNGOのメンバーによって組織された、建物内の南アジア人たちが、デモ隊に水や食べ物を手渡した。それと同時に、明らかに間違って、警察が近くの九龍モスクに向けて刺すような青い染液を放水し、チョンキンマンションや他の場所に住む地元のムスリムたちは激怒した。一〇月二五日、チョンキンマンション「オープンハウス」が催された。一〇〇〇人を超す若い香港系中国人がやってきて、少数民族であるソーシャルワーカーたちが行った、無料のチョンキンマンション・ツアーに参加した。ほとんどの人たちは食事をするために残り、長い穏やかな列を作って、チョンキンマンションのエスニック料理を試してみようと自分の順番がくるのを待った。最近落ち込み気味の商売について嘆いていたチョンキンマンション内の南アジア人の商店主たちは、若い香港人が大勢殺到したことに驚いていた。「こんなの今まで見たことがないよ！」と一人は興奮して私に言った。建物のあちこちで、若い香港系中国人とチョンキンマンションの南アジア人やアフリカ人が、満面の笑みで一緒に写真に収まっていた。

この特別な出来事は、香港におけるより微妙で、より大きな変化を反映している。私が毎週チョンキンマンションで行っている亡命希望者たちのためのクラスでは、過去何年にもわたって、アフリカ人や南アジア人の学生たちは決まって、彼らが香港での日常生活において経験する人種差別についで話していた。例えば、香港人たちは、公共の交通機関で彼らの隣に座るのを拒絶したり、ときには彼らを罵ったりしたそうだ。しかし、ここ数年間、状況は変化してきている。あるアフリカ人亡命希望者はこう話す。「以前、香港の学生たちには「どうしてあんたたちはここに来るんだ」と、とても敵意に満ちた言い方をされたものです。でもここ数年は、彼らは本当に私たちと話したがります！」また別のアフリカ人亡命希望者は私にこう言った。「数年前は、私が香港のバスケットボールのコートに入ると、香港人たちはみんな一斉にいなくなったものです。でも、今はみんな私と一緒にバスケットボールをやりたがるし、食事に誘ってくれることだってあるんですよ」と。彼らの話では、いまだにアフリカ人を彼らの肌の色を理由に軽蔑しているかもしれない年配の香港人がいる一方で、若い香港人たちは驚くほど喜んで彼らを受け入れてくれるようになったそうだ。

こうした態度の変化は、二年前の驚くべき出来事に反映されている。二年前のその日、数人の若い香港の政治活動家たちがチョンキンマンションの授業にやってきた。南アジア人が香港の活動家に聞いた――「私は香港人になれるでしょうか」と。それに対する答えは「もちろん、あなたは香港人になれます！　香港にはあなたのような人が必要なんです！」アフリカ人が「私は香港人になれるだろうか」と聞いても、それに対する答えは、「もちろん、あなたは香港人になれます！　香港にはあなたのような人が必要なんです！」だった。次に、その日の授業に参加していた大陸系中国人の学生が「私は香港人になれますか」と尋ねると、「えーと……」。その答えは明らかに「否」であった。香港政府は、いかに香港が欠かすことのできない中国の一部であり、いかにすべての香港人は母国を愛さなければならないかと、香港が中国であることを強調し続けている。これに反対しているのが、香港は「中国以外ならなんでも」というこれらの若い活動家たちの態度である。この態度は、中国大陸に対する香港の独自性を維持するために、中国大陸と違って、香港は国際的でなければならず、中国大陸との完全な区別を維持しなければならないというものである。若い香港人の間では、香港の新しい「民族的他者」はもはや、一〇年二〇年前にはそうであったように、南アジア人やアフリカ人ではない。今それは大陸の中国人たちであり、私の若い中国大陸の学生たちは、香港で北京語を話すとときどき嫌がらせをされることがあると報告している。他方、チョンキンマンションは香港における香港の非中国性の象徴として、多くの若い香港人にとって新たに魅力的なものとして出現してきた。

しかしながら、建物のこの新しい魅力の効果は、チョンキンマンションの中ではまだ見られない。二〇一九年の秋に香港を巻き込んだ抗議運動の後、二〇二〇年春にCovid-19が発生し、何ヶ月にもわたって香港の公的生活は大幅に制限され、チョンキンマンションのレストランや宿泊所には、客はほとんど皆無だった。しかし、この先数ヶ月、数年の間に、間違いなく建物はまた——今まで以上に、若い香港人を含む——人々でいっぱいになることだろう。二〇二〇年七月一日に可決された国家安全維持法は、香港全体にとっては非常に重大な影響があるかもしれないが、政治ではなく商売に基礎をおく建物であるチョンキンマンションにはほとんど影響はないだろう。現在では多くの香港の人々から反発を受け軽蔑されている香港警察には、チョンキンマンションで働いている亡命希望者を追いかけまわすより、もっと差し迫った懸念があるはずである。

私は今でもチョンキンマンションを自分の家のように思い、そこで過ごす時間を心から愛している。チョンキンマンションにいつ帰っても、暖かく迎えてもらえることをありがたく思う。これを読んでいるあなたも、この場所について私と同じように感じるようになるかもしれない。チョンキンマンションを訪ねてみてください！　この建物は永久にあるわけではなりません——可能なうちに、今すぐ行って、世界で最も驚くべき場所の一つをあなたも目にしてください。

二〇二〇年九月六日

ゴードン・マシューズ

解説

小川さやか

　本書は、Gordon Mathews著の*Ghetto at the Center of the World: Chungking Mansions, Hong Kong*（2011, University of Chicago Press）の全訳である。著者であるゴードン・マシューズは香港中文大学人類学部の教授で、現在、香港および中国南部をハブとする特殊な形態のグローバリゼーションの研究を牽引する最も著名な研究者の一人となっている。その嚆矢となった本書は世界各地で話題となり、中国語の訳書は第七回のHong Kong Book Prizeを受賞している。

　著者のゴードン・マシューズはもともと日本研究者であり、日本の研究者のあいだでもよく知られている人類学者である。初期の著作や共著には、『人生に生きる価値を与えているものは何か——日本人とアメリカ人の生きがいについて』（*What Makes Life Worth Living? How Japanese and Americans Make Sense of Their Worlds*. Berkeley: University of California Press. 1996）や『若者は日本を変えるか——世代間断絶の社会学』（*Japan's Changing Generations: Are Young People Creating a New Society?* edited by Gordon Mathews and Bruce White. London: Routledge. 2004）などの邦訳されたものもある。

これらの邦訳書をふくめた、生きがいや幸せ、ウェルビーイングに関する著作や、「文化のスーパーマーケット（Cultural Supermarket）」（*Global Culture/Individual Identity: Searching for Home in the Cultural Supermarket*. London: Routledge. 2000.）で示された関心は本書の問題意識にいくらか反響しているが、本書のテーマとよりかかわりの深いものは、「下からのグローバリゼーション」「低価格のグローバリゼーション」に関わる、以下の二冊である。

- *Globalization From Below: The World's Other Economy*, edited by Gordon Mathews, Gustavo Lins Ribeiro and Carlos Alba Vega. London: Routledge. 2012.
- *The World in Guangzhou: Africans and Other Foreigners in South China's Global Marketplace*, University of Chicago Press. 2017.

とりわけ二〇一二年に、マシューズがグスタボ・リンス・リベイロやカルロス・アルバ・ベガとともに編集・公刊した論文集 *Globalization From Below: The World's Other Economy*（『下からのグローバル化——世界の別の経済』）には、本書『チョンキンマンション——世界の真ん中にあるゲットーの人類学』の理論的な背景が提示されている。以下では、この論文集を補助線にして本書の内容を紹介していきたい。

「下からのグローバリゼーション」と「世界の真ん中にあるゲットー」

やや迂遠ではあるが、解説を書くにあたって、私がマシューズの著作へと辿り着くに至った個人的な経緯から説明させていただきたい。

マシューズとの出会いは、二〇一四年一二月に彼を立命館大学先端総合学術研究科に特別講師(集中講義)として招聘したことに遡る。彼を招聘したのは、後述する論集を読んでぜひ会ってみたくなったからだ。当時の私は、チョンキンマンションや香港のアフリカ系交易人のビジネスよりも、中国製のコピー商品や模造品の製造と流通に関心を持っていた。大学院生の頃にタンザニアのインフォーマル経済、とりわけ古着商売の研究をしていた私は、アフリカの市場が急速に変貌していくのを目の当たりにしていた。二〇〇〇年代初頭には路上商売の花形であった古着商売は、二〇〇〇年代後半にかけて急増した、偽物や模造品を含む廉価な中国製衣料品の商売と競合するようになり、次第に困難になっていった。調査をしていた古着商人のなかにも中国製品を扱う商売へと鞍替えする者たちが増加し、中には中国とその玄関口である香港を目指す者も現れるようになった。それはまさに「チャイニーズ・ドリーム」とも呼びうる現象であった。

そのような折に読んで衝撃を受けた文献のひとつが、上述した論文集『下からのグローバリゼーション――世界の別の経済』であった。この論集は、莫大な資本と法律家集団をもつ大企業や多国籍企業による「上からのグローバリゼーション」とは異なる、「下からのグローバリゼーション」の特徴と動態を多角的に論じたものであり、中国や香港をはじめ特定の都市をハブとする新しい経済が地球規模で胚胎していることを浮かび上がらせていた。

「下からのグローバリゼーション」は、本書では「低価格なグローバリゼーション」と記されているが、中身は同じである。すなわち、「比較的少額の資金と、普通は「開発途上国」と結び付けられている非公式の、ときには半非合法、あるいは非合法の取引を巻きこむ国境を越えた人と物の流れ。これは、スーツケースに詰め込んだ数百個の携帯電話をしっかり抱えて故郷に帰っていくアフリカ人の貿易業者や、必要とされる数百ドルと、彼らの家族が想像することしかできない世界の途方もない話を家族のもとに運んでいく南アジア人の臨時雇いの労働者たちによるグローバリゼーション」（本書三七頁）である。本書の文脈では、いわゆる「爆買い」をするために香港（あるいは香港を経由して中国）にやってくる「商業的旅行者（貿易業者）」、それらの商業的旅行者の案内をしたり、臨時雇用の仕事をしたりする亡命希望者や不法滞在者、繁華街で外国人相手に性を売るセックスワーカー。それらの「有象無象」の個人が形成しているグローバリゼーションが、下からのグローバリゼーションである。

この論文集がとりわけ興味ぶかいのは、「下からのグローバリゼーション」がグローバルな経済全体においてどのような位置づけにあるかを独自の視点で論じている点である。まず、マシューズらによる「下からのグローバリゼーション」は、特定の国や地域、都市を軸足にしたインフォーマル経済研究に対して、世界各地のインフォーマル経済の相互作用がうみだす動態に目を向ける点で、独創的なものであった。

インフォーマル経済の定義は定まっていないが、各国の雇用統計上の規定でフォーマルセクター（公式部門）が定められ、その残余をインフォーマルセクター（非公式部門）とする場合が多い。開発途上国の行商人や靴磨き、家具職人、日雇い労働者などを対象とするインフォーマル経済研究の多くは、具体的な国や地域の領域内で、都市化や貧困問題、フォーマル経済や都市政策上の問題との関連性を議論してきた。マシューズらは、国家を単位とするこうしたインフォーマル経済の理解では、アフリカ諸国と香港の貿易のような国境を越えるインフォーマル経済の動態は捕捉できないし、実のところ世界各地のインフォーマル経済従事者は多くの類似した側面をもち、共鳴しあっていることを明らかにしたのだ。

そのうえでマシューズらは、多国籍企業が推進する「上からのグローバリゼーション」と、「下からのグローバリゼーション」との複雑な関係に分け入っていく。たとえば、本書の第3章で取り上げられる、コピー携帯やコピー衣類は、「上からのグローバリゼーション」の側に立てば、胡散臭く不適切な商品として槍玉にあげられる。グローバル企業は、それぞれの国の政府に海賊版商品に対する罰則を強化するようロビー活動を展開し、これらの行為を非合法化・犯罪化しようとするキャンペーンに従事している。そこでは、コピー製品を購入することさえも、合法的なビジネスを消滅させ、就職口をなくし、労働者を失業させ、技術発展を停滞させる原因であるとされる。それはまた、新しい才能の発見を遅らせ、「インフォーマルな商売」を拡大させる原因にもなると。(Mathews and Vega 2012: 1)。

だが、他方で下からのグローバリゼーションこそが、上からのグローバリゼーションが解決できない問題に取り組んでいるのだと議論することも可能である。論集に寄稿した多くの著者は、そう指摘する。下からのグローバリゼーションは、本来ならば、貧しい国の人々の購買力ではとうてい入手不可能な商品をコピー商品や模造品のかたちで提供し、その製造と流通を担う何百万人の人間に雇用を与えている。下からのグローバリゼーションは、世界中の貧しい消費者や労働者のクオリティ・オブ・ライフを少なからず改善しているのだ。実際、本書の第3章に登場する貿易業者たちは、自分たちが果たしている役割を根本的に肯定的なものだと表明している。たとえば、ケニアの貿易業者は、マシューズに次のように語る。

「私の国では誰も本物のブランドのスーツ、あるいは有名企業の本物の携帯電話は買えません。値段が高すぎます。でも、こういうコピー商品は彼らにいいものを見せることができるんです。貿易業者は世界をアフリカに持ってきているんです。彼らは祖国をよりよくしているのです！」（二五三―二五四頁）。

開発途上国の住民あるいは先進諸国の貧困層もグローバル社会の一員であり、「世界」の動きについていかなければならない。たとえば、携帯電話は、多くの開発途上国の住民にとってぜいたく品などではなく、今や生きのびていくうえで必須のアイテムである。コピー携帯であろうと再生携帯であろうと、グローバリゼーションの中心で開発される技術や流行に追いついていかなければ、特定地域の「遅れ」は、中心と周縁のあいだのギャップを広げるように作用することになる。知的なコンゴの貿易業者が、良いものをみせることは貧しい人々の「想像力を広げる」ことだと語るように（二五三頁）、下からの／低価格のグローバリゼーションは、貧しい諸国と人びとにとって、ブリコラージュもふくめたイノベーションを推進する原動力、さらにいえば、経済を離床させる動力にもなりうるのである。

より重要なことは、これらの事実によれば、「上からのグローバリゼーション」に属する人々にとっても「下からのグローバリゼーション」は単純に排斥したり、対抗したり、無視したりすべきものではないという点である。なぜなら、下からのグローバリゼーションが、上からのグローバリゼーションが生み出している「不平等」や「不公正」を自力で解決あるいは緩和しているのだとしたら、これを抑圧したり規制したりすることは必ずしも上からのグローバリゼーションの推進者にとって良い結果にならないためである。下からのグローバリゼーションの推進者はそれを決して企図して実現しているわけではないが、結果として、現行のグローバルな経済秩序が再生産されているること自体が、下からのグローバリゼーションの恩恵ともいえるのである。皮肉なことに、下からのグローバリゼーションが上からのグローバリゼーションを下支えしてしまっているのだ。このような観点から、論集の編者の一人であるリベイロは、下からのグローバリゼーションとは、「上からのグローバリゼーション」に対抗的な「反-覇権的なグローバリゼーション」ではなく、「非-覇権的なグローバリゼーション」であると論じている（Ribeiro 2012: 223-224）。

この「下からのグローバリゼーション」あるいは「低価格のグローバリゼーション」の最も重要なハブのひとつが、本書の主題である「世界の真ん中にあるゲットー」、すなわちチョンキンマンションなのである。それゆえ、本書はチョンキン・マンションとそこに関わる人びとについて書かれたものであると同時に、「下からのグローバリゼーション」「低価格なグローバリゼーション」の結節点からその独自の動態と意義を論じた「特殊な種類のグローバリゼーション」論でもあるのだ。チョンキン・マンションがどのようにして現在のように南アジアやアフリカ、中近東など世界中から貿易業者や労働者、亡命希望者を引き寄せるようになったのか、それらの人びとがそこでいかに暮らしたり商売をしたりして独自のグローバルな商品のフローを作り上げているのか、彼らを取りまく不安定な環境がいかに既存の法や規範によって生みだされているのかを理解することは、現行のグローバリゼーションの特異な運動を正確に捉える手がかりとなるのである。

もっとも「下からのグローバリゼーション」「低価格なグローバリゼーション」の拠点は、チョンキンマンションだけではない。第1章で述べられている通り、低価格なグローバリゼーションの拠点は、バンコクやコルカタ、ナイロビにあるし、パリやロンドン、ニューヨークにもある。アルゼンチン、ブラジル、パラグアイの合流点にあるシウダッド＝デルエステのようなところ、中国本土にもある。二〇一七年にマシューズがリネッサ・ダン・リンとヤン・ヤンとともに公刊した、*The World in Guangzhou: Africans and Other Foreigners in South China's Global Marketplace*（『広州における世界——中国南部のグローバルな市場におけるアフリカ人と他の外国人』）の舞台である中国本土の広州市もその一つである。アフリカ系の貿易業者や商人たちが闊歩する広州市の越秀や三元里も、様々な経緯が折り重なり、特殊なグローバリゼーションの拠点へと発展してきた。この著作もたいへん豊かなエスノグラフィであるので、下からのグローバリゼーションの形成とその内実に関心をもった方は、ぜひ読んでいただきたい。

チョンキンマンションの社会的な世界

チョンキンマンションは、香港の目抜き通りに位置する複合施設である。高層ビルのグランドフロアと一階（イギリス式なので、日本でいう一階と二階にあたる）は、携帯電話店や両替店、国際送金会社、インド料理店やパキスタン料理店などのレストランが立ち並ぶ商業施設となっており、上層階にはバックパッカーや世界各地から押し寄せた貿易業者・労働者たち御用達の安宿が無数に入っている。第1章で紹介されているように、チョンキンマンションは、賑やかなショッピングセンターのど真ん中に開けた異空間であり、同ビルにかかわりを持たない香港の住民にとっては、得体の知れない人びとと遭遇したり犯罪に巻き込まれたりするのではないかという恐れや不安を掻き立てる場所である。だが同ビルで暮らしたり働いたりしている人々にとっては、「希望の光」でもある。発展途上世界の貧困からはい出し、自分自身のために豊かな人生を作り出すための最良の機会を提供する場所なのだ（三〇頁）。

いかにして香港そしてチョンキンマンションが、下からの／低価格のグローバリゼーションの拠点となったのかには、当然ながら理由がある（中国南部の広州を含め、その他の拠点にも理由がある）。説明順序は本文と逆であるが、マクロにみれば、広州や深圳など中国南部が強力な製造業の中心、とりわけコピー商品や模造品をふくむ廉価な商品の製造拠点として躍り出たことがその第一の理由であろう。

また、香港の相対的に緩やかな法的な規制がこの特別な場所を用意したともいえる。下からの／低価格のグローバリゼーションは、国家がそれらを規制する能力や意思が相対的に薄いところで繁栄する（cf. Mathews and Vega 2012 : 8）。二〇二〇年六月に香港国家安全維持法案が可決されたため、今後はどうなるか不透明であるが、少なくとも本書の元となる調査が実施された二〇〇六年から二〇〇九年の時期において、香港はかなり自由な市場であった。それは、たんに香港が世界屈指の自由港（輸入貨物に対する関税を課さず、外国貨物と船舶の自由な出入りを認める港）であるという事実によるものだけではない。インフォーマル経済が国家に十分に捕捉されないことで自律的な領域を獲得・維持してきたように、下からの／低価格のグローバリゼーションも法的・制度的な「抜け穴」「抜け道」「グレーゾーン」によって促進されているのである。たとえば、中国と香港の間の国境で商品を通過させる際の「抜け道」、開発途上国の住民にも査証なしに滞在を認める緩やかな査証制度、真に亡命先を希求しているわけではない「偽物」の亡命希望者も受け入れるUNHCRや香港当局、偽物の販売や売春等のマイナーな違法行為に対する「寛容な」取り締まりなど。

これらの「緩さ」は、そのような自由さ・寛容さでもって香港の経済が機能しているという認識を基盤としている。いわば、香港の新自由主義こそが、下からの／低価格なグローバリゼーションの拠点を醸成した土壌なのだ。

直接的には、チョンキンマンションというビルが歩んだ歴史も関係する。詳しくは割愛するが、世界で最も不動産賃貸料が高い場所のひとつである香港で、驚くべき「安さ」を実現しているからこそ、このビルは「世界の真ん中にあるゲットー」になった。

だが、チョンキンマンションが現在のような世界中から貿易業者と労働者を引き寄せる場所となりえたのは、何よりここで暮らしたり働いたりしている人びとの日々の実践の積み重ねとそれらの実践を支えている「信念」によっている。本書を通じて浮かび上がるのは、世界で最もグローバル化された建物の独自の「社会的世界」の成り立ちである。

第2章では、チョンキンマンションに関わる人びと——商人たち、チョンキンマンションの各ブロック／部屋の所有者とマネージャーたち、臨時雇いの労働者たち、亡命希望者たち、家政婦たち、セックスワーカーたち、ヘロイン中毒者たち、バックパッカーを中心とする旅行者たち—の姿が丁寧に描写されていく。これら属性も個人史も移住目的もばらばらな集団が、無秩序でありつつも、実利的で実践的に共存する特異な多民族・多文化空間を作りあげ、そうして作られた空間が新たに人々を引き寄せてきたのである。

あらゆる人種と民族、宗教が混在するチョンキンマンションは、何らかの統制を可能にする制度やルールがない世界でなければ、暴力がはびこると信じる人々にとっては、理解しがたい小世界である。実際、本書の随所で人々が語るように、異なる国籍や人種、民族、宗教間には、文化摩擦も侮蔑も見下しも不信もある。商売人や労働者のあいだには、グローバル経済の構造と同じく、著しい経済格差もある。

しかし「概して言えば、貿易業者や労働者の出身社会の多くと比べて、チョンキンマンションはきわめて平和」(本書一七二頁)なのである。いったいなぜなのか。マシューズは、その理由は、何より「チョンキンマンションの基本的な前提、資本主義の前提を受け入れているからである」(本書一七四頁)と述べる。誰もがいつの日か成功して金持ちになることを信じることによって、現状の摩擦や格差あるいは不遇を問わずにいる状態が生まれているのだと。商売で成功するためには、争っている場合じゃないというわけである。また、チョンキンマンションに関わる人びとの間に著しい経済格差があっても、出身国である開発途上国においては、亡命希望者ですら相対的に豊かな層であることも、現状の課題に寛容な態度を生み出している。チョンキンマンションは、いわば「第三世界の成功者クラブ」「開発途上国の中産階級のゲットー」としての鷹揚さを備えているのだ。

要するに、下からの／低価格のグローバリゼーションの推進者の信念もまた、香港そして上からのグローバリゼーションと同様に「新自由主義」を基盤とし、それを肯定するものなのである。この事実をいくぶん皮肉なものとして受け止める読者はいるだろう。

最もシンプルで直截的な定義では、新自由主義とは市場を価値の究極的な調停者として強調し、国家による市場への統制を最小限にすることを提唱するイデオロギーである。第5章で率直に述べられているように、このイデオロギーに基づくグローバル経済システムによって周辺化されてきた人々を扱うことの多い文化人類学の研究者は、新自由主義に対して批判的な視座に立つ傾向にある。たしかに新自由主義がアフリカ諸国のスラムに居住する最も周辺化された人々に否定的な影響を与えていることは紛れもない事実である。しかし、グローバルな経済システムの周辺から香港へとやってきた人びとが「第三世界の飛び地」であるチョンキンマンションで共存する論理も、新自由主義のイデオロギーなのである。

ただし、下からの／低価格なグローバリゼーションにおける新自由主義は、いくぶん温かみのある属人的な新自由主義でもある。それは、下からの／低価格なグローバリゼーションが「より徹底的な新自由主義化 out-neoliberalizing」を企図する帰結でもある（cf. Mathews and Vega 2012 : 11）。入管法や知的所有権をはじめ、あらゆる国家の統制や規制を回避し、抜け道や抜け穴を見つけようとする彼らは、国家がその活動にお墨付きを与え、国家と手を取りあって繁栄してきたグローバル企業よりもはるかに究極的な新自由主義―それはもしかしたらアナキズム的な秩序と呼びうるもの――を志向してもいる。制度やルールといった外在的な統制に頼らずに、騙しや詐欺の横行する投機的な市場で商売をしようとすれば、人間どうしの関わりあいの中で、自生的な秩序を形成していくしかなくなる。その意味では、下からの／低価格のグローバリゼーションは、今日の世界を覆い尽くす上からのグローバリゼーションとは異なり、人間の社会的紐帯を分断しないものである。

そして、国家の法や制度、警察や裁判制度ではなく、顔を合わせての具体的な関係だけが信じられるすべてであることが、チョンキンマンションが世界中から多様な貿易業者や商人を引きつけ、世界のどこにもないスラムへと発展してきた根本的な理由なのである。

民族誌としてのチョンキンマンションの意義と未来

それでは、民族誌としての本書が投げかける問いとは何だろうか。ふたたび迂遠ではあるが、マシューズとの個人的な思い出から話をはじめたい。

二〇一六年一〇月から半年間、私は香港中文大学で在外研究をした。その際に受け入れ教員を引き受けてくれたマシューズは、とても気さくで親切でウイットに富んだ人物であった。彼と一緒にチョンキンマンション内を歩くと、店を構える商人たちが相談事を持ちかけたりし、時には長々と話し込むこともあった。マシューズが長い時間をかけて調査対象者とラポールを築いてきた証が、その何気ない立ち振る舞いに表れていた。

何より、私がひとりの人類学者として感服したことは、彼が調査対象であるチョンキンマンションの住民に対して講義をしていることであった。本書でも触れられているが、マシューズは、毎週末、同ビル一七階にオフィスを構えるNGOクリスチャン・アクションで、アフリカ系とその他の亡命希望者たちを生徒に、時事問題やグローバル情勢を自由に討論する形式のレクチャーを開催していた。私も参加したが、亡命希望者のアフリカ人たちは驚くほど積極的に自分の意見を表明し、実に真剣にグローバルな問題を議論していた。時には、人類学の講義にも哲学談義にもなった。だが正直、何年ものあいだ毎週の休日を費して無料でレクチャーをするのは、体力的にも時間的にも大変なことのように感じた。そうした疑問をぶつけ、「なぜこのような講義を始めたのか」と尋ねると、マシューズは「もちろん彼らを搾取するためだ」とさらりと返答した。当然ながら、この言葉は、人類学者として自らの営みを内省したものであり、誠実さの表明であろう。調査者であるマシューズ（そして私を含めた人類学者）と亡命希望者を含む調査協力者の間には、グローバルな経済構造に存在するのと同じく、圧倒的な経済的・権力的な不均衡が横たわっている。

何やら怪しげなチョンキンマンションは、物見遊山的な好奇の目を向けられる対象でもある。本書にも、中国人作家を案内した際に、ひとりのアフリカ人の亡命希望者が「馬鹿野郎！　私たちに話して欲しいのなら、私たちに金を払うべきだ」と憤ったというエピソードが記されている。テレビ等の取材は、肯定的に報じるか否定的に報じるかにかかわらず、しばしばその住民にとって不都合なものになる（九三頁参照）。チョンキンマンションは、外部の人間にはまさか違法行為の現場であるとは想像もできないかたちで、知られたくない、写されたくない行為や出来事が遍在している場所なのだ。それは、このビルとそこにかかわる人びとについて調査し、民族誌を書くという営みにおいても起きうることである。「けしからん！　チョンキンマンションで非合法なことが行われている！　あそこを閉鎖しよう！」という懸念が民族誌を通じて現実のものとならないことを、私もひとりの人類学者としてマシューズと同様に常に不安に思っている。

しかしだからこそ、本書はこのような主題で書かれたのである。マシューズは、多くの香港住民にとって周知の事実である、一部の住人が不法労働していることや偽物の電話が売られていること、何人かは薬物や性を売っていることを否定するよりも、下からの／低価格のグローバリゼーションとチョンキンマンションの調和のとれた文化的多様性が果たしている肯定的な役割を論じることを選んだ。それは、本書を、グローバルな世界の不公正さに目を向け、それらを軽減する方向へと世界が進む契機としたいという願いでもある。

本書の最後の章では、チョンキンマンションと世界の未来が展望される。第4章で詳述されるチョンキンマンションを取り巻く法的な環境からも示されるように、実際チョンキンマンションというビルが、これからも存続していくかどうかは不透明である。香港政府は、マシューズが調査した頃よりもアフリカ人の入境を厳しく規制するようになっている。中国政府がアフリカ人に対する査証規制を緩めたり、中国企業がさらにアフリカ市場へと直接的に進出したり、チョンキンマンションの所有者たちが宿泊費を高騰させたり、老朽化したビルの取り壊しが起きたり、あるいは情報通信技術やブロックチェーンの発展等により直接的な渡航に代わるプラットフォームが形成されたり……ほんのわずかに歯車が狂うだけで、チョンキンマンションという建物の存続が危うくなることは容易に想定される。

しかしながら、たとえ物理的な場所としてのチョンキンマンションが消滅しても、下からのグローバリゼーションは形を変えて存続していくだろうと、マシューズは言う。いやむしろ、下からの／低価格のグローバリゼーションが上からのグローバリゼーションの運動によって排出されるもう一つのグローバリゼーションであるならば、開発途上国から人々が押し寄せて先進諸国の人びとと直接的に遭遇し、多種多様な人々が混じあっていく状況は今後もさらに促進され、やがて未来の世界を覆いつくしていくことになるかもしれないと。「世界の真ん中にあるゲットー」が全世界に拡張する時、私たちはその混沌にいかに対峙していくのか。本書は、じつは私たち自身が未来を生き延びていく手がかりを示唆するものである。そのことをいまいちど確認して、筆をおきたい。

［参考文献］

Mathews, G. and C. A. Vega, Introduction: What is globalization from below?. In Mathews Gordon et al. eds. *Globalizaiton from Below: The World's of Other Economy*, Routlege. 2012, pp.1-15.

Ribeiro, G. L. Conclusion: globalization from below and the non-hegemonic world-system. In Mathews Gordon et al. eds. Globalizaiton from Below: The *World's of Other Economy*, Routlege. 2012, pp. 221-235.

注

序文

1 Norman 1985, 17; Sandhaus 2010, 17による引用。

2 Smith 1883, 48; Sandhaus 2010, 121による引用。

3 Welsh 1993, 378-86; Tsang 2004, 47-55; Ku et al. 2003.

4 Mathews, Ma, and Lui 2008, 32-39.

5 *Economist* 2009, 29, 132.

6 White 1994.

7 香港の移民と関連付けたチョンキン・マンションの論文として、Knowles and Harper（2009, 116-31）を参照。

第1章

1 Harper and Story 1999, 171.

2 IrisC's Flickr page, "Chungking Guesthouse," February 4, 2008, http://www.flickr.com/photos/pahud/2242268104/（二〇〇九年三月六日）

3 Li-jing Zhu, Annie Gu's Blog, Chungking Mansions, June 28, 2008, http://anniegwj.spaces.live.com/blog/cns!503FF852A409141B!7073.entry（二〇〇九年三月三日）

4 C. C. Chiou's blog, Chungking Building/ Complex, June 16, 2008, http://blog.udn.com/infenchiou/1963100（二〇〇九年三月六日）

5 Lailing, "Chungking Mansions," 2007, http://lailing.motime.com/post/661599/ 重慶。大廈（二〇〇九年三月七日）

6 Hamish McDonald, "Vice HQ Gets Facelift, but It's Only Skin Deep," *Age*, May 11, 2005, http://www.theage.com.au/news/World/Vice-HQ-gets-facelift-but-its-only-skin-deep/2005/05/10/1115584956620.html（二〇〇七年九月二七日）

7 Karl Taro Greenfield, "Hope and Squalor in Chungking Mansions," *World Hum*, http://www.worldhum.com/features/travel-stories/hope_and_squalor_at_chungking_mansions_20070813/（二〇〇七年九月二七日）

8 Gossip Café, July 11, 2002, http://www.securework.com/hk/viewforum.php?f=3 に載った無名のコメント（二〇〇七年九月二七日）。現在このサイトは閉鎖されている。

9 Merriam Webster's Dictionary, http://www.merriam-webster.com/（二〇一〇年八月二四日）
10 Weber 1976.
11 Appadurai 1996; Hannerz 1996.
12 Inda and Rosaldo 2002, 2.
13 Fallon 2002, 198.
14 Blommaert, Collins, and Slembrouck（2005）はベルギーのゲントにある、そのようなグローバル化された地域について書いている。そこは疑いもなく世界中の数多くのグローバル化された地域の一つであろう。
15 Libeiro 2006.
16 Marcus 1998; Hannerz 2003.
17 Velho 1978; Ring 2006; Bestor 2004.
18 Jaggi et al. 2008.
19 "Mobile Marvels: A Special Report on Telecoms in Emerging Markets," *Economist*, September 26, 2009.
20 Wordie 2007, 21.
21 Richard Cook, "Miles Apart," *South China Morning Post*, September 28, 1997.
22 Mathers, Ma, and Liu 2008, 27.
23 White 1994.
24 Xuxi 2002, 5.
25 Wheeler 1981, 47
26 Caroline Dewhurst, "Gold Smuggling Rings Exposed," *South China Morning Post*, February 8, 1987.
27 "High-Rise Menace Needs Urgent Action by Govt," *Hong Kong Standard*, August 30, 1988; Mariita Eager and Jimmy Leung, "Chungking 'To Remain a Fire Trap,'" *South China Morning Post*, June 18, 1992; Samantha Rosich, "Facelift Fails to Improve Fire Safety at Chungking," *South China Morning Post*, February 9, 1992.
28 *Ming Pao*（『民報』）「チョンキンマンションの電力超過——電気配線工事に同意する会社なし」, *Ming Pao*(Hong Kong), July 27, 1993.
29 "Guesthouses Feel the Heat," *South China Morning Post*, October 16, 1994.
30 Charlotte Parsons, "Court Told of Nightclub Bomb Plot," *South China Morning Post*, November 1, 1995.
31 Greg Torode, "Hong Kong Muslims Threaten Hindu Shopkeepers," South China Morning Post, December 9, 1992; Edward A. Gargan, "Smell It. Taste It: All the Spice of Life," *New York Times*, August 30, 1997; Adam Luck, "Terror Gang Stalks Chungking Mansions," *South China Morning Post*, January 28, 2001.
32 *Ming Pao*（『民報』）「チョンキン・マンションで不法労働者は普通——当局、一〇三人を逮捕」, *Ming*

Pao (Hong Kong), July 21, 1993; Magdelen Chow, "Police Raids Criticized," *The Standard* (Hong Kong), June 7, 1995.

33 Tommy Lewis, "Hostel Owner Found Dead in Chungking Mansions," *South China Morning Post*, July 21, 2001; Marcal Joanilho, "Stubbing Murder at Chungking Mansions," *South China Morning Post*, March 25, 2002; Sara Bradford, "Man Jailed for Lying to Protect Murderer of Woman," *South China Morning Post*, May 21, 2004.

34 Martin Wong, "Facelift Raises Chungking Mansions from Vice to Virtue," *South China Morning Post*, April 28, 2008; Chandra Wong, "Chungking Mansions' Facelift Only Skin-Deep," *South China Moring Post*, April 29, 2005.

35 Incorporated Owners of Chungking Mansions 2008, 52 も参照。

36 Mathews, Ma, and Liu 2008, 63-66, 73-76.

37 Stone, Chen, and Chow 2010, 242.

38 チョンキン・マンションを共同体として描写している Bodomo (2007) も参照。

39 Liam Fitzpatrick, "Best Example of Globalization in Action: Chungking Mansions , Kowloon, Hong Kong," Time, Best of Asia edition, May 7, 2007. http://www.time.com/time/specials/2007/best_of_asia/article/0,28804,1614524_1614473_1614447,00.html（二〇〇七年九月二七日）

40 チョンキンマンションとアフリカの間の携帯電話の取引に関する洞察に満ちた議論として以下がある。Peter Shadbolt, "Where Africa Goes to Buy Its Mobile Phones," Financial Times, January 31, 2009, http://www.ft.com/cms/s/2/4609e212-eb64-11dd-bb6e-0000779fd2ac.html?ftcamp=rss（二〇一〇年一一月一一日）

第2章

1 Le Bail 2009 を参照。

2 Evan Osnos, "The Promised Land: Letter from China," *New Yorker*, February 9, 2009; Yang Dingdu, Pan Wang, and Liu Wanli, "Burgeoning African Community Tests China's Engagement with World," *Xinhua*, October 5, 2009, http://news.xinhuanet.com/english/2009-10/05/content_12183718.htm（二〇一〇年一月一七日）

3 White 1994.

4 Niall Fraser, "Expat Population a Mystery," *South China Morning Post*, February 9, 2003.

5 Tam 2007; Elaine Yau, "Minority Report," *South China Morning Post*, October 16, 2009 を参照。

6 Martin Wong, "Officers Go Undercover to Nab Illegal Workers," *South China Morning Post*, December 27, 2006.

7 Constable 1997, 1-3.

8 Nishika Patel, "Badlands on the Heart of the City," *The Standard*, December 4, 2007.

9 http://www.chungking-mansions.com/index.html.

10 交渉における自己紹介の複雑さに関しては Goffman（1959,1967）を参照。チョンキン・マンションにおける小さな交渉を分析する上で、ゴフマンの議論は役に立つ（Mathews 2007）。

11 これは、Stoller（2002）が、ニューヨークのアフリカ人露店商人の間に発見したものに類似している。金を稼いで家族を支えるという共通の願望が、政治的、民族的、宗教的相違に打ち勝つ。

第3章

1 Ulysse 2007; Browne 2004, 56; Ribeiro 2006; MacGaffey and Bazenguissa-Ganga 2000; Stoller 2002.

2 Richard Ling との個人的な通信。

3 Nordstrom 2007, 117-22.

4 InvestHK, The Government of Hong Kong, Special Administrative Region, http://www.investhk.gov.hk/pages/1/163.html（二〇〇九年一一月一六日。現在、このページは閉鎖されている）、The Index of Economic Freedom, http://www.heritage.org/index/（二〇〇七年七月一六日）も参照。

5 Philip Bowring, "Economic Freedom? It Depends Where You Stand," *International Herald Tribune*, January 9, 2006.

6 Mathews, Ma, and Lui 2008, 15-17.

7 Smart 1988.

8 この定義は Nordstrom（2007, 93）から引用。

9 Sam Mukalazi, "Buyers Duped as Fake Goods Flood Uganda," *East African*, April 9-15, 1999.

10 Ghosh 2001.

11 〝チョンキンマンション、誤報により閉鎖：おもちゃの手りゅう弾と模型の大砲を発見――アメリカ人が逮捕される〟（二〇〇八年八月九日）、Joyce Man, "Americans Jailed for Batons, Stun Guns, and Mace Stash," *South China Morning Post*, January 21, 2010.

12 Lo 2006, 52.

13 Rojas 2009.

14 Lo 2006, 53-54, 59-60.

15 Chalfin 2004 を参照。

16 Alden 2007; Rotberg 2008; Tull 2006.

第4章

1 Foucault 1995, 116-31.

2 Michael Connelly, "When Fact Meet Fiction, the Cases Are Harder to Solve," CNN, October 29, 2009, http://edition.

cnn.com/2009/CRIME/10/29/michael.connelly.fact.fiction/index.html（二〇〇九年一〇月三〇日）

3 Ivan Zhai and Fiona Tam, "Africans Protest in Guangzhou after Nigerian Feared Killed Fleeing Visa Check," *South China Morning Post*, July 16, 2009.

4 Gibney 2004; Nyers 2006; Brennan 2003; Ong 2003; Moorehead 2005 を参照。

5 Davis Momphard, "No Man's Land: Asylum Seekers Endure a Grim Waiting Game as their Fate is Decided," *South China Morning Post*, July 20, 2007.

6 Hong Kong Legislative Council 2009.

7 Mathews, Ma, and Lui 2008, 25-26.

8 Chan 2003.

9 Daniel Altman, "Bypassing Barriers for a Passport," *International Herald Tribune*, Managing Globalization, February 7, 2007.

10 Frelick 2007, 45-55.

11 Essed and Wesenbeck 2004, 53.

12 Barclay Crawford and Yvonne Tsui, "Reopen Refugee Camps, Say South Asians," *South China Morning Post*, March 8, 2009.

13 Daniel and Knudsen 1995; Wilson 2009, 214-15 を参照。

14 Knudson 1995, 22.

15 "HK's Treatment of Asylum Seekers Shameful," *South China Morning Post*, Editorial, July 7, 2006.

16 Kang-chung Ng, "Asylum Seekers on 3-Day Hunger Strike," *South China Morning Post*, October 17, 2007.

17 Harrell-Bond 2005, 53.

18 Yvonne Tsui, "Asylum Seekers Allowed to Work," *South China Morning Post*, March 3, 2009.

19 Clifford Lo, "Ruling Blamed for Influx of Asylum Seekers," *South China Morning Post*, May 14, 2009.

20 Martin Wong, "Asylum Seekers Protest Against Laws Forbidding Work," *South China Morning Post*, November 29, 2009.

21 Phillis Tsang, "Torture Claimants 'A Ticking Bomb': Refugees Without ID Difficult to Remove," *South China Morning Post*, November 29, 2009.

22 Hong Kong Legislative Council 2009.

23 Phyllis Tsang, "HK Asked to Unify Screenings for Torture, Asylum," South China Morning Post, November 29, 2009.

24 人権活動が、逆説的に、いかに貧しい人々に対する抑圧を進めているかもしれないかを垣間見るには、Englund（2006）を参照。開発途上世界において、人権組織と難民救済政策が、いかに難民から彼らの人権を奪っているかについては、Verdirame and Harrell-

Bond（2005）を参照。

第5章

1 Michael Connelly, “When Fact Meets Fiction, the Cases Are Harder to Solve,” CNN, October 29, 2009, hhtp://edition.cnn.com/2009/CRIME/10/29.michael.connelly.fact.fiction/index.html（二〇〇九年一〇月三〇日）。

2 Christopher Shay, “US Crime Writer Tackles a Real Hong Kong Cold Case,” *Time*, November 10, 2009, http://www.time.com/time/world/article/0,8599,1937140,00.html（二〇〇九年一一月一二日）

3 Wong（1997）は、チョンキンマンション住民による香港の人々の否定的な描写のいくつかを指摘しているが、そのような描写は今日でも真実である。

4 Mathews 2000, 121-65, 192-93.

5 Mathews 2000.

6 Wallerstein 2004; Arrighi 2005; Hall 2000.

7 Allen and Hamnett 1995, 2; Ferguson 2007, 25-49 も参照。

8 Sassen 2007, 57, 81.

9 例えば、Santos 2004, 297.

10 Tehranian 2004, 22.

11 Harvey 2005; Saad-Filho and Johnston 2005.

12 Ong 2006.

13 Phyllis Tsang, “Torture Claimants ‘A Ticking Bomb’: Refugees Without ID Difficult to Remove,” *South China Morning Post*, November 29, 2009.

14 一つだけ例を挙げるならば、Harvey（2005）は大部分この見方をしている。

15 Nashashibi 2007 を参照。

16 Pecoud and Guchteneire 2004; Hayter 2004; Marfleet 2006; Bacon 2008.

17 例えば、Kevin Sinclair, “A Disaster Lies Waiting,” *South China Morning Post*, September 22, 1997; BWG, Chungking Mansions, April 16, 2002. http://www.bigwhiteguy.com/archive/2002/04/chungking_mansions/（二〇一〇年六月二五日）

18 Joshua Fellman, “Eason Calls for Faster Approvals,” *Hong Kong Standard*, August 4, 1993.

*

［著者］ゴードン・マシューズ（Gordon Mathews）
香港中文大学人類学部教授。専門は「生きがい」「文化とアイデンティティ」「低価格のグローバリゼーション」「死後の世界」など。主著に『人生に生きる価値を与えているものは何か――日本人とアメリカ人の生きがいについて』（三和書籍）、*Global Cultural/ Individual Identity: Searching for Home in the Cultural Supermarket*（Psychology Press、未邦訳）、共著に *Hong Kong, China: Learning to Belong to a Nation*（Routledge、未邦訳）、*The World in Guangzhou: Africans and Other Foreigners in South China's Global Market Place*（Chicago University Press、未邦訳）、共編著に『若者は日本を変えるか――世代間断絶の社会学』（世界思想社）などがある。

［訳者］宮川陽子（みやかわ・ようこ）
アメリカ・コーネル大学卒業。訳書にG・マシューズ『人生に生きる価値を与えているものは何か――日本人とアメリカ人の生きがいについて』（三和書籍）がある。

［解説者］小川さやか（おがわ・さやか）
1978年愛知県生まれ。専門は文化人類学、アフリカ研究。京都大学大学院アジア・アフリカ地域研究研究科博士課程指導認定退学。博士（地域研究）。日本学術振興会特別研究員、国立民族学博物館研究戦略センター機関研究員、同センター助教、立命館大学大学院先端総合学術研究科准教授を経て、現在同研究科教授。『都市を生きぬくための狡知――タンザニアの零細商人マチンガの民族誌』（世界思想社）で、2011年サントリー学芸賞（社会・風俗部門）、『チョンキンマンションのボスは知っている――アングラ経済の人類学』（春秋社）で、2020年、第8回河合隼雄学芸賞、第51回大宅壮一ノンフィクション賞を受賞。そのほかの著書に『「その日暮らし」の人類学――もう一つの資本主義経済』（光文社新書）がある。

参考文献

Alden, Chris. 2007. *China in Africa*. London: Zed Books.

Allen, John, and Chris Hamnett, eds. 1995. *A Shrinking World? Global Unevenness and Inequality*. Oxford: Oxford University Press.

Appadurai, Arjun. 1996. *Modernity at Large*. Minneapolis: University of Minnesota Press. [『さまよえる近代——グローバル化の文化研究』門田健一訳、平凡社、2004年]

Arrighi, Giovanni. 2005. "Globalization in World Systems Perspective." In *Critical Globalization Studies*, ed. Richard P. Appelbaum and William I. Robinson. London: Routledge.

Bacon, David. 2008. *Illegal People: How Globalization Creates Migration and Criminalizes Immigration*. Boston: Beacon Press.

Bestor, Theodore C. 2004. *Tsukiji: The Fish Market at the Center of the World*. Berkeley: University of California Press.

Blommaert, Jan, James Collins, and Stef Slembrouck. 2005. "Polycentricity and Interactional Regimes in Global Neighborhoods?" *Ethnography* 6 (2): 205-35.

Bodomo, Adams B. 2007. "An Emerging African-Chinese Community in Hong Kong: The Case of Tsim Sha Tsui's Chungking Mansions." In *Afro-Chinese Relations: Past, Present, and Future*, ed. Kwesi Kwaa Prah.Cape Town: Centre for Advanced Studies in African Societies.

Brennan, Frank. 2003. *Tampering with Asylum: A Universal Humanitarian Problem*. St. Lucia, AU: University of Queensland Press.

Browne, Katherine E. 2004. *Creole Economics: Caribbean Cunning under the French Flag*. Austin: University of Texas Press.

Chalfin, Brenda. 2004."Border Scans: Sovereignty, Surveillance, and the Customs Service in Ghana." *Identities* 11 (3): 397-416.

Chan, Wai-kwong Ocean. 2003. "From Refugee Camp to City Street: The Different Lives of Young Vietnamese in Hong Kong." Master's thesis, Department of Anthropology, Chinese University of Hong Kong.

Constable, Nicole. 1997. *Maid to Order in Hong Kong: Stories of Filipina Workers*. Ithaca, NY: Cornell University Press.

Daniel, E. Valentine, and John Chr. Knudsen, eds. 1995. *Mistrusting Refugees*. Berkeley: University of California Press.

Economist. 2009. *Pocket World in Figures*. 2010 edition. London: Profile Books.

Englund, Harri. 2006. *Prisoners of Freedom: Human Rights and the African Poor*. Berkeley: University of California Press.

Essed, Philomena, and Rianne Wesenbeck. 2004. "Contested Refugee Status: Human Rights, Ethics, and Social Responsibilities." In *Refugees and the Transformations of Societies: Agency, Policies, Ethics, and Politics*, ed. Philomena Essed, Georg Frerks, and Joke Schrijvers. New York: Berghahn Books.

Fallon, Steve. 2002. *Hong Kong and Macau*. 10th edition. Melbourne: Lonely Planet.

Ferguson, James. 2007. "Globalizing Africa: Observations from an Inconvenient Continent." In *Global Shadows: Africa in the Neoliberal World Order*. Durham, NC: Duke University Press.

Foucault, Michel. 1995. *Discipline and Punish: The Birth of the Prison*. Trans. Alan Sheridan. New York: Vintage Books.［『監獄の誕生――監視と処罰』田村俶訳、新潮社、1977 年］

Frelick, Bill. 2007. "Paradigm Shifts in the International Responses to Refugees." In *Fear of Persecution: Global Human Rights, International Law, and Human Well Being*, ed. James D. White and Anthony J. Marsella. Lanham, MD: Lexington Books.

Ghosh, B. N. 2001. *Dependency Theory Revisited*. Aldershot, UK: Ashgate.

Gibney, Matthew J. 2004. *The Ethics and Politics of Asylum: Liberal Democracy and the Response to Refugees*. Cambridge: Cambridge University Press.

Goffman, Erving. 1959. *The Presentation of Self in Everyday Life*. New York: Anchor Books.［『行為と演技――日常生活における自己呈示』石黒毅訳、誠信書房、1974 年］

———. 1967. *Interaction Ritual*. New York: Anchor Books.［『儀礼としての相互行為――対面行動の社会学』浅野敏夫訳、法政大学出版局、2012 年］

Hall, Thomas D., ed. 2000. *A World-Systems Reader: New Perspectives on Gender, Urbanism, Cultures, Indigenous Peoples, and Ecology*. Lanham, MD: Roman and Littlefield.

Hannerz, Ulf. 1996. *Transnational Connections*. London: Routledge.

———. 2003. "Several Sites in *One." In Globalisation: Studies in Anthropology*, ed. Thomas Hylland Eriksen. London: Pluto Press.

Harper, Damian, and Robert Storey. 1999. *Hong Kong, Macau, and Guangzhou*. Hawthorn, AU: Lonely Planet Publications.

Harrell-Bond, Barbara. 2002. "Can Humanitarian Work with Refugees be Humane?" *Human Rights Quarterly* 24:51-85.

Harvey, David. 2005. *A Brief History of Neoliberalism*. Oxford: Oxford University Press.［『新自由主義――その歴史的展開と現在』渡辺治監訳、森田成也・木下ちがや・大屋定晴・中村好孝訳、作品社、2007 年］

Hayter, Teresa. 2004. *Open Borders: The Case Against Immigration Controls*. 2nd edition.

London: Pluto Press.

Hong Kong Legislative Council. 2009. "Panel on Security of the Legislative Council Torture Claim Screening Mechanism." LC Paper No. CB(2)2514/08-09(01). http://www.legco.gov.hk/yr08-09/english/panels/se/papers/se0706cb2-2054-1-e.pdf (accessed November 16, 2009).

Incorporated Owners of Chungking Mansions. 2008. *The Thirteenth Management Committee: Special Brochure*.

Inda, Jonathan Xavier, and Renato Rosaldo. 2002. "Introduction: A World in Motion In *The Anthropology of Globalization: A Reader*., ed. Jonathan Xavier Inda and Renato Rosaldo. Malden, MA: Blackwell.

Jäggi, Marcel, et al. 2008. *Chungking Mansions: 3D [In]formality*. Basel, CH: ETH Studio, Contemporary City Institute.

Knowles, Caroline, and Douglas Harper. 2009. *Hong Kong: Migrant Lives, Landscapes, and Journeys*. Chicago: University of Chicago Press.

Knudsen, John Chr. 1995. "When Trust is on Trial: Negotiating Refugee Narratives." In *Mistrusting Refugees*, ed. E. Valentine Daniel and John Chr. Knudsen. Berkeley: University of California Press.

Ku, Hok-bun, Kam-wah Chan, Wai-ling Chan, and Wai-yee Lee. 2003. *A Research Report on the Life Experiences of Pakistanis in Hong Kong*. Hong Kong Polytechnic University: Centre for Policy Studies, Department of Applied Social Sciences.

Le Bail, Hélène. 2009."Foreign Migration to China's City-Markets: The Case of African Merchants." *Asia Visions 19*. Paris: Centre Asie IFRI. http://www.ifri.org/files/centre_asie/ AV19_LeBail_GB.pdf (accessed November 24, 2009).

Lo, Christian, 2006. "Making It at the Chung-king Mansions: Stories from the Bottom End of Globalization." Master's thesis, Department of Social Anthropology, Norwegian University of Science and Technology, Trondheim, Norway.

MacGaffey, Janet, and Remy Bazenguissa-Ganga. 2000. *Congo-Paris: Transnational Traders on the Margins of the Law*. Bloomington: Indiana University Press.

Marcus, George E. 1998. "Ethnography in/of the World System: The Emergence of Multi-Sited Ethnography." In *Ethnography through Thick and Thin*. Princeton, NJ: Princeton University Press.

Marfleet, Philip. 2006. Refugees in a Global Era. Houndmill, UK: Palgrave MacMillan.

Mathews, Gordon. 2000. *Global Culture/Individual Identity: Searching for Home in the Cultural Supermarket*. London: Routledge.

———. 2007. "Chungking Mansions: A Center of 'Low-End Globalization." *Ethnology* 46(2): 169–83.

Mathews, Gordon, Eric Kit-wai Ma, and Tai-lok Lui. 2008. *Hong Kong, China: Learning to*

Belong to a Nation. London: Routledge.

Moorehead, Caroline. 2005. *Human Cargo: A Journey among Refugees*. London: Chatto and Windus.

Nashashibi, Rami. 2007. "Ghetto Cosmopolitanism." In *Deciphering the Global: Its Scales, Spaces, and Subjects*, ed. Saskia Sassen. New York: Routledge.

Nordstrom, Carolyn. 2007. *Global Outlaws: Crime, Money, and Power in the Contemporary World*. Berkeley: University of California Press.

Norman, Henry. 1895. *The People and Politics of the Far East*. London: T. Fisher Unwin.

Nyers, Peter. 2006. *Rethinking Refugees: Beyond States of Emergency*. New York: Routledge.

Ong, Aihwa. 2003. *Buddha is Hiding: Refugees, Citizenship, the New America*. Berkeley: University of California Press.

———. 2006. *Neoliberalism as Exception: Mutations in Citizenship and Sovereignty*. Durham, NC: Duke University Press. [『《アジア》、例外としての新自由主義――経済成長は、いかに統治と人々に突然変異をもたらすのか？』加藤敦典・新ケ江章友・高原幸子訳、作品社、2013 年]

Pécoud, Antoine, and Paul de Guchteneire, eds. 2007. *Migration without Borders: Essays on the Free Movement of People*. Paris: UNESCO Publishing; New York: Berghahn Books.

Ribeiro, Gustavo Lins. 2006. "Economic Globalization from Below." *Etnográfica* 10 (2):233-49.

Ring, Laura A. 2006. *Zenana: Everyday Peace in a Karachi Apartment Building*. Bloomington: Indiana University Press.

Rojas, Jose. 2009. "I'm in Hong Kong: I've Graduated: The Igbo Apprenticeship System and Hong Kong's Role in Informal Education." Paper presented at the American Anthropological Association Annual Meeting, December 2-6, Philadelphia, Pennsylvania.

Rotberg, Robert. 2008. *China into Africa: Trade, Aid, and Influence*. Washington D.C.: Brookings Institution Press.

Saad-Filho, Alfredo, and Deborah Johnston. 2005. *Neoliberalism: A Critical Reader*. London: Pluto Press.

Sandhaus, Derek. 2010. *Tales of Old Hong Kong: Treasures from the Fragrant Harbour*. Hong Kong: China Economic Review Publishing.

Santos. Boaventura de Sousa. 2004. "Transnational Third Worlds." In *Worlds on the Move: Globalization, Migration, and Cultural Security*, ed. Jonathan Friedman and Shalini Randeria. London: I. B. Tauris.

Sassen, Saskia. 2007. *A Sociology of Globalization*. New York: W. W. Norton.

Smart, Josephine. 1988. "How to Survive in Illegal Street Hawking in Hong Kong." In *Traders Versus the State: Anthropological Approaches to Unofficial Economies*, ed. Gracia

Clark, ed. Boulder, CO: Westview Press.
Smith, J. J. 1883. In Eastern Seas; or, *The Commission of H.M.S. "Iron Duke," Flag-Ship in China*, 1878–83. Devonport, UK: A.H. Swiss. http://manybooks.net/titles/smithjj2792627926-8.html (accessed April 3, 2010).
Stoller, Paul. 2002. *Money Has No Smell: The Africanization of New York City.* Chicago: University of Chicago Press.
Stone, Andrew, Piera Chen, and Chung-wah Chow. 2010. *Lonely Planet Hong Kong and Macau.* Melbourne, AU: Lonely Planet Publications.
Tam Sin-yu, Ophelia. 2007 "South Asian Students in Primary School: Minorities and Education in Hong Kong." Master's thesis, Department of Anthropology, Chinese University of Hong Kong.
Tehranian, Majid. 2004. "Cultural Security and Global Governance: International Migration and Negotiations of Identity." In *Worlds on the Move: Globalization, Migration, and Cultural Security*, ed. Jonathan Friedman and Shalini Randeria. London: I. B.
Tauris. Tsang, Steve. 2004. *A Modern History of Hong Kong.* Hong Kong: Hong Kong University Press.
Tull, Denis. 2006. "China's Engagement in Africa: Scope, Significance, and Consequences" *Modern African Studies* 44 (3): 459-79.
Ulysse, Gina A. 2007. *Downtown Ladies: Informal Commercial Importers, a Haitian Anthropologist, and Self-Making in Jamaica.* Chicago: University of Chicago Press.
Velho, Gelberto. 1978. "Stigmatization and Deviance in Copacabana." *Social Problems* 25 (5): 526–30.
Verdirame, Guglielmo, and Barbara Harrell-Bond. 2005. *Rights in Exile: Janus-Faced Humanitarianism.* New York: Berghahn Books.
Wallerstein, Immanuel. 2004. *World Systems Analysis: An Introduction.* Durham, NC: Duke University Press. [『入門・世界システム分析』山下範久訳、藤原書店、2006年]
Weber, Max. 1976. *The Protestant Ethic and the Spirit of Capitalism.* New York: Charles Scribner's Sons. [『プロテスタンティズムの倫理と資本主義の精神』梶山力・大塚久雄訳、岩波文庫、1955年]
Welsh, Frank. 1993. *A History of Hong Kong.* London: HarperCollins.
Wheeler, Anthony Ian. 1981 (1975). *South-East Asia on a Shoestring.* Victoria AU: Lonely Planet Publications. [『シューストリング東南アジアの旅』浦野成治ほか訳、ビレッジプレス、1986年]
White, Barbara-Sue. 1994. *Turbans and Traders: Hong Kong's Indian Communities.* New York: Oxford University Press.
Wilson, Richard. 2009. "Representing Human Rights Violations: Social Contexts and Subjectivities." In *Human Rights: An Anthropological Reader*, ed. Mark Goodale. Oxford:

Wiley-Blackwell.
Wong, Eve F. Y. 1997. "Foreign Eyes on Hong Kong People: The View from Chungking Mansions" *Hong Kong Anthropologist* 10:32–37. http://www.cuhk.edu.hk/ant/hkas/pages/old%20series.html (accessed May 2, 2010).
Wordie, Jason. 2007. *Streets: Exploring Kowloon*. Hong Kong: Hong Kong University Press.
Xuxi. 2002. *Chinese Walls / Daughters of Hui*. 2nd edition. Hong Kong: Chameleon Pless.

チョンキンマンション
世界の真ん中にあるゲットーの人類学

2021年2月15日　第1刷印刷
2021年3月5日　第1刷発行

著者——ゴードン・マシューズ
訳者——宮川陽子

発行者——清水一人
発行所——青土社

〒101-0051　東京都千代田区神田神保町1-29　市瀬ビル
［電話］03-3291-9831（編集）　03-3294-7829（営業）
［振替］00190-7-192955

組版——フレックスアート
印刷・製本——シナノ印刷

装幀——松田行正
カバー画像——Image Source / Getty Images

ISBN978-4-7917-7354-1　C0036